TV-Serien. Schreiben fürs Fernsehen

W0192664

**Pamela Douglas**

# TV-Serien. Schreiben fürs Fernsehen

Aus dem Amerikanischen von Andrea von Struve
und Petra Post

**Zweitausendeins**

Deutsche Erstausgabe.
1. Auflage, April 2008.

Die amerikanische Originalausgabe ist 2007 unter dem Titel
»Writing the TV Drama Series. How to Succeed as a Professional Writer in TV«
bei Micheal Wiese Productions, Studio City, erschienen.

Copyright © 2007 Pamela Douglas.

Alle Rechte für die deutsche Ausgabe und Übersetzung
Copyright © 2008 by Zweitausendeins, Postfach, D-60381 Frankfurt am Main.
www.Zweitausendeins.de

Alle Rechte vorbehalten, insbesondere das Recht der mechanischen, elektronischen oder fotografischen Vervielfältigung, der Einspeicherung und Verarbeitung in elektronischen Systemen und Kommunikationsmitteln, des Nachdrucks in Zeitschriften oder Zeitungen, des öffentlichen Vortrags, der Verfilmung oder Dramatisierung, der Übertragung durch Rundfunk, Fernsehen oder Internet, auch einzelner Textteile.
Der *gewerbliche* Weiterverkauf und der *gewerbliche* Verleih von Büchern, CDs, CD-ROMs, DVDs, Videos, Downloads, Streamings oder anderen Sachen aus der Zweitausendeins-Produktion bedürfen in jedem Fall der schriftlichen Genehmigung durch die Geschäftsleitung der Zweitausendeins Versand Dienst GmbH in Frankfurt am Main.

Lektorat: Katharina Theml (Büro W, Wiesbaden).
Korrektorat: Ursula Maria Ott, Frankfurt.
Umschlaggestaltung: Johannes Paus, Wallerstein.
Satz und Herstellung: Dieter Kohler GmbH, Wallerstein.
Druck und Einband: Freiburger Graphische Betriebe.
Printed in Germany.

Dieses Buch gibt es nur bei Zweitausendeins im Versand, Postfach, D-60381, Frankfurt am Main, Telefon 069-420 8000, Fax 069-415 003.
Internet www.Zweitausendeins.de, E-Mail Service@Zweitausendeins.de.
Oder in den Zweitausendeins-Läden in Berlin, Bonn, Bremen, Darmstadt, Dresden, Düsseldorf, Erfurt, Essen, Frankfurt am Main, Freiburg, Göttingen, Gütersloh, 2 x in Hamburg, Hannover, Karlsruhe, Köln, Leipzig, Mannheim, Marburg, München, Nürnberg, Oldenburg, Stuttgart und Tübingen.

In der Schweiz über buch 2000, Postfach 89, CH-8910 Affoltern a. A.

ISBN 978-3-86150-855-7

# Inhalt

# 1 Was macht eine Fernsehserie aus?

## Die suggestive Macht

Stellen Sie sich die vielen Millionen Fenster auf der ganzen Welt vor, hinter denen Abend für Abend das blaue Licht eines Fernsehers flimmert. Hinter jedem dieser Fenster wird von menschlichen Schicksalen erzählt, von Träumen und Problemen, Liebesabenteuern und Beziehungskrisen, Erfolgen und Niederlagen. Und alle, die wir zusehen, nehmen Anteil am Leben dieser Menschen – wahrscheinlich mehr, als wir uns eingestehen wollen. Kein Wunder, schließlich sind sie jede Woche bei uns zu Gast. Sie ereifern sich über tagespolitische Themen oder machen sich Sorgen um ihre Gesundheit. Sie erzählen dreiste Lügen oder wachsen über sich selbst hinaus. Sie werden tätlich angegriffen und kommen gerade noch mit dem Leben davon. Doch, ganz gleich was geschieht, nächste Woche sind sie wieder da, dieselben uns wohl vertrauten Menschen, in unseren vier Wänden – dem Rückzugsort, an dem wir uns nach einem anstrengenden Arbeitstag entspannen.

Vielleicht ist einer von ihnen der Mafiaboss Tony Soprano, der seinen Onkel fragt, ob er ihn denn nicht liebe, worauf dieser kein Wort über die zitternden Lippen bringt; oder Detective Andy Sipowicz von *New York Cops – NYPD Blue*, der das Tuch von einem Toten wegzieht und darunter seinen erwachsenen Sohn entdeckt, mit dem er sich vor kurzem erst versöhnt hat. Wenn wir erleben, wie in *The West Wing* mit der hart erkämpften Berufung eines Obersten Richters doch noch die Vernunft siegt, überkommt uns so etwas wie Stolz und Erleichterung; wenn in *Law & Order* ein alter Mann einen Racheakt gegen einen Betrüger gesteht, der ihn um sein Haus gebracht hat, sind wir ebenso hin- und hergerissen wie der Bezirksstaatsanwalt. Und wir empfinden eine diebische Freude, als die Krankenschwestern in *Emergency Room – Die Notaufnahme* einen cholerischen Patienten auf den Flur schieben, um bei ihm »Fieber zu messen«, indem sie ihm eine Plastikblume in den Allerwertesten stecken. Momente voller Glück und voller Tragik – hautnah erfahrbar.

Machen Sie sich diese Wirkung bewusst. Es ist wichtig zu verstehen, warum sich die Fernsehzuschauer mit bestimmten Serienfiguren identifizieren, um ein Gespür für die Art von Story zu entwickeln, die das Publikum emotional anspricht.

## Die drei Hauptmerkmale einer Fernsehserie

Es gibt drei wichtige Unterschiede zwischen TV-Serien und anderen Fernsehproduktionen, die jeder Drehbuchautor kennen sollte: die zeitlich unbegrenzte Figurenentwicklung, die episodenübergreifenden Handlungsbögen und die Drehbuchkonzeption im Team.

### Unbegrenzte Figurenentwicklung

Beim Schreiben eines klassischen Filmdrehbuchs kommt es darauf an, einen Handlungsbogen für den Protagonisten zu entwerfen, der ihn von einer bestimmten Ausgangssituation zu einem Endpunkt führt; die Figur versucht, ein Ziel zu erreichen, und sobald ihr dies gelungen ist, endet die Geschichte. Beispielsweise beginnt ein liebesunfähiger Mensch sich zu ändern, als ein Partner, Kind oder Freund in sein Leben tritt. Während er sich gegen die Beziehung sträubt, entdeckt er seine Gefühle und lernt schließlich zu lieben. Oder jemand, dem großes Unrecht angetan wurde, sinnt auf Rache. Am Schluss übt er Vergeltung, oder er stirbt für sein Ziel. Bei einem Spielfilm, der nach spätestens zwei Stunden zu Ende ist, funktioniert das wunderbar. Aber Serien enden nun einmal nicht.

Wie also treibt man eine Handlung voran, die auf keinen

*Die Sopranos*

Schlusspunkt zusteuert? Ganz einfach: Man entwirft einen Spannungsbogen, der sich ganz auf die Figuren konzentriert. Serienfiguren sind Menschen wie du und ich und keine Superhelden. Je näher sie dem Zuschauer sind, desto mehr Anteil nimmt er an ihrem Schicksal. Es ist wie bei engen Freunden, für die man sich auch dann interessiert, wenn sie gerade keine besonders aufregenden Erfahrungen machen. Man verfolgt ihre gesamte Entwicklung, nicht einzelne herausragende Ereignisse.

Das bedeutet natürlich nicht, dass die Figuren flach und farblos sein müssen. Auch wenn die Protagonisten keine dramatischen Veränderungen erfahren, müssen sie auf ihre täglichen Probleme und Herausforderungen reagieren und wachsen an ihnen. Vielschichtigkeit ist der Schlüssel. Statt sich horizontal auf ein bestimmtes Ziel hinzubewegen, entwickeln sich die Akteure gewissermaßen vertikal in die Tiefe, indem sie innere Konflikte durchleben, die der Zuschauer mit Spannung verfolgt. So wird in jeder Episode immer wieder Neues über eine Figur enthüllt, ohne dass sie sich entscheidend verändert. Die Zuschauer müssen sich darauf verlassen können, dass Meredith Grey oder Tim Riggins noch dieselben sind, die sie vergangene Woche waren. Sind die Figuren deshalb langweilig und eindimensional? Keineswegs – sie sind es ebenso wenig wie Ihre Freunde.

## Episodenstruktur

Es gibt drei Arten von Fernsehserien: Reihen, Serien mit abgeschlossenen Episoden und klassische Fortsetzungsserien mit episodenübergreifenden Handlungsbögen.

**Reihen** bestehen aus unabhängigen Folgen, die lediglich durch ein gemeinsames Rahmenkonzept miteinander verknüpft sind. Beispielsweise hatte *The Twilight Zone* neben einem einheitlichen Stil und Grundthema einen festen Moderator, während die Besetzung von Woche zu Woche variierte. Reihen, die Vorläufer unserer heutigen TV-Serien, waren in den 1950er Jahren sehr beliebt, besonders die Serie *Playhouse 90*, für die man Theaterstücke verfilmte. Heute sind solche Reihen selten geworden, weshalb wir uns auch nicht näher mit ihnen befassen.

**Serien mit abgeschlossenen Episoden** haben eine feste Hauptbesetzung, während in jeder Folge eine neue Geschichte erzählt wird. Bestimmte Handlungsstränge können aber auch weitergeführt werden. Bei *Law & Order* und *CSI – Den Tätern auf der Spur* hat beispielsweise jede Folge einen Abschluss. Die großen Fernsehgesellschaften bevorzugen diese Art von Serie. Sie lassen sie en bloc produzieren (üblicherweise die ersten vier Staffeln bzw. 88 Episoden), um sie an lokale oder ausländische Sender weiterzuverkaufen, die sie dann in jeder beliebigen Reihenfolge ausstrahlen können. Wenn die einzelnen Folgen kein »Gedächtnis« haben, das heißt, wenn sich die Beziehungen zwischen den Figuren nicht wesentlich verändern, spielt die Abfolge der Episoden keine Rolle. Zumindest ist das die Überlegung.

Doch ganz so einfach ist es nicht. Wenn eine Serie gut gemacht ist, achten die Fans sehr genau auf die Entwicklung der Figuren und nehmen zwangsläufig immer stärkeren Anteil an ihrer Geschichte. In den ersten Staffeln von *Akte X – Die unheimlichen Fälle des FBI* hatten sich die beiden Ermittler Fox Mulder und Dana Scully jede Woche mit einem neuen mysteriösen Fall auseinanderzusetzen, und obwohl es zwischen den beiden die ganze Zeit knisterte, kam ihre Beziehung nicht vom Fleck. Erst auf beharrlichen Druck der Fans wurden die beiden am Ende der Serie ein Paar. Auch wenn man sich die meisten Episoden der Serie immer noch in beliebiger Reihenfolge ansehen kann, zeigt dieses Beispiel doch, welche Eigendynamik eine Serie entwickeln kann.

**Die klassische Fortsetzungsserie** ist eine weit gefasste Kategorie. Manche rümpfen sicher die Nase, weil sie sofort an die typischen Soap Operas wie *Schatten der Leidenschaft* und *General Hospital* denken. Doch diese Serien hatten ihre treue Fangemeinde und waren durchaus erfolgreich. Produzenten und Autoren, die für anspruchsvollere Abendserien arbeiten, distanzieren sich gerne von solchen Produktionen, da die Melodramatik (unverzichtbar, wenn das Spannungsniveau fünf Tage hintereinander aufrechterhalten werden soll) und das schnelle Produktionstempo allzu oft zu stereotypen Figuren, flachen Dialogen und unglaubwürdigen Plots führen.

Allerdings gab es früher auch zur Hauptsendezeit Fortsetzungsserien, die nicht weniger kitschig und klischeehaft waren als die Soap Operas aus dem Tagesprogramm; man denke nur an *Dallas* oder *Unter der Sonne Kaliforniens.* Auf die meisten modernen Abendserien trifft das jedoch nicht mehr zu. Heute findet man in diesem Segment preisgekrönte Produktionen des Kabelsenders HBO wie *Big Love*, *Die Sopranos*, *Rom* und *The Wire*, die allesamt episodenübergreifende Plots haben, während Spitzenserien der Network- und Kabelsender wie *24*, *Lost* und *Grey's Anatomy – Die jungen Ärzte* sowohl mit abgeschlossenen als auch mit episodenübergreifenden Storys arbeiten.

In einer klassischen Fortsetzungsserie erstrecken sich die Handlungsbögen über viele Episoden, in deren Verlauf sich die Hauptfiguren weiterentwickeln. Es sind ganze Lebensgeschichten, die sich über Hunderte von Stunden entfalten. Als Drehbuchautor bietet sich Ihnen hier die Gelegenheit, eine Story zu erzählen, die so ergiebig ist, dass sie sich über Jahre hinweg fortführen lässt. Als *New York Cops* nach zwölf Jahren eingestellt wurde, umfasste das Material 250 Stunden (was nicht gleichbedeutend mit 250 Kriminalfällen ist, da in jeder Folge zwei oder drei Fälle gelöst wurden). Die Zuschauer hatten 250 Stunden ihres Lebens mit Detective Sipowicz und seinem Team verbracht und zwölf Jahre intensiver Polizeiarbeit aus nächster Nähe verfolgt.

Wenn Sie sich in Zukunft TV-Serien ansehen, achten Sie einmal darauf, wie abgeschlossene und episodenübergreifende Storys miteinander kombiniert werden. So erhalten Sie nicht nur Aufschluss über die Struktur der Serie, sondern auch über die gestalterischen Möglichkeiten innerhalb einer Episode.

## Teamarbeit

Wenn Sie fürs Fernsehen schreiben wollen, sollten Sie wissen, dass Sie niemals allein arbeiten werden. Die Entwicklung einer TV-Serie funktioniert wie ein Familienbetrieb: Obwohl jeder Autor seine eigene Episode schreibt, ist das gesamte Team am Entstehungsprozess beteiligt. Die Autoren und Autorinnen setzen sich zusammen, um die Storys zu gliedern, die Story Outline zu überprüfen und sämtliche weiteren Entwürfe zu bearbeiten. Es kann auch vorkommen, dass ein Autor statt einer einzelnen Episode einen längeren Handlungsbogen für mehrere Folgen entwirft. Manchmal überarbeitet ein Autor auch das Skript eines Kollegen oder feilt dessen Dialogpassagen aus. Bei *Emergency Room* werden die Szenen in der Notaufnahme von medizinischen Beratern geschrieben, die zum Teil selbst Autoren sind. Die Vorstellung des einsamen Künstlers, der nachts im stillen Kämmerlein über seinem Drehbuch sitzt, geht an der Realität völlig vorbei. (Das schließt jedoch nicht aus, dass Teamautoren auch allein arbeiten und dass es unter ihnen große Schriftsteller gibt – einige von ihnen sind sogar genial.)

Vielleicht kennen Sie den berühmten Satz Tolstois, dass alle glücklichen Familien einander gleichen, während alle unglücklichen auf ihre eigene Weise unglücklich sind. Lässt sich das auch über »Autorenfamilien« sagen? Natürlich! In manchen knirscht und kriselt es, während man sich in anderen motiviert und inspiriert. Wenn Sie am Anfang Ihrer Laufbahn stehen, können Sie von der Arbeit im Team enorm profitieren (in Kapitel 6 erfahren Sie mehr dazu).

Doch bevor Sie zum ersten Mal fürs Fernsehen arbeiten, sollten Sie sich von einigen falschen Vorstellungen trennen.

## Fünf Mythen über das Fernsehen

### Mythos Nummer 1: Fernsehen ist Kino im Kleinformat

Auf den ersten Blick spricht alles dafür: Im Kino wie im Fernsehen werden Geschichten erzählt – von Darstellern gespielt und auf Film gebannt. Viele Autoren, Regisseure, Schauspieler, Kameraleute und Cutter arbeiten sowohl für Film- als auch für TV-Produktionen. Michael Crichton und Steven Spielberg haben beispielsweise gemeinsam mit dem TV-Veteranen John Wells die Serie *Emergency Room* aus der Taufe gehoben. Der Filmemacher Jerry Bruckheimer produzierte die TV-Serie *CSI*, und Alan Ball, der das Drehbuch für den Kinofilm *American Beauty* schrieb, konzipierte und produzierte die Fernsehserie *Six Feet Under – Gestorben wird immer.* Aaron Sorkin, der Erfinder der Serie *The West Wing*, schrieb das Drehbuch für den erfolgreichen Kinofilm *Eine Frage der Ehre* (der wiederum eine Adaption seines Theaterstücks war).

Bei einer Fernsehproduktion erlebte ich einmal, wie stark sich die Bereiche Film und Fernsehen überschneiden können. Mein Agent hatte mich darüber informiert, dass einige Autoren aus einer Serie ausgestiegen waren, die ich hervorragend fand. Ich konnte mir den Grund dafür nicht erklären, denn die mehrfach ausgezeichnete Serie war bereits verlängert worden, und die Figuren verfügten über genügend Entwicklungspotenzial; ganz abgesehen davon, dass die Autoren sich eine goldene Nase verdienten. Vielleicht war der Serienchef, der Show Runner, ja ein Ekel. Aber als ich mich bei ihm vorstellte, wirkte er sympathisch und umgänglich. Also beschloss ich, für ihn zu arbeiten.

Am ersten Tag saß ich in meinem Büro und wartete darauf, dass man mich zu einer Teamsitzung rief, mir ein Drehbuch zur Überarbeitung gab oder irgendeine andere Aufgabe zuteilte. Doch nichts geschah. Also las ich Zeitung. Am zweiten Tag sah ich, dass alle anderen eifrig am Tippen waren. Warum nicht ich? War ich jemandem auf die Füße getreten? Ich verstand die Welt nicht mehr.

Schließlich steckte ich den Kopf in das benachbarte Büro und fragte meinen Kollegen: »Woran schreiben Sie denn?« Er sah mich verständnislos an und fragte, ob ich das denn nicht wisse. Sie würden alle an ihren Filmprojekten arbeiten. »Der Chef macht am liebsten alles alleine«, erklärte er mir. »Wir sollen ihm die Ideen liefern und seine Entwürfe lesen. Aber er glaubt, es geht schneller, wenn er die Skripts selber schreibt.« Da saß ich nun in einem TV-Team, aber jeder arbeitete an einem Kinofilm. Verständlicherweise war das Studio von diesem Arrangement nicht sonderlich begeistert, weshalb ich meinen Job bald wieder los war.

Je mehr man sich allerdings mit Kino und Fernsehen beschäftigt, desto mehr Unterschiede erkennt man. Wer ins Kino geht, möchte in eine aufregende Fantasiewelt voller atemberaubender Stunts, Effekte und Schauplätze eintauchen. Die Zuschauer wollen für ihr Geld schließlich etwas geboten bekommen. Besonders männliche Jugendliche – eine wichtige Zielgruppe für Kinofilme – suchen den Nervenkitzel in spannenden Actionszenen, die auf einer Großleinwand so real wirken. Wenn man sich dagegen *Der Herr der Ringe* im Fernsehen ansieht, schrumpfen die Armeen von Kriegern zu wimmelnden Ameisenhaufen. Manche Illusionen sind eben nur fürs Kino geschaffen.

Das Kino hat sich aus frühen Formen der Volksunterhaltung wie Zirkus oder Varieté entwickelt. Das Fernsehen zielte nicht auf diese Art von öffentlichem Gemeinschaftserlebnis ab. Tatsächlich steht es vielmehr in derselben Tradition wie das Radio. Vor der Einführung des Fernsehens versammelten sich ganze Familien vor den Rundfunkgeräten, um wichtige Informationen zu bekommen, seien es Wetterberichte oder Kriegsnachrichten. Die Radioserien lebten ganz von ihren Hauptfiguren, die mit ihren Sorgen und Nöten, ihren täglichen kleinen Reibereien den Zuhörern (meist Frauen) ans Herz wuchsen und manch einen zu Tränen rührten oder zum Lachen brachten. Sie waren nah und vertraut.

Und real. Vor der Erfindung des Radios las man in der Zeitung, was in der Welt vor sich ging. Diese Funktion hat nun weitgehend das Fernsehen übernommen. Es ist zum täglichen Begleiter geworden, der den Zuschauern Fakten vermittelt und Geschichten erzählt, wahre wie erfundene. Es geht also weniger um Realitätsflucht und Fantasiewelten, als um das Bedürfnis nach Information und Orientierung.

»Und wie steht es mit *Raumschiff Enterprise* oder *Smallville?*«, werden Sie vielleicht einwenden. »Solche Serien haben ja wohl kaum etwas mit unserer Lebenswirklichkeit zu tun.« Ich habe einmal für *Raumschiff Enterprise – Die nächste Generation* geschrieben und kann Ihnen versichern, dass die Produzenten sich durchaus für ganz gewöhnliche menschliche Schicksale interessierten. Auch wenn sich die Storys in einer fernen Umgebung mit futuristischer Ausstattung abspielten, ging es doch im Grunde immer um die Beziehungen zwischen einzelnen Crew-Mitgliedern und die Konfrontation mit den eigenen Grenzen; im Idealfall wurden weniger die Weiten des Alls als die Tiefen des Menschseins erkundet. Was *Smallville* betrifft, so verkörpert Clark Kent den typischen eigenbrötlerischen Teenager, der lernen muss, mit anderen zurechtzukommen. Es geht also um urmenschliche Probleme, nicht um spektakuläre Action.

Das heißt natürlich nicht, dass man auf dramaturgische Effekte völlig verzichten sollte. Die Serie *Akte X* begann beispielsweise immer mit packenden Einstellungen, die den Zuschauer auf die Atmosphäre und das Thema der jeweiligen Folge einstimmen sollten. Aber selbst in solchen Szenen standen Menschen im Vordergrund, wenn auch in einer bedrohlichen Situation: Ein Fuß versinkt im Schlamm, jemand wird durch grelles Licht geblendet oder jemand irrt im Dickicht umher. Ganz nah und unmittelbar.

In Drehbuchseminaren wird immer wieder empfohlen, visuell zu schreiben und den Dialog möglichst gering zu halten, gemäß der goldenen Regel: »Zeigen statt erzählen«. Im Allgemeinen ist das ein guter Rat, den auch ich zu Beginn meiner Laufbahn als Fernsehautorin beherzigte. Doch dann deutete einmal ein Serienchef auf eine ausführliche Szenenbeschreibung von mir und sagte: »Machen Sie eine Dialogzeile daraus – es sieht vielleicht niemand hin.« Nicht hinsehen? Aber ich hatte doch eine so brillante Szene geschrieben!

Doch zurück zur Realität des Fernsehens. Fernsehen findet bei uns zu Hause statt und nicht in einem abgedunkelten Zuschauerraum. Wir sitzen nicht wie festgenagelt vor dem Bildschirm, sondern wir essen vielleicht etwas, lackieren uns die Zehennägel oder erledigen irgendwelche Hausarbeiten. Als Drehbuchautor möchten Sie natürlich fesselnde visuelle Szenen entwerfen, die den Zuschauer völlig in Bann ziehen. Doch wenn Sie eine wichtige Information übermitteln wollen, sollten Sie diese in einen Dialog einbauen. Viele »Zuschauer« sehen vielleicht gar nicht hin, hören aber genau zu. Das hat sogar etwas für sich. Während das Publikum im

Kino schon durch die räumliche Aufteilung Distanz zum Leinwandgeschehen behält, entsteht beim Fernsehen der Eindruck, als sprächen die Akteure direkt zu uns, oder zumindest, als unterhielten sie sich mitten in unserem Wohnzimmer – was eine ganz eigene Faszination ausübt.

Wenn mich Studenten in meinen Drehbuchseminaren fragen, ob ich ihnen eher zum Kino- oder zum Fernsehfilm rate, empfehle ich ihnen, beides auszuprobieren. Aber ich versuche natürlich auch, durch gezielte Fragen herauszufinden, was ihnen mehr liegt. Haben sie ein Gespür dafür, wie Menschen sich in Alltagssituationen unterhalten? Können sie Dialoge entwerfen, die natürlich und lebensecht wirken? Sind sie in der Lage, unterschiedliche Figuren mit einer charakteristischen Ausdrucksweise auszustatten? Wer sich mit der Dialogführung schwer tut, dem rate ich zum Kinofilm, da es dort mehr auf die Story selbst ankommt.

Das Fernsehen ist also durchaus kein Kino im Kleinformat. Es ist ein ganz eigenes Medium. Und es hat eine viel größere Reichweite. Selbst die erfolgreichsten Kinofilme haben nur ein paar Millionen Zuschauer; wenn wir den Video- und DVD-Markt und die Fernsehwiederholungen hinzunehmen, werden es vielleicht noch einige mehr. Eine mäßig erfolgreiche TV-Serie dagegen – vorausgesetzt, sie läuft lange genug, um in die Zweitverwertung zu gehen – erreicht Hunderte von Millionen Menschen. Das sind all die Zuschauer rund um den Erdball, die vor ihren blau flimmernden Bildschirmen sitzen.

## Mythos Nummer 2: Fernsehen ist billig

Zwei bis zehn Millionen Dollar für die Produktion einer einstündigen Fernsehfolge oder rund 100 Millionen für eine ganze Staffel erscheinen mir nicht sonderlich billig. Verglichen mit einem zweistündigen Kinofilm, dessen Budget das Bruttosozialprodukt mehrerer kleiner Staaten übersteigt, hört sich das allerdings wenig an. Tatsache ist, dass auch beim Fernsehen Qualität ihren Preis hat, und was die Autoren betrifft, so bringt ihnen die Mitarbeit an einer

TV-Serie eine Menge Geld (in Kapitel 6 erfahren Sie mehr über die Arbeit in einem Schreibteam). Natürlich werden beim Fernsehen nicht nur hochkarätige Serien produziert. Wirtschaftlich gesehen hat ein Filmstudio viel Ähnlichkeit mit einem Industrieunternehmen, auch wenn es sich bei der »Ware« um ein künstlerisches Produkt handelt. Die Mindestlöhne und -honorare werden von den Gewerkschaften festgelegt, und es gibt Jahresbudgets, die vom Produktionsleiter strikt eingehalten werden müssen. Da bleibt nicht viel Spielraum für Experimente.

Es kommt durchaus vor, dass Filmstudios gegen Ende einer Staffel den Gürtel enger schnallen müssen. Als ich einmal bei einer TV-Produktion neu anfing, gab mir der Serienchef nur eine einzige Anweisung: »In dieser Stadt darf es nicht regnen.« Nachdem er eine Menge Geld für teure Gastdarsteller, Überstunden am Set und die Produktion einer Sonderfolge ausgegeben hatte, konnte er sich für den Rest des Jahres keinen Kunstregen mehr leisten. Eine andere beliebte Sparmaßnahme bei Serienproduktionen ist die Wiederverwendung alten Filmmaterials in einer »Rückschau«-Episode, in der die Hauptfigur in ihrer Erinnerung Ereignisse aus früheren Folgen neu durchlebt – auch eine Methode, um die Produktionskosten zu senken.

In der Regel sind Serienbudgets jedoch ausreichend bemessen, um all das zu realisieren, was es für eine fesselnde Episode braucht. Sie als Autor oder Autorin sollten allerdings dafür sorgen, dass Ihre Story durch einen spannenden Plot und interessante Figuren überzeugt, statt auf technische Spielereien zu setzen. Verzichten Sie deshalb auf entfernte oder problematische Drehorte, Spezialeffekte, extreme Stunts, umfangreiche Gastauftritte, Massenszenen und computergenerierte Bilder, wenn sie nicht Bestandteil der Serie sind. Solche aufwändigen Szenen streicht man Ihnen ohnehin wieder heraus. Wenn Sie sich auf das Wesentliche beschränken, rücken die Hauptfiguren automatisch ins Zentrum des Geschehens. Sie sind schließlich das Herzstück der Serie.

## Mythos Nummer 3:
## Das kann man im Fernsehen nicht machen

Zumindest im Kabelfernsehen ist alles möglich: vulgäre Sprache, Nacktszenen, gesellschaftliche Tabuthemen, filmische Experimente. Die Fernsehanstalten sind allerdings an gewisse Standards gebunden, da sie ihre Lizenzen von der Federal Communications Commission (FCC) erhalten. Besonders die Lokalsender können bei der Verlängerung ihrer Konzessionen Schwierigkeiten bekommen, wenn sie ins Visier einflussreicher Interessengruppen geraten. Die Networks, die ja auch eigene Sender besitzen, müssen ebenfalls auf die öffentliche Meinung Rücksicht nehmen. Natürlich haben sich die gesellschaftlichen Moralvorstellungen seit den 50er Jahren des letzten Jahrhunderts enorm gewandelt. Kaum vorstellbar, dass man damals selbst Ehepaare nur vollständig bekleidet und in getrennten Betten liegend zeigen durfte. Auch die biederste Familienserie ist heute näher am wirklichen Leben. All dies trifft natürlich nicht auf HBO, Showtime und andere Kabelsender zu.

Doch die Zeiten der Zensur sind noch nicht endgültig vorbei. Erst 2004 beanstandete die Network-Aufsicht eine Folge von *Emergency Room*. Es ging um die medizinische Untersuchung einer 81-jährigen Frau – eine bewegende Szene, in der die alte Dame erfährt, dass sie Brustkrebs hat. Die Sittenwächter nahmen Anstoß daran, dass für einen kurzen Moment ein Ausschnitt ihrer welken Brust zu sehen war. Obwohl dies nach Ansicht der Produzenten für die emotionale Wirkung der Szene unentbehrlich war, verlangte das Network, dass sie die anstößige Einstellung herausschnitten.

Ganz neue Wege beschritt der Kabelsender HBO, als er seine gewagte Serie *Die Sopranos* an Arts & Entertainment Network verkaufte. In weiser Voraussicht hatte HBO bereits während der Originalproduktion Austauschszenen und -dialoge vorbereitet. Während die meisten dieser entschärften Folgen nichts an Atmosphäre eingebüßt haben, stolpert man hin und wieder über kuriose Szenen wie beispielsweise die Stelle, wo der knallharte Gangster Paulie über den »freakin« statt den »fuckin« Schnee flucht. Wegen solcher Eingriffe ist schon mancher Drehbuchautor zum Kabelfernsehen gewechselt, wo ihm niemand ins Handwerk pfuscht. Allerdings sei hier gleich erwähnt, dass selbst der Kabelsender SciFi-Channel sich in seiner Serie *Battlestar Gallactica* mit einem »frack« statt einem »fuck« behilft.

Es gibt also tatsächlich noch gewisse Einschränkungen im Fernsehen. Trotzdem empfehle ich Ihnen, bei Ihrem ersten Entwurf keinerlei Selbstzensur zu üben. Lassen Sie Ihre Figuren so sprechen und handeln wie im wirklichen Leben. Bleiben Sie authentisch. Überarbeiten können Sie später noch genug. Wichtig ist, dass Sie an den Figuren »dranbleiben« und sie möglichst realistisch zeichnen. Nur so entsteht ein lebendiger Text.

## Mythos Nummer 4:
## Alle TV-Serien sind gleich

Dieser Satz stammt von einem Produzenten, der noch Zeiten erlebt hat, in denen man nicht zwischen 400 verschiedenen Sendern wählen konnte. Angesichts des starken Konkurrenzdrucks, unter dem die Programmanbieter heute stehen, kann sich eine Serie, die nach Schema F gestrickt ist, kaum noch auf dem Markt durchsetzen.

Trotzdem folgen Fernsehserien natürlich bestimmten Grundregeln. Ich werde sie Ihnen im nächsten Kapitel ausführlich erläutern.

## Mythos Nummer 5:
## Fernsehen ist ein kulturelles Ödland

Der Vorsitzende der FCC, Newton Minnow, bezeichnete 1961 das Fernsehen als »riesige Ödnis«, und dieses Etikett hat sich tief ins öffentliche Bewusstsein eingegraben. Minnow, der sich auf Serien wie *Bonanza*, *Familie Feuerstein* und *Mister Ed* bezog, lebte zu einer Zeit, als sich drei noch relativ kleine Networks den Fernsehmarkt teilten und sich der Berichterstattung und kulturellen Erbauung verschrieben hatten. Wen wundert es da, dass Minnow das sprechende Pferd »Mister Ed« nicht gerade erbaulich fand.

Heute, ein halbes Jahrhundert später, ist aus einem Teil dieses Ödlands eine Müllhalde geworden, übersät mit Talkshows, in denen sitzengelassene Ehefrauen und verschmähte Liebhaber aufeinander losgehen – oder es zumindest vorgeben. Das übrige Programm reicht von Fernsehpredigten bis zu Pornographie, von Sportübertragungen bis zu Wissenschaftssendungen, von Möchtegern-Sängern bis zu jodelnden Hunden. Hinzu kommen Unterhaltungsserien und Spielfilme, die witzig, verrückt, schräg, hochdramatisch oder lebensnah sein können. Manches davon ist brillant und kann sich mit dem Besten messen, was Literatur und Film je hervorgebracht haben. An solchen hochwertigen Produktionen orientiere ich mich in meinen Drehbuchseminaren, denn ich bin davon überzeugt, dass man von den besten Serien auch am meisten lernt. Und was das Ödland betrifft: Wer zwischen 400 Fernsehkanälen und Programmen aus aller Welt wählen kann, entscheidet ganz allein, was Fernsehen für ihn bedeutet.

Man kann auch nicht behaupten, dass es dem amerikanischen Fernsehen an Vielfalt mangelt, selbst zur Hauptsendezeit nicht. Kritiker höhnen gerne, dass unser TV-Programm das intellektuelle Niveau von Zwölfjährigen habe. Stimmt, wenn man um 20 Uhr den Fernseher einschaltet, sind die Sendungen tatsächlich auf Zwölfjährige zugeschnitten. Früher war es üblich, die Hauptsendezeit (20 bis 23 Uhr) in verschiedene Segmente zu unterteilen:

20 Uhr – Sitcoms, in denen Kinder im Zentrum stehen, und kindgerechte Action- und Abenteuerfilme; Unterhaltungssendungen für die ganze Familie;

20.30 Uhr – weitere Sitcoms, allerdings nicht unbedingt mit Kindern; Fortsetzung der Unterhaltungssendungen;

21 Uhr – niveauvolle Comedys; einstündige Serien mit nachdenklichem, anregendem oder romantischem Inhalt; Teenager-Serien; Sendungen für ein weibliches Publikum (Spielfilme werden zwischen 21 und 23 Uhr ausgestrahlt);

22 Uhr – anspruchsvolle Serien für Erwachsene; Nachrichtenmagazine.

So war zumindest früher das Abendprogramm strukturiert. Seit es Festplattenrekorder und andere Aufzeichnungsmöglichkeiten gibt, kann man sich natürlich alle Sendungen zu jeder beliebigen Tageszeit ansehen; und die Kabelsender wiederholen sogar ihre Programme während der Woche. Trotzdem lässt sich an obigem Schema ablesen, welche Zielgruppen man in der Hauptsendezeit ansprechen will. Ambitionierte Autoren arbeiten am liebsten für die 21- und 22-Uhr-Serien, diejenigen Produktionen also, die auch ich meinen Studenten zu Studienzwecken empfehle. Wenn Sie in der Branche Fuß fassen wollen, müssen Sie vielleicht erst einmal mit 20-Uhr-Serien und weniger renommierten Sendern vorlieb nehmen. Das ist völlig in Ordnung, schließlich geht es ja darum, einen Einstieg zu finden (mehr zu diesem Thema erfahren Sie in Kapitel 6).

## Die goldenen Regeln des Serienfernsehens

### Eine einstündige Episode muss eine Stunde dauern

Bei einer Network-Produktion dauert eine Episode tatsächlich nur 50 Minuten, da die übrige Zeit für Werbepausen reserviert ist. Beim Bezahlfernsehen kann es länger sein, bei Lokalsendern sogar noch kürzer. Ein Episodenskript hat in der Regel 55 bis 60 Seiten, wobei es bei dialogbetonten Serien wie *The West Wing* auch bis zu 70 Seiten sein können. Es gibt allerdings Network-Serien, deren Episoden nicht in vier, sondern in fünf Akte plus Prolog (auch Teaser oder Cold Opening genannt) gegliedert sind, was die reine Sendezeit entsprechend verkürzt. Jeder Akt darf dann höchstens acht Seiten umfassen, so dass sich der Gesamtumfang des Skripts auf etwa 48 Seiten reduziert. Es gibt sogar Sechsakter, die nur 42 bis 45 Seiten lang sind. Jedes Drehbuch wird vor Produktionsbeginn mit der Stoppuhr durchgemessen, und wenn es – unabhängig vom Seitenumfang – zu lang läuft, sollte der Autor genau wissen, welche Dialogpassagen und Handlungselemente er straffen oder streichen muss; und wenn das Skript zu kurz läuft, darf er die Story nicht einfach nur auswalzen, sondern muss ihr durch eine neue Wendung oder einen neuen Höhepunkt mehr Tiefe geben. Diese Änderungen muss er innerhalb kürzester Zeit vornehmen, was uns zur nächsten Regel führt:

## Fristen müssen eingehalten werden

Da Ihre Serie einmal die Woche ausgestrahlt wird, bleibt Ihnen keine Zeit, auf Geistesblitze zu warten. Genauso wenig können Sie sich Arbeitsunlust, Panik oder Selbstzweifel erlauben. Wenn Sie nicht rechtzeitig abgeben, setzt der Serienchef einen anderen Autor an Ihr Drehbuch.

Sobald Sie den Auftrag für ein Episodenskript erhalten, haben Sie in der Regel eine Woche Zeit, um eine Story Outline zu entwerfen, und danach noch ein paar Tage, um sie zu überarbeiten. Für die Erstellung des ersten Drehbuchentwurfs haben Sie zwei Wochen zur Verfügung. Dann folgen die Skriptbesprechungen, für die ein paar Tage veranschlagt werden sollten. Für den zweiten Entwurf haben Sie noch einmal eine Woche Zeit. Der gesamte Prozess von der Präsentation (Pitch) bis zum zweiten Entwurf dauert also rund sechs Wochen (wobei der Feinschliff und die Einarbeitung der produktionstechnischen Anmerkungen noch ein paar weitere Wochen in Anspruch nehmen können). Falls das abschreckend klingt, kann ich Sie nur beruhigen: Wenn Sie erst einmal einem Team angehören, leben Sie ganz mit der Serie, und das Arbeitstempo wirkt stimulierend auf Sie. Sie hören, wie die Schauspieler Ihren Text sprechen, erleben hautnah mit, wie die Episode nach und nach Gestalt annimmt, und können sie innerhalb kurzer Zeit auch auf dem Bildschirm sehen.

Das ist ein faszinierender Prozess – zumindest bis zur ersten Katastrophe. Es ist der Albtraum jedes Serienproduzenten, wenn ein Drehbuch in letzter Minute ausfällt. Stellen Sie sich folgenden

Ablauf vor: Ein Studio übernimmt eine viel versprechende Story und lässt vom Autor eine Story Outline entwerfen. Als diese sich als lückenhaft erweist, gibt man Nachbesserungen in Auftrag. Beim Lesen des ersten Entwurfs stellt sich jedoch heraus, dass die Probleme nicht behoben wurden. Also gibt man den Entwurf einem anderen Autor, damit er die Sache repariert. Mittlerweile wird die Zeit knapp. Die Vorproduktion (Rollenbesetzung, Vorbereitung der Sets und Drehorte) muss bald anlaufen, da die Episode in einer Woche gedreht werden soll. Schließlich wird ein weiterer Entwurf vorgelegt, und plötzlich springt allen die Schwachstelle ins Auge: Eine bestimmte Verhaltensweise passt nicht zur Hauptfigur, ein Ereignis widerspricht der vorangegangenen oder nachfolgenden Episode, oder der Schluss ist unglaubwürdig. Auch diese Fassung wird überarbeitet, diesmal vom Serienchef persönlich. Und die Uhr tickt unerbittlich weiter. Es muss aber gar nicht am Skript selbst liegen. Nehmen wir an, die Episode handelt von einem Geiseldrama, das sich nun tatsächlich ereignet hat. Dann kann die Folge unmöglich gesendet werden. Wie auch immer, es gibt kein Skript und die Zeit drängt. Der Herstellungsleiter kann mit der Vorproduktion nicht länger warten, und die PR-Maßnahmen sind bereits angelaufen.

Bei einem Podiumsgespräch berichtete ein renommierter Serienchef von der größten Panne in seiner bisherigen Laufbahn. Am Tag, als die Dreharbeiten beginnen sollten – Schauspieler und Aufnahmeteam waren bereits am Set –, lag immer noch kein Drehbuch vor. Da er selbst ein hervorragender Autor war, entschloss er sich in seiner Verzweiflung, seiner Sekretärin ein Skript zu diktieren, während Büroboten Blatt für Blatt an den Set brachten. Ein Bewunderer im Publikum hob die Hand und fragte: »War es nicht das Beste, was Sie je geschrieben haben?« »Von wegen«, antwortete er lachend, »es war kompletter Blödsinn.«

## TV-Serien haben vier, fünf oder auch sechs Akte

Vergessen Sie alles, was Sie über die Dreiaktstruktur gelesen haben. Bei Network-Produktionen arbeitet man seit Jahrzehnten mit vier

Akten, wobei man mehr und mehr zu Fünfaktern übergeht; 2006 gab ABC zum ersten Mal Einstundenserien mit sechs Akten in Auftrag, und gelegentlich trifft man sogar schon auf Siebenakter. In Kapitel 4, in dem wir ein Episodendrehbuch analysieren, erfahren Sie mehr zu diesem Thema. Im Moment möchte ich mich auf das konzentrieren, was alle 13 bis 15 Minuten in einer klassischen Network-Serie geschieht, nämlich die Werbeunterbrechung. Die Reklamepausen sind keine willkürlichen Einschnitte, sondern gliedern die Episode in gleich große Segmente, deren Handlung auf einen Cliffhanger oder eine überraschende Wendung zusteuert. Jedes der vier Segmente ist ein »Akt« – und zwar im selben Sinne wie die Akte eines Schauspiels. Bei einem Theaterstück fällt nach jedem Akt der Vorhang, das Licht geht an und das Publikum steht auf, um sich Erfrischungen zu holen oder auf die Toilette zu gehen. In einer Fernsehepisode erfolgen dieselben harten Schnitte zwischen den Werbepausen. Drehbuchautoren arbeiten mit diesen Unterbrechungen, indem sie nach jeder Pause die Spannung immer wieder neu ansteigen lassen.

Sobald Sie mit dieser Technik vertraut sind, werden Sie feststellen, dass die Aktstruktur Ihre Kreativität in keiner Weise einschränkt; vielmehr schafft sie einen verlässlichen Rahmen, in dem Sie Ihre Ideen frei entwickeln können. Vielleicht möchten Sie dieses Schema später sogar für Filmdrehbücher übernehmen. Wenn Sie das nächste Mal ins Kino gehen, beobachten Sie einmal alle 15 Minuten das Publikum. Wahrscheinlich rutschen die Zuschauer unruhig auf ihren Plätzen herum. Ob die Medien für diesen 15-Minuten-Rhythmus verantwortlich sind oder ob es sich um eine Grundkonstante der menschlichen Psyche handelt, mag dahingestellt sein, fest steht jedoch, dass dieser Rhythmus bereits vor der Einführung des Fernsehens existierte. Am Anfang des 20. Jahrhunderts wurden Kinofilme auf Spulen geliefert, die der Vorführer alle 15 Minuten wechseln musste. Auf diesem historischen Muster aufbauend, begann man beim Film Drehbücher in acht 15-Minuten-Abschnitte zu gliedern. So bürgerte sich schließlich auch im Fernsehen die Vieraktstruktur ein, auf der viele Network-Serien heute noch basieren.

Dies gilt allerdings weder fürs Kabelfernsehen noch für die Lokalsender, die die Serien der Networks übernehmen. Bei den zahlreichen Ablegern von *Raumschiff Enterprise* beispielsweise mussten für die Lokalwerbung dieser Sender zusätzliche Werbepausen eingeplant werden. Solche Serien werden deshalb seit langem als Fünfakter konzipiert; teilweise haben sie auch einen Prolog (siehe Kapitel 3), der fast so lang wie ein eigener Akt sein kann, so dass man im Grunde von sechs Akten sprechen könnte. Jeder von ihnen umfasst dann maximal zehn Seiten. Aber auch die Networks greifen mehr und mehr zu Sechsaktern, um den Werbeanteil ihrer Serien zu erhöhen. Dagegen verzichten Kabelsender wie HBO völlig auf Werbepausen, die Episoden sind eher wie Kinofilme aufgebaut.

## Jede Serie lässt sich einem bestimmten Genre zuordnen

Einige typische Genres sind Krimi-, Gerichts-, Ärzte-, Sciencefiction-, Action-, Teenager- und Familienserien. Mit jeder dieser Gattungen sind bestimmte Zuschauererwartungen verbunden, die Sie genau kennen sollten, selbst wenn Sie sich später über sie hinwegsetzen. Für einen Serienautor sind diese Kategorien Richtschnur und Orientierungshilfe zugleich. Sie bieten ein Grundschema, das sich jedoch beliebig variieren lässt. (In Kapitel 2 und 5 erfahren Sie mehr über die Konzeption einer Serie). Wie groß die Gestaltungsspielräume innerhalb eines Genres sind, beweisen die Hunderte von Geschichten, die auf ein und demselben Ausgangskonzept beruhen.

Entscheidend ist, dass man für jede Episode »Katalysatoren« findet, die die Handlung auf dramatische Konflikte oder spannende Höhepunkte zutreiben. Bei den meisten Genres sind solche Handlungsquellen bereits im Grundschema angelegt: Es geschieht ein Verbrechen, das der Ermittler aufklären muss; jemand bittet einen Anwalt um seine Hilfe; ein Verletzter wird in die Notaufnahme eingeliefert. Das Berufsumfeld der Hauptfiguren ist bereits auf eine dynamische Story ausgerichtet: Sie müssen sofort handeln. Bei anderen Genres – besonders den Familienserien – sind die Handlungsquellen weniger offensichtlich, da sich die Spannung aus Konflikten zwischen den Figuren ergeben muss und nicht aus äußeren Faktoren. Es ist ein emotionales Erlebnis, eine Einsicht oder ein Entschluss, der die Handlung der Episode in Gang setzt.

Früher erwartete das Publikum, dass der zentrale Konflikt einer Geschichte am Ende der Folge gelöst wurde. Nehmen wir beispielsweise den Western. Das klassische Szenario bestand aus einer typischen Wildweststadt, die durch Bösewichte bedroht wird (unschwer an ihren schwarzen Hüten zu erkennen). Der heldenhafte Marshal (mit weißem Hut) muss sich mit den kleinmütigen oder charakterlosen Bewohnern herumschlagen, bis er einige von ihnen für die gerechte Sache gewinnen kann (darunter meist eine herausragende Gastrolle). Mit ihrer Hilfe kann er die Stadt gegen die Schurken verteidigen und reitet zum Schluss in den Sonnenuntergang hinein.

Und nun vergleichen Sie das mit einer modernen Westernserie wie *Deadwood* von HBO (mittlerweile auf DVD erhältlich). Hier haben wir es mit einem heruntergekommenen Goldgräbernest zu tun, in dem ein raubeiniges Völkchen lebt. Eine der Hauptfiguren ist ein Ex-Marshal, der seine Dienstmarke in Montana abgegeben hat, um sich inmitten von gesetzlosen Halunken ein neues Leben aufzubauen. Doch die Ähnlichkeiten mit den üblichen Westernklischees sind nur oberflächlich. In Deadwood regieren Gewalt und Anarchie. Jeder versucht sein Schäfchen ins Trockene zu bringen. Wer auf keinen heldenhaften Retter hoffen kann, muss sich selber retten.

*Deadwood*

*Deadwood*

*Emergency Room*, *Dr. House* und *Grey's Anatomy* bauen dagegen auf dem altbekannten Muster der Ärzteserie auf: Woche für Woche muss sich ein Medizinerteam um neue Patienten kümmern. Doch wenn man sie mit den Klassikern des Genres vergleicht, wie etwa *Dr. med. Marcus Welby,* erkennt man, wie sehr sie sich vom ursprünglichen Schema entfernen mussten, um das moderne Leben widerzuspiegeln. Der liebenswürdige Arzt Dr. Welby, der noch ganz allein in seiner kleinen Praxis arbeitete, hatte nie mit inneren Konflikten oder Selbstzweifeln zu kämpfen. Heute müssen sich Ärzte nicht nur mit ethischen und juristischen Fragen auseinandersetzen, wenn sie beispielsweise nach einer Schießerei gleichzeitig Täter und Opfer versorgen müssen, sondern sie ringen auch mit ganz persönlichen Problemen – Schuldgefühlen, Erschöpfung, Ehrgeiz und das Hin- und Hergerissensein zwischen Beruf und Privatleben. Sie verlieben sich wie in *Grey's Anatomy*, oder sie stoßen an ihre physischen Grenzen wie in *Dr. House*. Um die Alltagshektik in einem Krankenhaus adäquat darstellen zu können, musste sich sogar die Form der Serien selbst verändern: So entwickelte *Emergency Room* die »Vignetten-Technik«, bei der mehrere kurze Parallelhandlungen in schneller Folge abwechseln oder einander überlagern, und auch *Grey's Anatomy* hat dieses Verfahren übernommen.

Als ABC beschloss, *Grey's Anatomy* direkt im Anschluss an *Desperate Housewives* zu senden, hatte man wohl eine Art »Sex and the Surgery« im Sinn. »Für mich ist es keine Ärzteserie. Es ist eine Beziehungsstory mit medizinischem Anstrich. Ich habe die Reihe nie anders gesehen«, kommentierte die Produzentin Shonda Rhimes die Entscheidung im *Los Angeles Magazine*.

Eine andere Variante des Genres ist *Nip/Tuck – Schönheit hat ihren Preis*, in der es um zwei Schönheitschirurgen geht. Auch hier stehen zwischenmenschliche Beziehungen und die Probleme des modernen Familienlebens im Vordergrund.

Das Genre der Familienserie hat sich ebenfalls enorm gewandelt. Man denke nur an solche unkonventionellen Reihen wie *Big Love* und *Weeds*. Vermutlich könnte man sogar *The L Word – Wenn Frauen Frauen lieben* des Kabelsenders Showtime als Familienserie bezeichnen. Schließlich geht es hier in erster Linie um die Beziehungen zwischen den Hauptfiguren, die zum Teil miteinander verwandt sind oder zusammenleben; äußere Ereignisse spielen für die dramaturgische Entwicklung keine Rolle. Selbstverständlich liegen Welten zwischen einer Serie über lesbische Frauen und Klassikern wie *Erwachsen müsste man sein*. Die Networks bringen auch weiterhin traditionelle Familienserien wie beispielsweise *Für alle Fälle Amy* und *Gilmore Girls*. Doch bei genauerem Hinsehen werden Sie feststellen, dass selbst diese Reihen dem modernen Zeitgeist angepasst wurden.

Was das Krimigenre betrifft, so findet man das klassische Schema in der amüsanten Serie *Monk* von USA Network wieder: Ein Ermittler muss jede Woche einen neuen Fall lösen, verfolgt eine Menge falscher Spuren – die meist am Ende eines Akts als solche entlarvt werden –, und schafft es schließlich dank seiner Spürnase, das Verbrechen aufzuklären. Das erfrischend Neue ist die schrullige Hauptfigur mit ihren zahlreichen Zwangsneurosen. Von der Struktur her handelt es sich allerdings um gradlinig erzählte Episoden mit einer einzigen Haupthandlung, also um eine typische A-Story-Serie (mehr über ABC-Storys in Kapitel 3).

Bei den meisten aktuellen erfolgreichen Krimiserien haben wir es dagegen mit Ermittlungsteams, komplexen, ineinander verschlungenen Plots und aktuellen politischen oder gesellschaftlichen Bezügen zu tun. Einige von ihnen, wie beispielsweise *CSI*, arbeiten mit modernster forensischer Technik, die mindestens so viel zur Aufklärung der Verbrechen beiträgt wie die Kriminalisten selbst. Selbst wenn es natürlich auch hier in erster Linie um die Lösung von Kriminalfällen geht, sind die Fans der Serie offensichtlich fasziniert von den hochmodernen wissen-

schaftlichen Methoden, mit denen die menschlichen Möglichkeiten ständig erweitert werden.

Serien, in denen Woche für Woche kriminalistische oder medizinische Fälle mithilfe spezieller Untersuchungsmethoden gelöst werden, nennt man »Procedurals«. Dabei kann es sich um Forensik (*CSI*), Kriminalistik (*Law & Order*) oder medizinische Diagnostik (*Dr. House*) handeln. Diese Serien sind bei Zweitverwertern sehr beliebt, da sie in beliebiger Reihenfolge gesendet werden können. Aber auch die Networks, die bisher ausschließlich auf klassische Fortsetzungsserien mit episodenübergreifenden Plots wie *24* oder *Lost* gesetzt haben, interessieren sich zunehmend für Procedurals.

Anfangs erfreuten sich die klassischen Fortsetzungsserien solcher Beliebtheit, dass die Network-Chefs mehr als zufrieden sein konnten. Die Leiterin des Filmstudios Twentieth Century Fox Television, Dana Walden, sagte in der *New York Times* vom Oktober 2006: »Es sprach sich allmählich herum. Das Wort ›Erlebnisfernsehen‹ war damals in aller Munde. Und genau das waren diese Fortsetzungsserien ja.«

Doch dann begann man sich zu fragen, wie viel Zeit die Zuschauer diesen dicht geknüpften Serien wohl noch widmen würden. Ist es das Fernsehpublikum nicht irgendwann leid, den Serienepisoden »hinterherzuhecheln«? Wenn man die ersten Folgen verpasst hat, ist es fast so, als würde man ein Buch in der Mitte anfangen zu lesen.

Für dieses Problem gibt es mehrere Lösungen: Nachhol-Marathons, wie sie HBO immer gesendet hat, Wiederholungen auf den Internetseiten der Sender und das Angebot auf DVD. Tatsächlich setzte mit dem DVD-Verkauf der Krimiserie *24* nach Ablauf des ersten Sendejahrs ein wahrer Boom auf dem Markt für DVD-Staffeln ein. Der Kabelsender Showtime bietet begleitend zu seinem psychologischen Thriller *Dexter* interaktive Ratespiele auf seiner Website an, um die Fans bei Stange zu halten. Trotzdem überlegen die Networks, ob es langfristig nicht klüger wäre, auf Procedurals umzusteigen, die mit abgeschlossenen Episoden arbeiten.

Doch auch im Bereich der Procedurals hat eine kleine Revolution stattgefunden. Erfolgreiche Actionserien wie *Starsky und Hutch oder Das A-Team*, die noch eine klare Trennung zwischen Gut und Böse machten, wurden durch Reihen wie *The Closer* abgelöst, in denen eine Figur sagt: »Ich bin in Amerika und sehe einem Imperium bei seinem Todeskampf zu. Ich kümmere mich um Süchtige und Geschlechtskranke. Aber ich bin nur auf der Durchreise.« Auch *Sleeper Cell* von Showtime ist der ehrgeizige Versuch, Menschen in einem sozialen und politischen Umfeld zu zeigen, das den meisten Amerikanern fremd ist. Solche Serien beziehen ihre Spannung weniger aus den gängigen Handlungsmustern des Genres als aus dem Milieu, in dem sie angesiedelt sind.

Auch eine Krimiserie wie *New York Cops* lässt sich nicht nur auf ein einziges Genre festlegen. Sie hat durchaus Gemeinsamkeiten mit einer Familienserie, da die persönlichen Beziehungen zwischen den Hauptfiguren eine große Rolle spielen. Darüber hinaus thematisiert sie aber auch die klassische Sinnsuche des »dunklen Ritters«. Man denke nur an die Episode »Das letzte Signal«, in der Detective Simone im Sterben liegt. Zentrales Thema dieser Folge sind keine polizeilichen Ermittlungen, sondern die bewegende innere Wandlung Simones. *New York Cops* wurde immer wieder für seine Unkonventionalität gelobt, was ich nicht für die wirkliche Stärke der Serie halte, auch wenn der Anblick des entblößten Hinterteils eines älteren Mannes manchen vielleicht gewagt erscheinen mag.

Die Möglichkeiten des Serienfernsehens sind jedoch längst nicht ausgeschöpft. Ich könnte mir beispielsweise eine Insiderserie über Politik vorstellen oder eine Kreuzung aus »Realityshow« und klassischer Fortsetzungsgeschichte. Oder man könnte in einer Serie wie *Lost* das Science-Fiction- und Fantasy-Thema mit Elementen der Abenteuerserie, des Liebesfilms und sogar der Familienreihe verknüpfen. Der Fantasie sind keine Grenzen gesetzt.

Apropos Science-Fiction, in diesem Bereich hat man ganz neue kühne Wege beschritten. Während der SciFi-Channel von NBC weiterhin klassische Fantasy-Abenteuer wie *Stargate Kommando SG-1* und *Stargate Atlantis* auf den Markt bringt, die ihr Nischenpublikum bedienen, ohne es zu erweitern, ist ihm mit *Battlestar Gallactica* ein wahrer Glücksgriff gelungen. Die vielgerühmte Serie hat manchmal mehr von einem scharfzüngigen politischen Lehrstück als *The West Wing*; und wenn zwischenmenschliche Beziehungen im Vordergrund stehen, werden sie höchst differenziert geschildert. Einen weiteren Publikumserfolg landete NBC mit *Heroes*, eine an die Comics-Tradition anknüpfende Science-Fiction-Reihe mit internationaler Besetzung, deren Hauptfiguren mit übernatürlichen Kräften ausgestattet sind – ein Konzept, das offensichtlich nicht nur eingeschworene Science-Fiction-Fans anspricht.

Wenn ich vorhersagen sollte, in welche Richtung sich das Genre in Zukunft entwickelt, würde ich auf den Bereich der zwischenmenschlichen Beziehungen tippen. Im vergangenen Jahrhundert lebten Science-Fiction-Serien von einer genialen futuristischen Technik, mit deren Hilfe die »guten« Helden ihre spektakulären Schlachten gegen die »bösen« Mächte schlugen – ein Schema, das vor allem bei Kindern und Jugendlichen ankam. In modernen Science-Fiction-Reihen hingegen – seien sie auch so unterschiedlich wie *Lost*, *Heroes* oder *Battlestar Gallactica* – stehen unvollkommene Menschen im Zentrum, die sich sowohl mit ganz menschlichen Problemen als auch mit universellen Grundfragen auseinandersetzen müssen; nicht umsonst sprechen diese Serien ein breites Publikum an. Falls Sie an Science-Fiction interessiert sind, empfehle ich Ihnen deshalb, sich auf die packende Darstellung lebensechter Figuren zu konzentrieren und techniklastige Actionszenen lieber dem Kino zu überlassen.

Die Innovationsfreudigkeit des modernen Serienfernsehens hat zu einer Umdeutung der Genres geführt, was jedoch nicht bedeutet, dass sie völlig verschwinden. Als ich noch am Anfang meiner Laufbahn stand und für jeden Job dankbar war, den ich an Land ziehen konnte, ergatterte ich einen Drehbuchauftrag für die Krimiserie *Mike Hammer*. Bei unserer ersten Besprechung drückte mir der Produzent zwei Blätter in die Hand. Das eine trug die Überschrift: »Grundschema für *Mike Hammer*«. Das andere enthielt Anweisungen für die Gestaltung der Hauptfigur wie etwa: »Mike spricht nur in Aussagesätzen.« Ein starker Mann durfte eben keine Fragen stellen.

Die Serie war nach folgendem Strickmuster konzipiert: Am Anfang der Episode bittet eine sympathische Figur Mike um seine Hilfe. Am Ende des ersten Akts wird die sympathische Figur tot aufgefunden. Im zweiten Akt verfolgt Mike die Spur des Mörders, findet diesen am Ende des Akts ebenfalls tot vor und erfährt von einem weiteren Mordfall (was beweist, dass der Tote nicht der Mörder gewesen sein kann). Im dritten Akt heftet sich der wahre Killer an Mikes Fersen, worauf unser Held in höchste Lebensgefahr gerät. Im vierten und letzten Akt kommt es dann zum entscheidenden Showdown zwischen Mike und dem Bösewicht. Und raten Sie einmal, wer den Sieg davonträgt? Anfangs glaubte ich, dieses rigide Schema würde jede Kreativität in mir ersticken, aber zu meiner Überraschung machte die Arbeit sogar Spaß. Da ich mir über die Struktur nicht mehr den Kopf zerbrechen musste, konnte ich mich ganz darauf konzentrieren, die Gastrollen zu entwerfen und Situationen zu entwickeln, die auf die entscheidenden Wendepunkte der Handlung zuführten.

Jahre später bekam ich von der Produktionsgesellschaft Children's Television Workshop (die auch *Sesamstraße* produzierte) das Angebot, eine Pilotsendung für eine Kinderserie zu entwerfen. Die Reihe, die später *Ghostwriter* genannt wurde, sollte wie die Abendserien der Networks konzipiert sein: lange Handlungsbögen, Parallelhandlungen, komplexe Beziehungen zwischen vielschichtigen Hauptfiguren und sogar ein Touch Sozialkritik. Ich hatte noch nie für Kinder geschrieben, war aber begeistert von dem Projekt. Bei der gemeinsamen Entwicklung der Serie wählten das CTW-Team und ich die Detektivgeschichte als Genre, da das Grundschema – die Lösung eines Rätsels – nicht nur alle Hauptfiguren in die Handlung einbezog, sondern auch einen Spannungsbogen für jede Episode lieferte. Darüber hinaus hielten wir uns an Themen, die Menschen jeden Alters bewegen: Freundschaft, Liebe, Angst, Glück und Unglück.

CTW hatte *Ghostwriter* für etwa achtjährige Kinder konzipiert, die zum Lesen animiert werden sollten. Überraschenderweise ergab die Marktforschung jedoch, dass die Serie bei Vier- bis Sechzehnjährigen großen Anklang fand – also tatsächlich ganz unterschiedlichen Zielgruppen. Ich glaube, die Serie war deshalb so erfolgreich, weil wir ein Genre ausgewählt hatten, in dem man trotz der sehr jungen Darsteller und der pädagogischen Inhalte spannende Storys erzählen konnte.

Wenn wir Dick Wolf, dem Erfinder von *Law & Order*, glauben wollen, dann gibt es Serien, die längst zu einem Markenzeichen geworden sind. 2004 sagte er gegenüber *Entertainment Weekly*: »*Law & Order* ist eine ganz eigene unverwechselbare Marke, sozusagen der Mercedes unter den TV-Serien. *CSI* ist nur irgendein Auto. Ob *CSI* nun in Miami, Las Vegas oder New York spielt, es ist immer wieder dieselbe Serie, während sich die einzelnen *Law & Order*-Reihen stark voneinander unterscheiden.« Zweifellos würden die Produzenten von *CSI* ihre Serie mindestens als BMW bezeichnen – schließlich liefern sich die beiden Reihen nicht umsonst allwöchentlich im Abendfernsehen ein Kopf-an-Kopf-Rennen.

Bevor Sie ein Probeskript entwerfen, sollten Sie sich genau überlegen, in welchem Genre die Serie angesiedelt ist, für die Sie schreiben möchten. Selbst wenn es sich um eine innovative Reihe handelt, die das klassische Muster stark abwandelt, kann Ihnen das Grundschema bei der Erarbeitung Ihrer Story Outline nützlich sein (mehr hierzu in Kapitel 4).

## Die Reise kann losgehen

Wer Drehbücher für Abendserien schreibt, begibt sich auf eine abenteuerliche Reise in ein unendliches Universum. Wenn Sie überholte Vorstellungen über das Fernsehen über Bord werfen und Vertrauen in Ihre Fähigkeiten entwickeln, können Sie das mächtigste Medium der Welt mitgestalten. In den folgenden Kapiteln lernen Sie das Rüstzeug kennen, das Sie für Ihre Reise in ungeahnte Dimensionen benötigen.

## Zusammenfassung

TV-Serien zeichnen sich durch ganz bestimmte Merkmale aus:

Anders als im Kinofilm verfolgen die Zuschauer eine Figur über viele Episoden hinweg. Die Hauptfiguren sollten deshalb eine vielschichtige Persönlichkeit haben und keine dramatischen Veränderungen durchlaufen.

Manche Handlungsstränge können sich über viele Folgen erstrecken, besonders in klassischen Fortsetzungsserien. Konzentrieren Sie sich deshalb auf einzelne Abschnitte der episodenübergreifenden Story. Die meisten Serien sind jedoch so strukturiert, dass bestimmte Geschichten innerhalb einer Folge abschließen, während andere Handlungsbögen weitergeführt werden.

Bei einer Network-Produktion bestehen die Episoden aus vier, fünf oder sechs Akten, die vor jedem Werbeblock mit einem Cliffhanger abschließen. Bei anderen Produktionen muss es keine feste Aktstruktur geben.

Genres bieten ein Grundschema, aus dem sich Hunderte von Storys entwickeln lassen.

Innovative Kabelprogramme und die Entstehung neuer Märkte eröffnen Drehbuchautoren ungeahnte Möglichkeiten.

# 2 Von der Idee zur Serie – eine Reise durch das Fernsehjahr

Schnallen Sie sich an! Gleich beginnen wir mit einer zweijährigen Achterbahnfahrt, die uns vom gefahrvollen Aufstieg mit einer Idee im Gepäck durch den langen Tunnel der einjährigen Projektentwicklung bis zur rasanten Abfahrt durch eine komplette Fernsehsaison führt. Dabei verfolgen wir den klassischen Produktionszyklus der Networks – der großen Fernsehgesellschaften, die für ihre eigenen, aber auch für die zahlreichen ihnen angeschlossenen Lokalsender Programme entwickeln. Wie Sie aus dem ersten Kapitel wissen, befindet sich die Branche im ständigen Wandel. Manche Kabelsender starten ihre Serien außerhalb der üblichen Saison, um nicht mit den Fernsehgesellschaften konkurrieren zu müssen, während einige Networks wiederum mit Ganzjahresproduktionen experimentieren, um besonders im Sommer mit den Kabelsendern gleichziehen zu können. Auf diese Abweichungen vom gängigen Jahreszyklus gehe ich am Ende des Kapitels näher ein. Doch sehen wir uns zunächst das Schaubild 2.1. auf Seite 42 an.

Im linken Teil, dem ersten Jahr, wird die Entstehung einer neuen Serie von der Entwicklung bis zum Verkauf dargestellt. Die Trennlinie zwischen April und Mai markiert den Zeitpunkt, an dem die Serie von einem Network übernommen wird. Hier beginnt das zweite Jahr. Im rechten Teil können Sie Monat für Monat die verschiedenen Produktionsstadien einer Serie bis zu ihrer Ausstrahlung verfolgen.

Nehmen wir einmal an, Sie hätten eine geniale Idee für eine Fernsehserie, die Sie einem Sender anbieten möchten. Dann sollten Sie Ihre Erwartungen allerdings nicht zu hoch schrauben. Wenn Sie

**Schaubild 2.1 Klassischer Zweijahreszyklus für die Entwicklung und Produktion einer Serie**

Erstes Jahr – Entwicklung einer neuen Serie

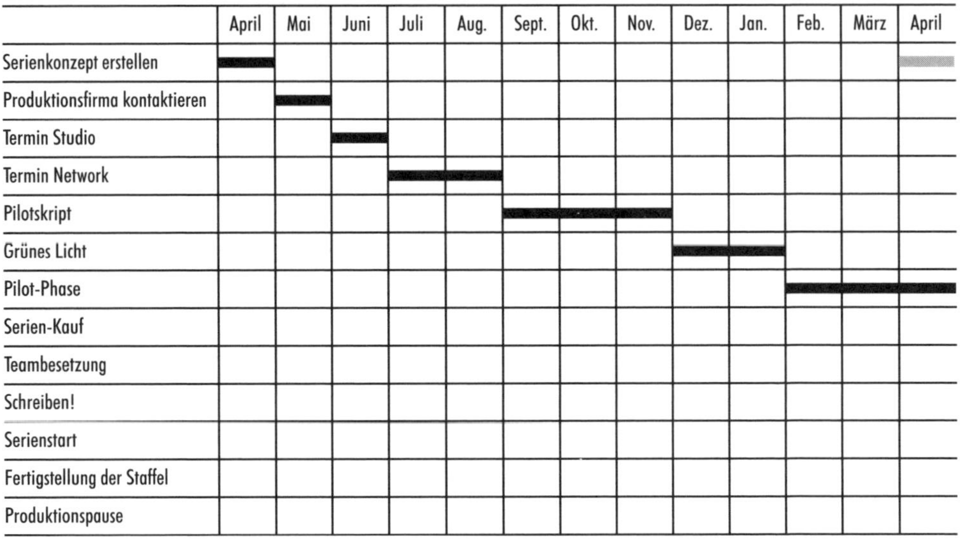


noch neu im Geschäft sind, lässt man Sie keine eigene Serie konzipieren. Zumindest würden Sie es nicht alleine tun. Seit Jahrzehnten ist es in der Branche üblich, die Hierarchie Stufe um Stufe zu durchlaufen; das bedeutet, dass Sie erst einmal in einem Team mitarbeiten und sich Ihre Sporen verdienen müssen, ehe man Ihnen anbietet, eine eigene Serie zu entwickeln. Erst dann traut man Ihnen die nötige Erfahrung zu, um zuverlässig jede Woche eine Episode abzuliefern. Bis dahin allerdings hört Ihnen niemand zu, selbst wenn Ihre Idee noch so genial ist.

Bevor ich auf die einzelnen Phasen im Jahreszyklus eingehe, möchte ich kurz erläutern, woher die Skepsis gegenüber Berufseinsteigern rührt. Was bedeutet es, eine komplette TV-Serie zu entwerfen? Wir sprechen von einstündigen Episoden, die einmal pro Woche gesendet werden, und das über viele Jahre hinweg (zumindest hoffen das die Produzenten). Selbst wenn Sie ein hervorragen-

Zweites Jahr – Produktion der ersten Staffel

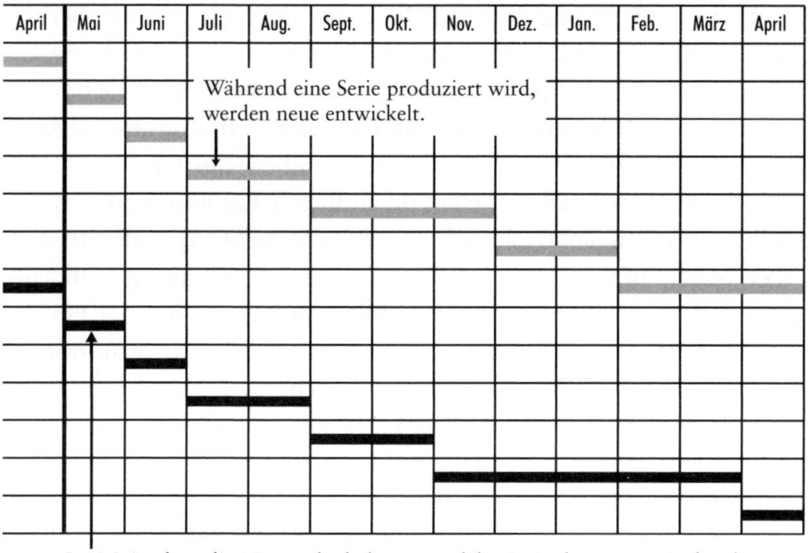


Im Mai geben die Networks bekannt, welche Serienkonzepte sie für die nächste Saison übernehmen.
Falls »ja«, geht es ins zweite Jahr – Produktion.
Falls »nein«, heißt es »zurück auf Start« und ein neues Konzept erstellen.

des Pilotdrehbuch abliefern, beweist das nicht, dass Sie in der Lage sind, auch Folge 7, 20 oder gar 88 zu entwerfen. Es ist auch nicht gesagt, dass Ihr Konzept genügend Potenzial für eine ganze Staffel hat. Und ganz sicher heißt es nicht, dass Sie wissen, wie man ein millionenschweres Projekt managt, an dem Hunderte von hochspezialisierten Mitarbeitern beteiligt sind (Schauspieler, Kulissenbauer, Cutter, Bürokräfte, Regisseure, Transportfahrer, Kameraleute, Techniker, Komponisten … die Autoren gar nicht mitgerechnet). Denn der Erfinder einer Serie wird in der Regel auch ausführender Produzent (Executive Producer) bzw. Serienchef (Show Runner).

Wer eine Fernsehserie verkaufen will, muss nicht nur eine gute Idee haben, er muss sie auch umsetzen können.

Lassen Sie sich trotzdem nicht entmutigen! Es tun sich immer wieder unerwartete Möglichkeiten auf. Das geschlossene System aus Teamautoren, die Serienchefs werden, um dann selbst wieder Drehbuchautoren anzuheuern, die dann ihrerseits wieder Serienchefs werden, wird durchlässiger. Filmautoren, die noch keine Erfahrung mit Fernsehproduktionen, dafür aber gute Beziehungen haben, tun sich beispielsweise mit TV-Veteranen zusammen. Auch für jüngere Autoren und Autorinnen stehen die Chancen nicht schlecht. Gerade Sender, die ein jugendliches Publikum ansprechen wollen, bevorzugen Drehbuchautoren, die nicht älter als 30 sind. Aber haben junge Leute wirklich genügend Erfahrung, um eine ganze Serienproduktion zu leiten? Hier ein Beispiel aus der Praxis:

Josh Schwartz, der Erfinder von *O. C. California*, war mit 27 Jahren der jüngste Serienchef der Fernsehgeschichte. Er studierte noch an der USC School of Cinema-Television, als er für eine halbe Million Dollar sein erstes Filmdrehbuch verkaufte. Einige Monate später folgte das Pilotskript für *O. C. California*. Plötzlich war er nicht nur Autor, sondern auch Serienchef, obwohl er noch nie in seinem Leben für eine Fernsehproduktion gearbeitet hatte. FOX Network stellte ihm Allan Heinberg, Mitautor von *Sex and the City*, zur Seite, der mit ihm die ersten 13 Episoden gemeinsam konzipierte und das Autorenteam betreute. Daneben engagierte man den erfahrenen Serienchef Bob DeLaurentis, der für den gesamten Produktionsablauf verantwortlich war. Schwartz wiederum schrieb und bearbeitete viele der Episoden selbst. In der *New York Times* erläuterte er: »Es ist anders als bei einem Kinofilm. Man muss lernen, wie man eine ganze Staffel konzipiert und wie man die Figuren über einen langen Zeitraum hinweg entwickelt. Ich hätte das am Anfang nicht alleine geschafft. Man braucht Leute, die Erfahrung mit so etwas haben, die wissen, wie man Umfrageergebnisse bewertet oder wie ein Teaser funktioniert. Ich musste das alles erst lernen.«

Doch zurück zu dem, was *Sie* noch lernen müssen:

## Erstes Jahr

### APRIL

#### Der Türöffner

Sie haben eine originelle Idee für eine neue Serie. Ich hoffe allerdings, dass Sie noch mehr vorweisen können, selbst wenn Sie noch nie fürs Fernsehen gearbeitet haben. Aaron McGruder, Autor und Zeichner des Comicstrip *The Boondocks*, tat sich beispielsweise mit dem Filmemacher Reginald Hudlin zusammen, um mit ihm eine Serie zu entwickeln, die bei einem Network auf Interesse stieß. Natürlich müssen Sie nicht gleich mit einem Comicstrip in der überregionalen Presse aufwarten, aber es wäre schon sehr hilfreich, wenn Sie irgendwelche Erfahrungen als Drehbuchautor vorweisen könnten. Einer meiner ehemaligen Studenten erhielt aufgrund seiner Mitarbeit an dem schrägen Independentfilm *Weil ich ein Mädchen bin* die Möglichkeit, mit einer Co-Autorin ein Pilotdrehbuch für The WB Television Network (The WB) zu schreiben. Jede Art von Branchenerfahrung gibt Ihnen Profil.

Stellen Sie Ihre hochfliegenden Pläne für eine eigene TV-Serie erst einmal zurück. In dieser frühen Phase geht es schlicht darum, bei einer renommierten Produktionsgesellschaft einen Gesprächstermin zu bekommen. Ihr erstes Ziel ist es deshalb, überhaupt wahrgenommen zu werden. Dafür benötigen Sie dasselbe Rüstzeug, das Sie auch auf Ihrem weiteren Weg bis zur Network-Präsentation brauchen. Alles andere kann warten. Gehen wir einmal davon aus, dass Sie den ganzen Winter über eine Idee ausgebrütet haben, die Sie nun, im April, in irgendeine präsentable Form bringen müssen. Aber in welche? Für diesen ersten Schritt gibt es tatsächlich keine festen Regeln. Sie müssen deshalb selbst herausfinden, wie Sie Ihr Konzept am wirkungsvollsten präsentieren. Ich stelle Ihnen fünf Möglichkeiten vor:

## Das Exposé

Auch wenn es für die Erstellung eines Exposés keine allgemein verbindlichen Regeln gibt, sollte es doch bestimmte Grundinformationen enthalten, die bei einem Gesprächstermin ohnehin abgefragt werden. Tatsächlich sind solche Entwürfe häufig nicht mehr als ein paar Notizen für eine Network-Präsentation (Pitch). Ich empfehle Ihnen trotzdem für den Anfang, alles in strukturierter Form niederzuschreiben, um sicherzugehen, dass Sie Ihre Serienidee wirklich gründlich durchdacht haben. Bei der formalen Gestaltung sollten Sie Folgendes berücksichtigen:

**Titelblatt:** Überlegen Sie sich einen Titel, der neugierig macht und zugleich auf den Stil Ihrer Serie hinweist (beispielsweise witzig, unheimlich, dramatisch, frech, romantisch). Auch wenn er wahrscheinlich wieder geändert wird, kann er Ihnen Türen öffnen. Nennen Sie unter dem Titel das Genre (z. B. Teenagerserie, Sitcom, Politthriller, Krimi). Falls der Stoff auf einer Vorlage basiert (Buch, Theaterstück, Kinofilm, Cartoon), sollten Sie dies unbedingt erwähnen und vorher natürlich die Rechte für die Adaption eingeholt haben. Dann folgt in einer separaten Zeile Ihr Name: »von …« Schreiben Sie Ihre Kontaktdaten ganz unten aufs Titelblatt. Falls Sie sich durch eine Agentur vertreten lassen, gestaltet diese selbstverständlich das Titelblatt und gibt ihre eigene Adresse an.

Schreiben Sie oben auf die erste Seite eine Logline. Diesen Begriff kennen Sie vermutlich schon aus Drehbuchseminaren oder der einschlägigen Fachliteratur. Wussten Sie auch, dass er ursprünglich aus dem TV-Bereich stammt? Vor Jahrzehnten führte die FCC für alle Fernsehanstalten eine Dokumentationspflicht ein. Seither verzeichnen die Programmanbieter sämtliche ihrer ausgestrahlten Sendungen in einer Art »Logbuch«, wobei jeder Eintrag nicht mehr als eine Zeile umfassen darf, wie etwa: »Lassie findet einen verirrten Jungen.« Mittlerweile sind auch Fernsehzeitschriften dazu übergegangen, Kurzzusammenfassungen einzelner Serienepisoden abzudrucken, wie beispielsweise die folgende für *Die himmlische Joan*:

»Joan wird von Gott beauftragt, einen Schminkkurs zu besuchen, und lernt die Kehrseite der Eitelkeit kennen.«

Solche werbewirksamen Kurzbeschreibungen finden sich aber auch auf Kinoplakaten wieder: »Tom Cruise spielt den heldenhaften amerikanischen Offizier Nathan Algren, der vom japanischen Kaiser beauftragt wird, die erste Armee seines Landes auszubilden. Als Algren in die Gefangenschaft feindlicher Samurai gerät, lernt er deren Lebensweise kennen und ist so fasziniert von ihr, dass er sich ihrem Kampf anschließt.« Oder ein einfacheres Beispiel: »Die Frauen von Stepford haben ein Geheimnis.« Es dauerte nicht lange, bis vollständige Loglines (wie für *Last Samurai*) oder auch nur »Anreißer« (wie für *Die Frauen von Stepford*) nicht nur zu Dokumentations- und Werbezwecken, sondern auch für die Präsentation von Filmprojekten jeglicher Art verwendet wurden.

Eine Logline für ein Serienkonzept muss nicht so präzise sein wie die Zusammenfassung einer Episoden-Story. Schließlich geht es darum, einem Zuhörer – das heißt, einem Produzenten oder einem Network-Chef – einen ersten Eindruck zu vermitteln und Interesse für Ihre Idee zu wecken. »MTV Cops«, eine berühmte Logline für *Miami Vice*, wurde beispielsweise zu einer Zeit erfunden, als der Musiksender MTV neu auf dem Markt und »hip« war. Josh Schwartz, der wusste, dass FOX Network nach einer modernen Version von *Beverly Hills, 90210* suchte, präsentierte sein Konzept für *O.C. California* mit der Logline »90210 am Strand in Orange County« – ein kleiner Etikettenschwindel, wie er später gestand, um eine weit anspruchsvollere Serie an den Mann zu bringen.

Sobald Sie eine starke Logline entworfen haben, können Sie mit dem Schreiben Ihres Exposés beginnen. Auf den ersten Seiten sollten Sie einen allgemeinen Überblick über Ihre Serie geben. Dazu gehören Informationen zu Schauplatz, Stil, Thema, Milieu und natürlich die Figuren. Auch wenn eine ausführliche Figurencharakterisierung erst später folgt, sollten die Hauptakteure gleich zu Anfang vorgestellt werden. Verwenden Sie kurze Beschreibungen wie etwa: »eine alleinstehende Bewährungshelferin mittleren Alters, die das Kind einer ihrer Schützlinge adoptiert« oder »die 29-jährige Assistentin eines Abgeordneten, die bei den Kongresswahlen gegen ihren Chef antritt«.

Der allgemeine Überblick sollte auch schon Ideen für zukünftige Episoden enthalten, denn Sie wollen potenziellen Käufern ja zeigen, dass die Serie ausbaufähig ist. Mögliche Handlungsquellen könnten beispielsweise sein: »Joan erhält jede Woche von Gott einen neuen Auftrag« oder »Jede Woche müssen die Ermittler drei neue Fälle lösen, wobei sie sich gefährlich nah am Rande der Selbstjustiz bewegen.« Wie jeder Romanautor auch, müssen Sie dafür sorgen, dass Ihre Figuren lachen, weinen, sich ärgern, sich fürchten und sich verlieben.

Nehmen Sie sich nun die Figuren vor. Sie sind das Herzstück jeder Serie. Wenn sich die Zuschauer nicht mit Ihren Hauptpersonen identifizieren, wenn sie nicht Woche für Woche gespannt verfolgen, wie die Figuren ihren Alltag meistern, wie sie ihre Konflikte und Krisen bewältigen, dann hat Ihr Konzept keine Chance. Wie bereits in Kapitel 1 erwähnt, geht es bei einer TV-Serie weniger um die Story als um den emotionalen Treibstoff, der die Handlung über viele Episoden vorantreibt.

Schreiben Sie über jede Hauptfigur etwa eine Seite, und beschränken Sie sich auf eine Handvoll Figuren. Auch wenn es hervorragende Serien mit mindestens einem Dutzend Hauptpersonen gibt, sollten Sie sich in Ihrem Exposé auf drei oder vier Figuren beschränken; alles, was darüber hinausgeht, ist ermüdend. Konzentrieren Sie sich deshalb auf einen faszinierenden, glaubwürdigen Protagonisten, und wecken Sie Interesse für sein Innenleben, seine Wünsche und Ziele. Verfahren Sie ebenso bei Gegenspielern oder Verbündeten des Protagonisten, vorausgesetzt, sie stehen in einer wichtigen Beziehung zu ihm. Die Nebenfiguren sollten Sie nur in einer Kurzbeschreibung vorstellen, selbst wenn diese im Laufe der Serie noch an Bedeutung gewinnen.

Nach der Charakterisierung der Figuren folgen einige Episodenentwürfe. Sie könnten beispielsweise auf wenigen Seiten den Inhalt einer Pilotsendung zusammenfassen (mehr dazu gleich im nächsten Abschnitt). Es wäre allerdings sinnvoll, sich nicht gleich die erste, sondern eine spätere Folge vorzunehmen, damit man sich ein Bild davon machen kann, was die Serie über einen längeren Zeitraum hinweg trägt. Manche Autoren konzentrieren sich deshalb auf die siebte Folge. Andere stellen Loglines für fünf bis zehn Episoden zusammen. Wieder andere skizzieren den dramaturgischen Bogen für eine fünfjährige Laufzeit und entwerfen einen Serienabschluss. Ganz gleich, wofür Sie sich entscheiden, achten Sie darauf, dass Sie ein Konzept vorstellen, das unendlich viele Entwicklungsmöglichkeiten bietet.

Damit ist es aber noch nicht getan. Nicht umsonst wird diese Bewerbungsphase gerne mit einem Schönheitswettbewerb verglichen, bei dem man dem Glück mit etwas Raffinesse auf die Sprünge helfen muss. Versuchen Sie es einmal mit Fotos, Illustrationen, Zeitungsausschnitten, Referenzen. Lassen Sie sich etwas Originelles einfallen. Aber übertreiben Sie es nicht. Es soll schon Verzweifelte gegeben haben, die ihr Exposé in einer Torte versteckten – was leider niemand witzig fand. Wenn Ihre Serie allerdings in einer Bäckerei spielt, dann sollten Sie vielleicht gleich mit dem Backen anfangen!

## Das Pilotdrehbuch

In der Phase der Projektentwicklung werden von den Networks Pilotskripts angefordert. Da wir uns in unserem Jahreszyklus noch im April befinden, werde ich auf dieses Thema ausführlicher eingehen, wenn wir den September erreicht haben. Deshalb vorerst nur soviel: Normalerweise reichen Produzenten, die einer Fernsehanstalt ein neues Serienkonzept vorstellen, nicht gleichzeitig ein fertiges Pilotdrehbuch ein. Die Chance, dass das Projekt übernommen wird, ist so gering, dass sich eine so kostspielige Investition zu diesem frühen Zeitpunkt nicht lohnt (die meisten Projektentwürfe fallen durch, die meisten Pilotskripts ebenfalls.) Darüber hinaus kann die Reaktion des Networks Einfluss auf die Konzeption der Serie haben. Warum sollte man 30000 Dollar oder mehr für ein Pilotdrehbuch über einen Hermaphroditen auf einem Schönheitswettbewerb ausgeben, wenn das Network die Serie nur unter der Bedingung kauft, dass der Kandidat ein Pudel ist? Sollten Sie allerdings noch ein »unbeschriebenes Blatt« in der Branche sein und einen Produzenten mit einer Schreibprobe von Ihren Fähigkeiten überzeugen wollen, dann wäre ein Pilotdrehbuch vielleicht wirklich sinnvoll.

Über den Erfinder von *Babylon 5*, J. Michael Straczynski, heißt es, er habe alle fünf Staffeln seiner Science-Fiction-Reihe geschrieben, während er noch im Autorenteam von *Raumschiff Enterprise* arbeitete. Die komplette Serie war also fertig, ehe er sie überhaupt irgendjemandem angeboten hatte. Von dieser Strategie kann ich Ihnen allerdings nur dringend abraten!

Wenn Sie sich auf ein Pilotskript beschränken, riskieren Sie schlimmstenfalls, dass dieses eine Drehbuch abgelehnt wird. Aber selbst dann können Sie es jederzeit weiteren Bewerbungen als Schreibprobe beilegen – vorausgesetzt, es ist wirklich gut geschrieben. Sobald Sie sich in der Branche einen Namen gemacht haben (oder jemanden kennen, der bereits einen hat), können Sie es dann wieder aus der Schublade holen.

### Das »Backdoor Pilot«

Es gibt auch die Möglichkeit, einem Produzenten oder Network ein als Spielfilmdrehbuch getarntes Serienskript unterzuschieben. In diesem Fall schreibt man ein Pilotdrehbuch für einen zweistündigen Film, der tatsächlich auch als abgeschlossene Geschichte funktioniert, aber das Potenzial für eine ganze Serie enthält. In der Story ist bereits der Grundstein für weiterführende Handlungsstränge und eine vielversprechende Figurenentwicklung gelegt. Sie versuchen also, durch die Hintertür ins Seriengeschäft einzusteigen.

Sie könnten beispielsweise ein solches Pilotskript ganz unschuldig als klassisches Filmdrehbuch einreichen und völlig überrascht reagieren, wenn Sie jemand darauf aufmerksam macht, dass Ihre Story das Zeug für eine TV-Serie hat. Aber Sie können natürlich auch von Anfang an Ihre Absichten deutlich machen. Das hängt ganz von der Situation ab. Ihrem Agenten oder Ihrer Agentin sollten Sie in jedem Fall offen sagen, was Sie vorhaben. Es ist unter Umständen leichter, einen Spielfilm bei einem Network unterzubringen als eine Serie, da er das kleinere wirtschaftliche Risiko bedeutet. Wenn der Film erfolgreich ist, haben Sie eine ideale Ausgangsposition, um beim nächsten Mal Ihr Serienkonzept anzubieten. Wenn nicht, haben Sie immerhin einen Film gemacht.

## Die Filmprobe

Ich wurde einmal gebeten, eine Serie mitzuentwickeln, für die es so gut wie kein Konzept gab. Bei der Besprechung mit dem etwas ratlosen Serienchef, erfuhr ich, dass die Reihe auf der Grundlage einer 15-minütigen Filmprobe eingekauft worden war und auf einem Kinohit basierte. Die Probeszenen stammten von einem der Filmproduzenten, der keine Zeit hatte, die Serie selbst zu realisieren. So blieb dem frisch gekürten Serienchef nichts anderes übrig, als Autoren anzuheuern, um mit ihnen ein Konzept zu erarbeiten. Das Problem war, dass das Filmmaterial einfach nicht genügend hergab. Hinzu kam, dass die vorgeschlagenen Szenen von Darstellern gespielt wurden, die in der Serie gar nicht auftreten würden. Auch wenn die Ausschnitte stimmig und atmosphärisch dicht waren, so suchte man vergeblich nach den Elementen, die ein funktionierendes Serienkonzept ausmachen: Anknüpfungspunkte für weitere Storys, Figuren mit Entwicklungspotenzial und ein Handlungsmotiv oder ein Ziel, das die Hauptperson antreibt. Die Probeszenen hatten denselben Effekt wie die Tintenklecksbilder eines Rorschachtests: Jeder reimte sich etwas anderes zusammen, so dass aus dem Projekt schließlich nichts wurde.

Selbst wenn Sie kein Hollywood-Produzent sind, der mit ein paar Filmszenen eine Serienidee an den Mann bringen kann, könnten Sie mit einer clever präsentierten Filmprobe durchaus Erfolg haben. Stellen Sie sich einen Produzenten oder Network-Chef vor, der um vier Uhr nachmittags in seinem Büro sitzt und seit der Morgenbesprechung nichts anderes getan hat, als sich im 20-Minuten-

Rhythmus Präsentationen anzuhören. Und dann kommen Sie mit einer DVD herein. Ja, ich glaube, das könnte ihn aufwecken.

Falls Sie es mit einer Filmprobe versuchen möchten, hier ein paar Tipps:

Vermeiden Sie alles, was an einen typischen Studentenfilm erinnert. Also bitte keine langen Zooms auf effektvoll beleuchtete Türgriffe oder bedeutungsschwangere Sprechpausen. Studentische Produktionen werden häufig für Filmfestivals gedreht, wo ihre künstlerischen Qualitäten entsprechend gewürdigt werden. Bei einem schnellen Medium wie dem Fernsehen allerdings wirken solche Finessen eher manieriert. Achten Sie deshalb darauf, dass Sie Ihre Filmprobe professionell gestalten und auf das Medium abstimmen.

Eine Präsentation dauert in der Regel etwa 15 Minuten. Ihr Film sollte deshalb nicht zu lang sein, damit Ihnen noch genügend Zeit bleibt, Ihr Projekt vorzustellen. Kalkulieren Sie auch ein, dass Sie Ihr Gerät aufstellen und anschließen müssen.

Eine Filmprobe ersetzt keine Präsentation. Sie soll Ihrem Gegenüber lediglich den Mund wässrig machen. Im Gegensatz zum bereits erwähnten Hollywood-Produzenten kommen Sie nicht darum herum, ein ausgereiftes Serienkonzept vorzustellen.

Lassen Sie Ihre Fantasie spielen. Eine originelle Filmarbeit, sofern sie mit Ihrem Konzept stimmig ist, kann die beste Werbung für Sie sein.

## Das »Paket«

Mit einem so genannten Paket können Sie Ihrem Projekt mehr Profil geben. Darunter verstand man früher vor allem Filmstars oder Schauspieler, die bereits in anderen erfolgreichen Serien mitgewirkt haben. Es gibt immer noch »Packaging-Agenturen«, die damit werben, alle kreativen Talente (Autoren, Produzenten, Regisseure, Darsteller) aus ihrem Haus in einem Projekt zusammenzuführen. Im Klartext bedeutet das, dass sich die Beteiligten verpflichten, exklusiv für eine bestimmte Serie zu arbeiten. Das setzt allerdings einen rechtsgültigen Vertrag voraus, eine reine »Interessenbekundung« genügt da nicht.

Doch in unserer schnelllebigen Branche haben sich Art und Umfang solcher »Pakete« enorm verändert. Mittlerweile verlangen Studios von Projektentwicklern, dass sie zusätzlich Konzepte für die Vermarktung neuer Serien mit Hilfe von YouTube und MySpace erarbeiten. Und das macht Schule. Man erwartet, dass der Serienautor nebenbei noch einen Internetauftritt konzipiert, der nicht nur aus Werbeclips besteht, sondern auch eigenständiges Filmmaterial enthält. Man will also die Kreativität der Serienentwickler »anzapfen«, um lukrative Nebenmärkte zu bedienen. Tatsächlich geht es hier letztlich um die Entwicklung von Internet-Episoden und nicht um die Zweitverwertung von TV-Serien. Sie werden in Zukunft also weit mehr als nur ein Skript anbieten müssen.

Wenn Sie genügend Zeit und Geld haben, können Sie alle fünf Methoden nacheinander ausprobieren. Allerdings dürfte das mindestens ein Jahr in Anspruch nehmen. Halten wir uns deshalb besser an unseren »Fahrplan« und gehen einfach davon aus, dass Sie ein hervorragendes Exposé erstellt und glänzende Arbeitsproben vorbereitet haben. Dann können Sie die nächste Phase in Angriff nehmen:

## MAI

### Die Produktionsfirma

Der Mai ist eine gute Zeit, um sich auf die Suche nach einer Produktionsfirma zu machen. Die Arbeit an der aktuellen Staffel ist abgeschlossen, und die Vorbereitungen für die nächste sind noch nicht angelaufen. Falls Ihr Exposé früher fertig wird, können Sie aber auch schon im April während der Produktionspause Ihre Fühler ausstrecken. Sie sollten sich eine Firma aussuchen, die Sie sowohl an ein Studio als auch an ein Network vermitteln kann. Noch besser wäre allerdings die Kontaktaufnahme mit einem Serienchef, der einen Abnahmevertrag mit einer Fernsehgesellschaft hat, das heißt, das Network hat sich verpflichtet, ihm eine Serie abzukaufen.

Wer weiß, vielleicht ist er ja gerade auf der Suche nach einem neuen Konzept.

Aber wie findet man so jemanden? Durch einen Agenten natürlich. Ob es Ihnen gefällt oder nicht, so läuft es in der Branche nun einmal. Jeder erfahrene Agent weiß, wer an neuen Serienkonzepten interessiert ist, wer sich für Ihre Idee erwärmen könnte, wer auch Neulingen eine Chance gibt und wer Kontakte zu Sendern mit dem passenden Programmprofil hat. Er kann Sie genau richtig platzieren. Wenn Sie bereits mit einer Agentur zusammenarbeiten, heißt das jedoch nicht, dass Sie die Hände in den Schoß legen können. Agenten helfen nur jenen, die sich auch selbst helfen können. (Wie Sie Kontakte zu einer Agentur knüpfen, erfahren Sie in Kapitel 6.)

Doch ist es nicht auch möglich, sich auf eigene Faust durchzuschlagen? Natürlich kann man sich auch direkt an eine Produktionsfirma wenden, und in manchen Fällen mag das sogar Erfolg versprechender sein als die Kontaktaufnahme mit einer Agentur. Informieren Sie sich in der Fachpresse, wer Interesse an neuen Serienkonzepten haben könnte. Wenn Sie einer Firma, die sich auf dem Markt neu profilieren will, einen echten Knüller anbieten, kann es Ihnen tatsächlich gelingen, an der Empfangsdame vorbeizukommen. Auch wenn Sie jung und begabt sind, Auszeichnungen oder Branchenerfahrungen vorweisen können und darüber hinaus selbstbewusst und forsch auftreten, stehen Ihre Chancen nicht allzu schlecht. Es kommt vor allem darauf an, genau den richtigen Partner für Ihr Projekt zu finden. Aber leider spielt auch Ihr Alter eine Rolle.

Lassen Sie mich offen sein. Sicherlich haben Sie schon von der Altersdiskriminierung in Hollywood gehört. Einige Networks, aber keineswegs alle, arbeiten vorzugsweise mit jungen Autoren und Autorinnen zusammen, vor allem, wenn sie ein junges Publikum ansprechen wollen. Bei hochkarätigen Network-Produktionen sieht es allerdings schon anders aus, und auch bei renommierten Kabelsendern sind nach wie vor erfahrene Talente gefragt. Dennoch haben junge, sogar sehr junge Autoren auf dem Markt gute Chancen – eine unvermeidliche Folge unseres Jugendwahns. Ich habe sogar von einem Highschool-Schüler gehört, dessen Pilotskript zwar nicht gekauft, aber immerhin in die engere Wahl gezogen wurde.

Meine Studenten und Studentinnen an der University of Southern California (USC) sind in ihrem Abschlussjahr zwischen Mitte 20 und Mitte 30, weshalb ich ihnen einmal den scherzhaften Rat gab, niemals älter als 29 zu werden. Im Herbst erhielt ich dann einen Anruf von Jennifer, einer vielversprechenden Drehbuchautorin, die im Frühjahr ihren Abschluss gemacht hatte. Sie erzählte mir aufgebracht, dass sie sich um einen Drehbuchauftrag beworben habe, worauf sie von der Sekretärin nach ihrem Alter gefragt worden sei. Sie habe sich an meinen Witz erinnert und schnell geantwortet: »29«, obwohl sie gerade 30 geworden war. »Oh, das tut mir leid«, hatte die Sekretärin honigsüß erwidert. »Unser Limit ist 26.«

Ich erinnere mich an den Fall einer Drehbuchautorin, die für die Serie *Felicity* engagiert und sofort wieder gefeuert wurde, als sich herausstellte, dass sie nicht wie erwartet 18, sondern über 30 war. Selbst wenn der Einstieg für junge Autoren leichter sein sollte, müssen sie sich bei der weiteren Zusammenarbeit bewähren, um ihr Projekt nicht an erfahrenere Kollegen zu verlieren. Doch zurück zum Thema.

Ganz gleich, für welche Taktik Sie sich entscheiden, finden Sie als Erstes heraus, welche Produktionsgesellschaften Projekte wie Ihres realisieren. Im Abspann jeder TV-Episode können Sie sehen, wer die jeweilige Serie produziert hat. Bei kostspieligen Produktionen können es auch mehrere Firmen sein. In diesem Fall erkundigen Sie sich beim Sender telefonisch, wer von ihnen für die Entwicklung der Serie zuständig ist. Darüber hinaus können Sie sich auf den Internetseiten der Fernsehanstalten oder Studios informieren.

Sobald Sie Ihre Ansprechpartner herausgefunden haben, schreiben Sie ihnen, und haken Sie telefonisch nach, um einen Präsentationstermin zu vereinbaren. Verschicken Sie aber nicht gleich Ihr Exposé. Es genügt, wenn Sie mit ein paar wirkungsvollen Sätzen für Ihr Projekt werben. Sie brauchen übrigens nicht die Antwort auf Ihr erstes Anschreiben abzuwarten, ehe Sie sich die nächste Firma auf Ihrer Liste vornehmen. Kontaktieren Sie alle gleichzeitig.

Bei der Präsentation müssen Sie Ihren Gesprächspartner sofort für sich gewinnen. Natürlich hofft jeder, dem ausführenden Produzenten oder gar dem Firmenchef gegenüberzusitzen. Wenn man Sie allerdings mit einem Assistenten abspeist, sollten Sie sich nicht weniger ins Zeug legen. Machen Sie ihn zu Ihrem Verbündeten, damit Sie später noch einmal die Gelegenheit bekommen, Ihr Konzept einem Entscheidungsträger vorzustellen.

Produktionsfirmen suchen in erster Linie Potenzial. Sie müssen vor allem vermitteln, dass Ihre Serie entwicklungsfähig ist. Bei einer Präsentation geht es nicht darum, eine Filmstory haarklein nachzuerzählen. Machen Sie sich klar, dass Sie sich erst am Anfang eines langen Entwicklungsprozesses befinden. Wenn die Firma interessiert ist, müssen Sie Ihr Konzept wahrscheinlich überarbeiten, sei es, damit sich die Serie besser verkauft, damit sie in ein bestimmtes Programmschema passt oder damit sie sich von anderen geplanten Produktionen stärker abhebt. Man will herausfinden, wie flexibel Sie sind, und einschätzen können, ob eine langfristige Zusammenarbeit mit Ihnen funktionieren kann. Das Ganze hat durchaus Ähnlichkeit mit einem Blind Date. Wenn Sie sich gegen die Änderungswünsche der Produktionsfirma sperren, wird man Ihnen höflich, aber bestimmt die Tür weisen.

Als Nächstes will man prüfen, ob sich Ihr Serienkonzept realisieren lässt, das heißt, ob das veranschlagte Budget für eine wöchentliche Produktion ausreicht. Zuvor müssen aber zwei weitere Kriterien erfüllt sein: Zum einen sollte Ihr Konzept etwas völlig Neues bieten, zum anderen sollte es an altbewährte Erfolgsrezepte anknüpfen. Das klingt natürlich paradox. Doch der Spagat gelingt, wenn Sie sich innerhalb eines Genres Gestaltungsspielräume erschließen und es gegebenenfalls neu interpretieren, wie ich in Kapitel 1 am Beispiel von *Deadwood* und *Emergency Room* erläutert habe; im ersten Fall handelte es sich um eine moderne Variante des klassischen Western, im zweiten um eine dem heutigen Zeitgeist angepasste Ärzteserie.

Zu guter Letzt sei noch einmal erwähnt, wie wichtig die Figuren für eine Serie sind. Der Erfolg Ihrer Präsentation hängt entscheidend davon ab, ob es Ihnen gelingt, einen potenziellen Käufer für Ihre Figuren zu interessieren. Wenn Sie Ihr Konzept sorgfältig durchdacht haben, sollte Ihnen das nicht schwer fallen.

Sagen wir also, Sie haben sich bei einigen Produzenten vorgestellt und eine Firma für Ihr Projekt gewonnen, die alles hat, was sich ein Autor nur wünschen kann: einen Studiovertrag, gute Kontakte zu einem Network, genügend Erfahrung, um die Serie unterzubringen, die Bereitschaft, sich für einen Neuling einzusetzen, und nicht zuletzt Begeisterung für Ihre Idee. Dann haben Sie Ihre kreative Heimat gefunden.

Hoffentlich.

## JUNI

### Das Studio

Die meisten Produktionsfirmen können sich mit ihren Angeboten nicht direkt an eine Fernsehgesellschaft wenden. Das liegt daran, dass Network-Produktionen teilweise vorfinanziert werden müssen. Für die Ausstrahlung einer Sendung zahlen die Networks eine Lizenzgebühr, die etwa 75 Prozent der Produktionskosten beträgt. Bei einer Serie, die pro Episode 5 Millionen Dollar kostet, müssen demnach eine Million Dollar vorfinanziert werden – pro Woche. Das kann sich keine Produktionsgesellschaft leisten.

Filmstudios schon. Bei einer Fernsehproduktion übernimmt das Studio gewissermaßen die Rolle einer Bank. Aus der Sicht eines »Bankers« stellt sich die Situation dann folgendermaßen dar: Jedes Mal, wenn ein Studio gemeinsam mit einer Produktionsfirma eine Serienproduktion startet, gehen beide Seiten ein kalkuliertes Risiko ein. Es vergehen vier Jahre, ehe ihre Investition irgendeinen Gewinn abwirft – falls überhaupt, denn viele Serien werden vorher eingestellt. Doch wenn eine Reihe die 88. Folge erreicht, beginnt die Goldader zu sprudeln. Denn jetzt geht die Serie in die Zweitverwertung. Ein einziger Glückstreffer kann viele magere Jahre wirtschaftlich absichern.

Womit wir wieder bei Ihnen wären: Wahrscheinlich bietet Ihnen die Produktionsfirma keinen schriftlichen Vertrag an. Die Produzenten wollen erst abwarten, ob sich das Studio, mit dem sie zusammenarbeiten, für Ihr Projekt erwärmt. Also spricht der Produzent mit dem Chef der dortigen Entwicklungsabteilung. Wenn er von Ihrem Serienkonzept überzeugt ist, wird er sich stark dafür machen.

Oder auch nicht. Möglicherweise sondiert er erst einmal das Terrain, bevor er sich für Sie einsetzt. Vielleicht schickt er Ihre Arbeitsproben an den Studiochef oder sogar an seinen Kontaktmann bei einem der Networks. Er kann aber auch nur ausloten, ob am Thema Ihrer Serie grundsätzlich Interesse besteht, ohne das Projekt genauer vorzustellen: »Sind Sie an einer Serie über Zimmerpflanzen interessiert? Ich hätte da etwas Tolles über einen Farn.« Seien Sie auf alles gefasst: Wenn das Studio nur geringes Interesse signalisiert, lässt der Produzent Ihr Projekt möglicherweise fallen, oder aber er übernimmt das Konzept und versucht Sie loszuwerden. Spätestens, wenn er Ihnen gegenüber nur noch von einer »Mitarbeit« spricht, wenn er die Namen anderer Autoren ins Spiel bringt oder die »wichtigen« Aufgaben eines Produktionsassistenten hervorhebt, können Sie davon ausgehen, dass man Sie aus dem Projekt hinausdrängen will. Lassen Sie sich nicht einwickeln. In den meisten Fällen bedeutet ein solcher Job das Ende Ihrer Mitarbeit im Autorenteam. Bedenken Sie, dass Sie das Recht haben, Nein zu sagen und Ihr Projekt jemand anderem anzubieten.

Nehmen wir einmal an, ein Studiomanager hält Ihr Konzept für interessant genug, um Sie zu einer Präsentation einzuladen. Dann müssen Sie Ihr Projekt ein weiteres Mal vorstellen. Aber diesmal setzen Sie sich vorher mit Ihrem Produzenten zusammen und gehen Schritt für Schritt Ihren »Auftritt« durch. Dann begeben Sie sich gemeinsam in die Höhle des Löwen.

Sollten Sie es mit einem namhaften Produzenten zu tun haben, der mit einem Network einen Abnahmevertrag hat, dann kann er auch ohne vorherige Absprache mit dem Studio an ein Network herantreten. Wenn er jedoch keinen großen Namen hat und sich seiner Sache nicht wirklich sicher ist, bittet er Sie, Ihr Projekt noch einmal dem Studiochef persönlich vorzustellen. Sie präsentieren vermutlich eine leicht überarbeitete Version des Konzepts, das Sie im April entwickelt haben. Allerdings sitzt der Produzent nun neben Ihnen, und Sie müssen einen mächtigen Studioboss überzeugen.

Setzen wir einmal voraus, dass Ihnen das gelingt. Dann geht es weiter zur nächsten Phase:

## JULI UND AUGUST

### Das Network

Beim Bewerbungsmarathon um die Vergabe neuer Network-Aufträge kommen nur die wenigsten ans Ziel: Wie die Lemminge stürmen alle gleichzeitig auf den Abgrund zu, und die meisten stürzen auch hinein. Dieses Muster wird Ihnen während der gesamten Serienentwicklung immer wieder begegnen.

Im Sommer läuten sämtliche Networks die Bewerbungsphase für die neuen TV-Serien ein. Der exakte Beginn wird den Agenturen mitgeteilt und meist auch in der Fachpresse bekannt gegeben. Manche Networks vergeben ihre ersten Termine schon im Juli, andere laden bis in den Oktober hinein zu Präsentationen ein; das hängt ganz davon ab, wie viele Serien sie im Herbst fortsetzen, bzw. wie viele Programmplätze sie neu füllen müssen. Da die Fernsehgesellschaften mit Angeboten überschwemmt werden, sollten Sie sich möglichst früh um einen Termin bemühen. Doch die Karten sind von Anfang an ungleich verteilt. Die Branchenriesen, die bereits erfolgreiche Serien vorweisen können, haben sich längst die Rosinen aus dem Kuchen gepickt, ehe man Ihnen überhaupt einen Termin anbietet.

Obwohl das Auswahlverfahren immer nach den gleichen Spielregeln abläuft, wirkt es auf Branchenneulinge undurchschaubar wie ein Hütchenspiel. Zwischen Juni und Oktober prüft jedes Network bis zu 500 Serienkonzepte. Davon werden 50 bis 100 für ein Pilotskript ausgewählt. Zehn bis 20 dieser Skripts werden tatsächlich verfilmt. Und von diesen Pilotsendungen schaffen es nur eine Handvoll bis zur Serienproduktion. Obwohl die Zahlen von Jahr zu Jahr variieren, lässt sich grob sagen, dass in jedem Stadium des Auswahlverfahrens die Ausbeute etwa 20 Prozent beträgt: Aus 500 Serienkonzepten werden 100 Pilotskripts; aus diesen 100 werden 20 Pilotfilme, und aus diesen 20 werden ganze fünf Serien (siehe Schaubild 2.2). Das heißt, jeder Autor hat eine zehnprozentige Chance, sein Serienkonzept zu verkaufen – vorausgesetzt, die Chancen stehen für alle gleich, was natürlich nicht der Fall ist.

**Schaubild 2.2**
**Beispiel für die Serienentwicklung bei einem Network**

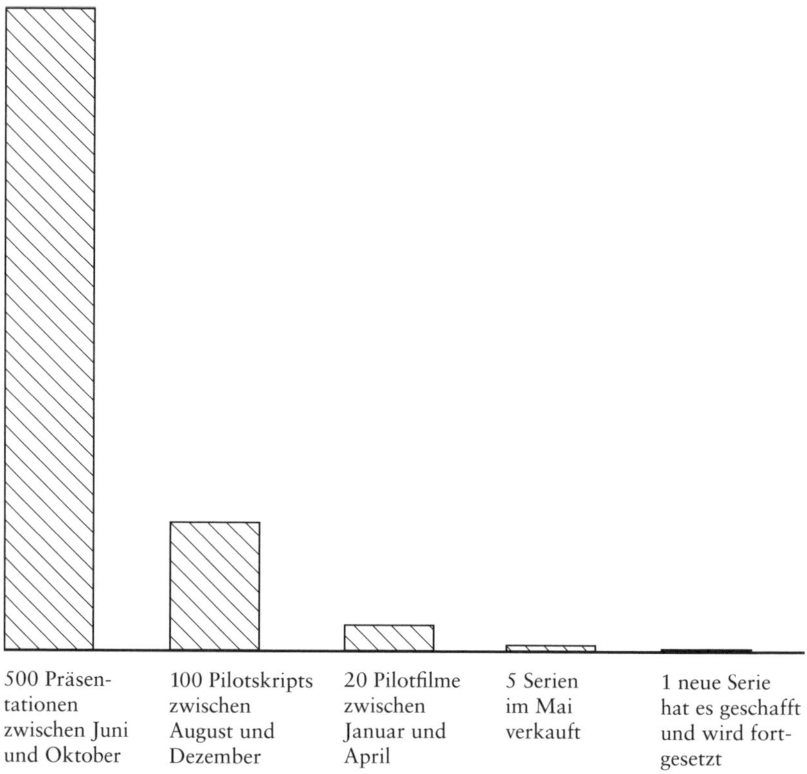

Doch statt uns mit Ihren theoretischen Erfolgsaussichten zu beschäftigen, sollten wir uns lieber auf die praktischen Aspekte der Sache konzentrieren. Zunächst einmal ist es wichtig, sich auf die Situation einzustellen, die Sie bei einem Präsentationstermin erwartet. Die Network-Manager haben drei bis vier Monate lang täglich von morgens bis abends Gesprächstermine – häufig im 20-Minuten-Takt. Die Serienchefs geben sich buchstäblich die Klinke in die Hand. Es kann sogar sein, dass Ihr eigener Produzent auch noch andere Serienkonzepte ins Rennen schickt, mit denen Ihr Projekt konkurrieren muss.

Zur Präsentation erscheinen alle Teilnehmer korrekt gekleidet. Im Foyer treffen Sie neben Ihrem Produzenten möglicherweise noch einen Vertreter des Studios, einen Agenten (wahrscheinlich der Ihres Produzenten) und, sofern ein Paket vereinbart wurde, weitere Beteiligte an Ihrem Projekt. Das kann beispielsweise ein hochkarätiger Autor sein, der das Vertrauen des Networks genießt und das Pilotskript betreuen soll, oder auch ein bekannter Fernsehschauspieler.

Zu einem meiner Präsentationstermine hatten der Produzent und ich den Hauptdarsteller eingeladen, weil er das Gesicht der Serie entscheidend prägte. Doch dann musste er wegen einer anderen Verpflichtung in letzter Minute absagen. Da wir unseren Termin unmöglich verschieben konnten, behalfen wir uns mit einer vergrößerten Porträtaufnahme von ihm, die wir neben uns auf einen Stuhl stellten.

Eine Präsentation beginnt ganz entspannt. Man begrüßt sich freundlich und macht ein paar zwanglose Bemerkungen. Doch dann kommt der Moment, in dem der Produzent zu Ihnen sagt: »Jetzt sind Sie dran.« Es wird augenblicklich still, und alle Blicke sind auf Sie gerichtet. Einen Network-Chef zu beeindrucken, ist eine echte Herausforderung. Manche nicken, lächeln und wirken interessiert. Bei anderen hat man das Gefühl, mit einem Eisblock zu sprechen. Lassen Sie sich nicht aus dem Konzept bringen, und geben Sie Ihr Bestes. Wenn Ihr Gegenüber liebenswürdig und entgegenkommend war, verlassen Sie euphorisch den Raum. Wenn er keine Miene verzogen hat, glauben Sie natürlich, fürchterlich versagt zu haben. Aber der Schein kann trügen.

Wenn sich die Fernsehgesellschaft nicht innerhalb von ein bis zwei Wochen meldet, fragt das Studio telefonisch nach (oder Ihr Produzent, falls er den Kontakt zum Network aufgebaut hat). Im Falle einer Absage, die in der Regel recht schnell erfolgt, vereinbart das Studio mit dem nächsten Network auf seiner Liste einen Termin. Das kann sich ein paar Mal wiederholen. Wenn allerdings nach drei weiteren Versuchen und einer diskreten Anfrage bei einem Kabelsender immer noch niemand anbeißt, lässt das Studio Ihr Projekt höchstwahrscheinlich fallen. Vergessen Sie aber nicht, dass es *Ihr* Konzept ist und dass Sie zu nichts verpflichtet sind.

Doch gehen wir einmal davon aus, Ihre Präsentation war so witzig, mitreißend und originell, dass das Network von Ihrem Projekt begeistert ist. Diese Hürdc ist also genommen. Natürlich heißt das noch nicht, dass man Ihre Serie auch produziert. So viel haben Sie inzwischen gelernt. Man hat lediglich entschieden, ein Drehbuch für eine Pilotfolge in Auftrag zu geben – womit wir beim nächsten Schritt wären:

## SEPTEMBER BIS NOVEMBER

### Das Pilotdrehbuch

Wer ein Pilotskript schreibt, ist in jedem Fall Miturheber der Serie. Er oder sie erhält für jede gesendete Episode Tantiemen und wird im Abspann namentlich genannt, und zwar auch dann noch, wenn er oder sie längst nicht mehr an der Serie mitarbeitet. Erwarten Sie nicht, dass man Sie als Berufseinsteiger mit der Erstellung des Pilotskripts betraut, es sei denn, Sie haben bewiesen, dass nur Sie Grundton, Stil und Atmosphäre Ihrer Serie angemessen umsetzen können.

Oder haben Sie das Pilotskript etwa schon geschrieben? Falls ja, bringen Sie Ihren Produzenten in eine heikle Situation. Wenn Ihr Drehbuch nicht gerade brillant ist, wird er einen anderen Autor mit dem Entwurf beauftragen, so bitter das für Sie vielleicht ist. Wenn er Ihr Skript übernimmt, riskiert er, das gesamte Projekt zu verlieren, was für Sie nicht weniger bitter wäre.

Es gibt Drehbuchautoren, die sich auf das Schreiben von Pilotskripts spezialisiert haben. Sie haben bereits für zahlreiche erfolgreiche Serien gearbeitet und wissen genau, wie ein gutes Pilotdrehbuch funktioniert und wie man einem Network-Manager den Mund wässrig macht. Es ist schon kurios, dass diese hochspezialisierten Profis, die mit einem 60-minütigen Pilotskript bis zu einer halben Million Dollar verdienen, an den weiteren Episoden gewöhnlich nicht mitarbeiten. Die Network-Chefs werden also mit einem Glanzstück geködert, das eine andere Handschrift trägt als alle späteren Episoden.

Gehen wir einmal davon aus, dass man beschlossen hat, Sie mit dem Pilotdrehbuch zu beauftragen. Vielleicht liegt es an Ihrem spritzigen Stil, Ihrer Vertrautheit mit einem bestimmten Milieu, Ihrem Humor oder Ihrer Emotionalität. Möglicherweise sind Sie aber einfach nur billiger zu haben: 30000 Dollar statt einer halben Million für ein Pilotskript sind schon ein Argument. Wie dem auch sei, in jedem Fall informiert das Network nun das Studio und das Studio Ihren Produzenten. Ihr Produzent benachrichtigt Ihren Agenten, und dann klingelt das Telefon endlich auch bei Ihnen. Sie haben einen Pilotvertrag in der Tasche.

Und was nun? Es gibt zwei Arten von Pilotfilmen: Die Einführungsepisode und die Action-Episode. Erstere stellt die Vorgeschichte und das zentrale Thema oder das Ziel vor, das die Hauptfigur im weiteren Verlauf der Serie antreibt. Die Pilotfolge von *Ausgerechnet Alaska* beispielsweise beginnt in New York City, wo der frischgebackene Mediziner Joel Fleischman nach dem Abschlussexamen erfährt, dass sein Universitätsstipendium an eine Bedingung geknüpft war: Er muss einige Jahre in einer Kleinstadt in Alaska praktizieren. Nachdem Joel vergeblich versucht hat, diese Verpflichtung zu umgehen, reist er schließlich resigniert mit dem Zug in das verschneite Nest Cicely, wo ihn als Erstes ein Elch empfängt. Dann wird der eigentliche Schauplatz der Serie vorgestellt, und wir lernen die Personen kennen, die in Joels neuem Leben eine Rolle spielen. Damit ist die Grundlage für alle folgenden Handlungsbögen geschaffen.

Bei einer Action-Episode springt man sozusagen mitten ins Geschehen: Grundthema, Schauplätze und Figuren sind bereits etabliert. Die Schwierigkeit besteht darin, die Personen und ihre Beziehungen vorzustellen, ohne auf eine Einführung oder Vorgeschichte zurückzugreifen. Ein Beispiel hierfür wäre etwa die Pilotfolge von *Emergency Room*, in der ein Ausschnitt aus dem hektischen Alltag in der Notaufnahme eines Chicagoer Krankenhauses gezeigt wird. Es treten zwar neue Figuren auf – Schwester Hathaway auf einer Krankentrage und der junge Assistenzarzt Carter –, aber alle wichtigen Elemente der Serie sind bereits vorhanden.

Für welche Variante Sie sich auch entscheiden, es sind dieselben Qualitäten gefragt. Neben dem Entwurf eines stimmigen Handlungsgerüsts mit allmählichem Spannungsaufbau und Cliffhangern und der Gestaltung vielschichtiger, fesselnder Figuren (mehr dazu in Kapitel 3) kommt es bei einer Pilotfolge aber vor allem auf die Exposition an. Sie müssen den Mikrokosmos Ihrer Serie vorstellen, sich anbahnende Konflikte oder dramatische Entwicklungen andeuten und genügend Hintergrundwissen zu den Figuren liefern, um ihre jeweilige Lebenssituation nachvollziehbar zu machen, ohne dass es platt oder aufdringlich wirkt. Ihre Figuren sollen den Zuschauer in Bann ziehen. Kurz, wer Ihre Pilotfolge gesehen hat, kann nicht anders, als der nächsten Episode entgegenzufiebern.

Für den Kinofilm gelten zum Teil die gleichen Regeln. Schließlich kennen die Zuschauer die Figuren am Anfang ja auch noch nicht. Im Gegensatz zum zahlenden Kinopublikum jedoch, das die Muße hat, sich in einen abgedunkelten Saal zu setzen, um zu verfolgen, wie sich auf der Leinwand allmählich eine Filmstory entfaltet, erwartet der Fernsehzuschauer, dass ihn die Geschichte sofort packt, oder aber er schaltet um. Das heißt für Sie, dass Sie viel schneller in die Story einsteigen müssen, als es bei einem Kinofilm erforderlich wäre. Wenden Sie die bewährten Tricks und Kniffe an, mit denen man sperrige Expositionen vermeidet: Verpacken Sie unverzichtbare Informationen in ein Streitgespräch; erklären Sie nichts, was Sie nicht auch in einer Szene zeigen oder in die Handlung einbauen können; geben Sie visuelle Hinweise; gliedern Sie die Exposition in mehrere Teile. Je plastischer Ihnen Ihre Geschichte vor Augen steht, desto lebendiger werden die Szenen. Wenn Sie Ihre Hauptfiguren im Blick behalten und sie lebensecht gestalten, geht Ihnen das Pilotskript viel leichter von der Hand.

Ganz gleich, ob Sie sich leicht oder schwer tun, Sie müssen Ihre 50 bis 60 Seiten bis spätestens Ende November beim Network einreichen. Doch vorher gehen Sie es natürlich Satz für Satz mit Ihrem Produzenten durch, und möglicherweise liest auch das Studio Ihren Entwurf. Niemand will in dieser Phase auch nur das kleinste Risiko eingehen. Wenn Ihre Entwürfe hinter den Erwartungen zurückbleiben, wird man einen anderen Autor an die Ausarbeitung des Drehbuchs setzen, womit Sie dann nicht mehr alleiniger Urheber der Serie wären. Im Oktober und November sind Sie also mit fieberhaftem Überarbeiten beschäftigt – wie übrigens auch alle anderen Autoren, die ein Pilotskript schreiben. Wie die eingangs erwähnten Lemminge müssen sie ihre Drehbücher zur selben Zeit bei anderen Networks einreichen. Ganz Los Angeles hofft und bangt.

## DEZEMBER UND JANUAR

### Grünes Licht

Was geschieht als Nächstes? Möglicherweise erhalten Sie Ihren Entwurf mit Anmerkungen versehen zur Überarbeitung zurück. Vermutlich sind Sie alles andere als begeistert: »Was haben die plötzlich an meiner Hauptfigur auszusetzen?« »Wieso fällt ihnen jetzt erst auf, dass sich meine Serie nicht genügend von einer anderen abhebt?« »Was soll das heißen: ›nicht witzig genug‹? Schließlich sollte das nie eine Komödie werden!« »Wie soll ich bitte in eine Serie über ein Männergefängnis eine Rolle für Britney Spears einbauen?«

Doch es hilft nichts. Sie müssen in den sauren Apfel beißen. Setzen Sie sich mit Ihrem Produzenten und vielleicht noch einem Redakteur des Studios zusammen, und klären Sie gemeinsam, welche Änderungsvorschläge Sie übernehmen und welche nicht, falls überhaupt. Wenn das Studio Ihr Projekt für gefährdet hält, bittet man Sie möglicherweise um eine gründliche Umarbeitung. Wie dem auch sei, Sie müssen das fertige Skript bis Weihnachten vorlegen – wie alle anderen Drehbuchautoren auch.

Und wie alle anderen auch, hoffen Sie natürlich, unter den 20 bis 30 Prozent zu sein, die für ihren Pilotfilm grünes Licht bekommen. In diesem Fall würde die Fernsehgesellschaft Ihren Produzenten mit der Produktion der Pilotfolge beauftragen. Diese Entscheidung wird in der Regel zwischen Dezember und Januar bekannt gegeben – womit wir in der nächsten Phase wären:

## FEBRUAR BIS APRIL

### Der Pilotfilm

Im Winter knistert in Los Angeles die Atmosphäre vor gespannter Erwartung. Alle verfügbaren Filmteams bis hinunter zum letzten Bühnenarbeiter und Beleuchter stehen in den Startlöchern, um mit den Dreharbeiten für die Pilotfilme zu beginnen. Nicht zu vergessen die Filmstudios, die Regisseure und die Schauspieler, die sich mit Exklusivverträgen für eine geplante Serie verpflichtet haben. George Clooney wirkte beispielsweise an 15 Pilotfilmen mit, die allesamt durchfielen, bis ihm schließlich mit *Emergency Room* der Durchbruch gelang.

Bei der Produktion eines Pilotfilms werden keine Kosten und Mühen gescheut – sei es durch die Auswahl besonderer Drehorte, eine aufwändige Filmtechnik oder ein hohes Personalaufgebot. ABC ließ sich beispielsweise die zweistündige Pilotfolge für die Serie *Lost* stattliche zwölf Millionen Dollar kosten.

Nach dem Schnitt hat ein typischer Pilotfilm eine Länge von 44 Minuten, was der Dauer einer Network-Episode abzüglich der Werbepausen entspricht. Manchmal bestellt ein Network aber auch nur eine 20- bis 25-minütige Kurzepisode, ähnlich wie die Demoaufnahme, die Plattenfirmen anfordern. Dann fällt Ihnen als Autor die unangenehme Aufgabe zu, Ihr ausgefeiltes 60-seitiges Manuskript auf die Hälfte zusammenzustreichen, was nicht nur zu Lasten von Nebenhandlungen und Nuancierungen geht, sondern möglicherweise sogar die Wirkung der Story beeinträchtigen kann. Trotzdem werden solche Kurzepisoden immer wieder angefordert, da sie nur etwa zwei Millionen Dollar kosten, also ungefähr die Hälfte eines Pilotfilms. Wenn es Sie trifft, beißen Sie die Zähne zusammen und beginnen Sie mit dem Kürzen. Sie haben keine andere Wahl.

Abgesehen von den Nachbesserungen für die Produktion (Rollenbesetzung, Schauplätze, Timing und Ähnliches) ist die Arbeit des Autors Anfang Februar im Wesentlichen beendet. Trotzdem empfehle ich Ihnen, möglichst alle Phasen der Herstellung mitzuverfolgen. Wenn Aufnahmeleiter und Produzent nichts dagegen haben, gehen Sie zu den Dreharbeiten, sehen Sie sich die Musterkopien an und nehmen Sie an den Besprechungen teil. Selbstverständlich schleichen Sie nicht um den Regisseur herum oder stehen den Kameraleuten im Weg. Sie sollten lediglich nicht den »Draht« zu Ihrem Projekt verlieren.

Bis April werden die Pilotfilme sämtlicher Networks gleichzeitig geschnitten und getestet. Dieser Testlauf ist übrigens ein heiliges Ritual. In Las Vegas (dessen Besucher einen repräsentativen Querschnitt der amerikanischen Bevölkerung darstellen) belohnt man Touristen mit Geschenkgutscheinen im Wert von zehn Dollar, wenn sie sich einen Pilotfilm ansehen und ihn anhand einer elektronischen Tastatur bewerten. Wenn ein Film schlecht abschneidet, wird er möglicherweise umgeschnitten; zum Überarbeiten des Skripts ist es allerdings zu spät. Nach der endgültigen Fertigstellung der Pilotfilme geht es in die nächste Phase:

## MAI

### Serienkauf

Bis Anfang Mai treffen alle Lemminge am Rand des Abgrunds ein – und dann geht es nach New York. Ist es nicht merkwürdig, dass in Los Angeles alle Networks und Studios angesiedelt sind und die meisten Pilotfilme und Serien produziert werden, während das Urteil in 3000 Meilen Entfernung verkündet wird? Das liegt natürlich daran, dass es um gewaltige Investitionen geht, über die ganze Konzerne und ihre Muttergesellschaften zu entscheiden haben; und es müssen Werbekunden gewonnen werden, die diese Kosten minimieren – so hofft man wenigstens. Die Stunde der Tycoons ist gekommen.

Während in New York über die Pilotfilme befunden wird, muss man sich in Los Angeles in Geduld üben. Das hindert die Studiochefs allerdings nicht daran, sich in New Yorker Spitzenhotels einzuquartieren und die Lobbys zu belagern, während in den oberen Etagen die Filmvorführungen stattfinden. Was versprechen sie sich davon? Schließlich können sie weder den Entscheidungsprozess beeinflussen, noch an den Vorführungen und Besprechungen teilnehmen. Worauf sie hoffen, sind natürlich Gerüchte – oder wenigstens eine Andeutung oder ein Augenzwinkern, das ihnen verrät, ob ihre Serie genommen wurde oder nicht.

Ich habe einmal ein Pilotdrehbuch für eine Produktionsfirma geschrieben, die schon bessere Tage gesehen hatte, wie ich den Filmplakaten in den Fluren entnehmen konnte. Aber die Büros, die von diesen Korridoren abgingen, waren alle leer. Die letzten Serien waren gerade abgeschlossen oder eingestellt worden. Für die neue Saison hatte man mehrere Entwürfe ins Rennen geschickt, aber nur einer hatte es bis zum Pilotfilm geschafft – nämlich meiner. Jetzt war es Anfang Mai, und nur im Büro des Chefs brannte Licht. Tag für Tag saß er neben dem Telefon und wartete auf den erlösenden Anruf des Networks. Selbst zum Mittagessen verließ er seinen Schreibtisch nicht. Er hatte seine Sekretärin nach New York geschickt, damit sie sich umhörte, aber sie konnte nichts herauskriegen. Als ich ihm einmal mittags einen Imbiss vorbeibrachte, hatten wir uns nicht viel zu sagen. Wir starrten nur schweigend das Telefon an.

Mitte Mai kam schließlich der ersehnte Anruf: »Sorry, wir übernehmen die Serie nicht.« Ohne jede Erklärung, die man übrigens nie bekommt. Über die Gründe für die Absage konnten wir nur spekulieren: Möglicherweise waren sich die Serienkonzepte zu ähnlich gewesen, oder es hatten zu viele Mitbewerber bereits Vorabsprachen getroffen, oder es standen zu wenig Sendeplätze zur Verfügung. Vielleicht gab es aber auch eine ganz andere Erklärung.

Doch wir gehen einmal davon aus, dass Sie eine freudige Nachricht erhalten: »Packen Sie Ihre Sachen, und kommen Sie nach New York.« Und dort macht man Ihnen wahrscheinlich eines der folgenden vier Angebote:

## Die komplette Staffel

Eine Fernsehstaffel besteht in der Regel aus 22 Folgen, manchmal auch 24 oder 26. Doch selbst wenn eine komplette Staffel geordert wird, heißt das nicht, dass auch alle 22 Episoden übernommen werden: Das Network verpflichtet sich lediglich, die ersten 13 Folgen auszustrahlen und nur im Erfolgsfall die übrigen neun zu übernehmen.

## Kleiner Auftrag

Das ist die weniger erfreuliche Variante. Sie bedeutet, dass die Fernsehgesellschaft lediglich sechs Folgen übernimmt – eventuell sogar nur vier. Erst wenn diese Episoden beim Publikum einschlagen, werden weitere Folgen bestellt. Aber wie viele Serien können sich innerhalb weniger Wochen auf dem Markt durchsetzen? Bei dem großen Fernsehangebot werden die Zuschauer vielleicht erst nach Wochen auf eine neue Serie aufmerksam. Manchmal braucht es einfach Zeit, bis sich herumspricht, dass eine Reihe sehenswert ist. Legendäre Serien wie *Raumschiff Enterprise* oder *All in the Family* wurden erst nach Monaten ein Publikumsrenner.

Die wachsende Zahl durchgefallener Serien, die kaum eine Chance hatten, vom Publikum wahrgenommen zu werden, droht jede Risikofreude bei den Networks zu ersticken. Gewinnorientierte Network-Manager gehen lieber auf Nummer sicher, was den unerwünschten Nebeneffekt hat, dass sie einige der kreativsten Talente an die Kabelsender verlieren, da diese in der Regel komplette Staffeln in Auftrag geben.

## Später Serienstart

Manche Serienchefs halten diese Variante für die beste. Obwohl ein verzögerter Serienstart bedeutet, dass die Reihe für die Herbstsaison keinen Sendeplatz erhält und damit natürlich im ersten Jahr weniger Episoden produziert werden, bringt dies auch Vorteile: Die Serie muss nicht mit der Flut von Neuproduktionen konkurrieren, die im September an den Start gehen, und sich auch nicht innerhalb weniger Monate auf dem Markt etablieren. Die Networks nutzen diese Variante, um mit den ganzjährig produzierenden Kabelsendern gleichziehen zu können. Außerdem können sie die unvermeidlichen Serienflops besser abfedern. Für Sie als Drehbuchautor hat eine spätere Ausstrahlung den Vorteil, dass Sie in Ruhe Ihre Episoden entwerfen können.

Der einzige Nachteil ist, dass Sie bis zum Spätherbst oder Winteranfang warten müssen, ehe Sie erfahren, wann Ihre Serie auf Sendung geht. Das erfordert manchmal Geduld und starke Nerven.

## Zusatzskripts

Wenn die Fernsehgesellschaft keinerlei Episoden bestellt, sondern lediglich weitere Skripts von Ihnen sehen möchte, ist das natürlich enttäuschend, aber immerhin sind Sie noch im Rennen. Die Network-Chefs sind nach wie vor an Ihrer Serie interessiert, weil ihnen das Konzept gefällt, doch der Pilotfilm hat sie nicht überzeugt. Möglicherweise lag es an der Rollenbesetzung, dem Stil, dem Schauplatz oder der Story selbst. Aber man gibt Ihnen noch einmal die Chance, Ihr Serienkonzept zu verbessern, indem Sie bis zu fünf zusätzliche Episoden entwickeln können. Jetzt kommt es ganz auf Sie an. Vorausgesetzt, die Skepsis rührt nicht von mangelndem Zutrauen in Ihr Talent, können Sie nun zeigen, was in Ihnen steckt.

Nehmen wir an, Ihr Pilotfilm war ein solcher Erfolg, dass das Network eine komplette Staffel (13 plus 9) in Auftrag gibt. Dann ist der Entwicklungszyklus abgeschlossen und das Produktionsjahr beginnt:

## Zweites Jahr

### JUNI

### Die Besetzung des Teams

Die größte Hürde ist genommen. Allerdings haben Sie keine Zeit für eine Verschnaufpause, denn in drei Monaten soll Ihre Serie zum ersten Mal auf Sendung gehen. Das bedeutet, dass bis September zwischen fünf und sieben Episodenskripts geschrieben und die ersten drei »im Kasten« sein müssen. Und es ist noch nichts vorbereitet: Es gibt kein Filmteam, kein Büro, keine Drehorte, keine Telefone. Und vor allem kein Schreibteam!

Wenn eine Serie bereits läuft oder frühzeitig in Auftrag gegeben wurde, gibt es dieses Problem nicht (ebenso wenig beim Kabelfernsehen, auf das ich noch zu sprechen komme). Optimistische Serienchefs haben bereits im Februar Skriptproben gelesen und mit Agenten gesprochen, besonders wenn der Pilotfilm vielversprechend war. Doch ohne einen festen Auftrag können sie kein Personal einstellen. Manche Produzenten werden allerdings von einer Zusage völlig überrascht.

Ich durfte das einmal aus nächster Nähe miterleben: Ich wurde im Juni für ein Schreibteam engagiert, das Anfang Juli zum ersten Mal zusammenkam, obwohl der Serienstart für die erste Septemberwoche angesetzt war. Der Show Runner, ein renommierter Drehbuchautor und Produzent von Sitcoms, hatte einen Pilotfilm für eine »Dramedy« (eine Mischform aus Drama und Komödie) eingereicht und dem Projekt keine allzu großen Chancen eingeräumt, da es sich um ein eher ungewöhnliches Genre handelte. Ich glaube, er befand sich sogar auf einer Urlaubsreise, als die Zusage des Networks kam. Und so fanden wir uns in einem kurzfristig angemieteten Büro wieder – vier orientierungslose Autoren und ein etwas ratloser Serienchef, der die Besprechung mit der Frage einleitete: »Na, hat irgendwer eine Idee für eine Geschichte?«

Doch so etwas kommt selten vor. Die meisten Serienchefs sind für den Fall aller Fälle gerüstet, so dass sie bei einem Network-Auftrag sofort mit Autoren in Verhandlung treten können. Wenn Sie an dem Projekt ohnehin beteiligt sind (weil Sie das Konzept entwickelt oder das Pilotskript geschrieben haben), gehören Sie natürlich automatisch zum Team. Wer sich für ein Schreibteam bewerben möchte, sollte möglichst schon im Frühjahr die ersten Bewerbungen losschicken, da die Stellen im Juni sehr schnell vergeben werden.

Gehen wir davon aus, dass das Team seit Ende Juni steht und mit seiner Arbeit begonnen hat.

## JULI UND AUGUST

### Schreiben, schreiben und nochmals schreiben

Wenn Sie für eine Network-Produktion arbeiten, können Sie Ihre Urlaubspläne für den Sommer streichen. Juli und August sind nervenaufreibende Monate, in denen das Autorenteam unter hohem Zeitdruck Skript um Skript produziert. Der Arbeitsablauf ist überall in etwa der gleiche: Die Gruppe legt gemeinsam die Grundstruktur der Episoden fest, prüft die fertiggestellten Story Outlines und diskutiert wöchentlich die Rohfassungen der Kollegen, während jeder Autor parallel an seinem eigenen Entwurf schreibt (mehr zu den einzelnen Arbeitsphasen in Kapitel 4).

Bei den meisten Serien liegt die erste Episode bereits in Form des Pilotfilms vor. Um auch jenen Zuschauern einen Einstieg zu ermöglichen, die sich erst bei Folge 3 einschalten, müssen Sie die Episoden 2 und 3 ähnlich wie eine Pilotfolge konzipieren. Zum einen sollten Sie die Neueinsteiger mit dem Seriengeschehen vertraut machen, indem Sie die Hauptstory und die Figuren vorstellen; zum anderen sollten Sie die »Zuschauer der ersten Stunde« bei der Stange halten, indem Sie die Handlungsfäden weiterspinnen. Wenn der Pilotfilm eine Einführungsepisode war, in der eine Figur mit einer neuen Umgebung oder Aufgabe konfrontiert wird, muss die zweite Folge genau dort anknüpfen. Dies ist meist die schwierigste und undankbarste Episode der gesamten Serie.

Das Problem ist, dass die Fernsehzuschauer Ihre Figuren nicht kennen und deshalb noch kein Feuer gefangen haben. Sie müssen also dieselbe Spannung erzeugen und Neugier wecken wie in der Pilotfolge und gleichzeitig die Handlung weiterführen. Diese heikle Aufgabe übernehmen nicht Sie, sondern ein erfahrener Autor. Die früheste Episode, die man Ihnen zuweist, dürfte Folge 4 oder 5 sein, je nach Größe des Teams.

Während das Autorenteam eifrig am Schreiben ist, gehen bereits die ersten Episoden in die Produktion. Wahrscheinlich lädt man Sie zu den Castings für die Gastrollen Ihrer Folge ein. Sobald die Dreharbeiten beginnen, werden fast täglich die Musterkopien (»Dailys«) gesichtet. Nehmen Sie sich die Zeit, um an den Vorführungen teilzunehmen, ganz gleich, wie eingespannt Sie sind. Wenn Sie sehen, wie die Dialoge gesprochen werden, bekommen Sie vielleicht noch Anregungen für die Gestaltung der Szenen, an denen Sie gerade arbeiten. Anhand der Muster lässt sich auch das Potenzial der Darsteller einschätzen. Es kann sehr inspirierend sein, wenn zwischen den Akteuren der Funke überspringt und sie sich zu Höchstleistungen anspornen.

Aber lassen Sie sich nicht von den Schauspielern um den kleinen Finger wickeln. Vielleicht kennen Sie den Witz über das Filmsternchen, das so naiv ist, dass sie mit dem Autor schläft, statt mit dem Produzenten. Beim Fernsehen wäre das allerdings gar nicht so verkehrt, denn TV-Autoren haben tatsächlich etwas zu sagen, und clevere Schauspieler wissen das. Sie wollen sich mit Ihnen zum Mittagessen verabreden, um Ihnen Storys vorzuschlagen, in denen ihre Rollen mehr Gewicht bekommen. Ich habe selbst einmal erlebt, dass ein Schauspieler die Geburtstage sämtlicher Autoren in Erfahrung brachte, um dann jedem kostbare, handgeschöpfte Glückwunschkarten zu schicken; ein anderer schenkte allen Teammitgliedern einen Kaffeebecher mit ihren Vornamen. Manche Serienchefs warnen ihre neuen Autoren ausdrücklich davor, sich mit den Darstellern anzufreunden, da sie fürchten, sie könnten sich allzu leicht manipulieren lassen. Ich persönlich sehe das nicht so eng: Schauspieler, die sich intensiv mit ihrer Rolle beschäftigen, können einem Autor durchaus interessante Anregungen geben.

Während die Serie Gestalt annimmt, entscheidet der Chefautor (Head Writer), ob sich die Figuren in eine unvorhergesehene Richtung entwickeln dürfen oder ob das ursprüngliche Konzept beibehalten werden soll. Manche Teamleiter erstellen als Erstes ein Diagramm, in dem die dramaturgischen Bögen für die gesamte Staffel festgehalten sind. Es gibt sogar einen renommierten Serienchef, der sich Anfang Juni mit seinem ganzen Team in Klausur begibt, um für die komplette Staffel ein Handlungsschema zu erarbeiten. Dabei werden auf einer Weißwandtafel die Handlungsbögen der fünf Hauptfiguren für alle 22 Folgen in verschiedenen Farben dargestellt (siehe Schaubild 2.3). So kann man auf einen Blick erkennen, wie sich die Erzählstränge ergänzen und überschneiden. Diese Vorgehensweise lässt später allerdings keinerlei Abweichungen vom Ursprungskonzept zu.

Doch nicht alle Serienchefs gehen so systematisch vor. Die Teamleiter von *Ausgerechnet Alaska* entwarfen für ihre Serie eine so genannte Produktionsbibel, die mit jeder neu geschriebenen Episode erweitert wurde. Wenn beispielsweise ein Autor den Bruder einer Figur erfand oder den Protagonisten mit einem Geheimnis oder einem verborgenen Makel ausstattete, hielten sie dies in einem Merkblatt fest, das an alle Autoren verteilt wurde. So entstand im Laufe der Jahre eine »heilige Schrift« der ganz anderen Art.

Eine Produktionsbibel soll neuen Autoren und Regisseuren das Grundkonzept der Serie vermitteln. Sie enthält ähnliche Elemente wie ein Exposé: Logline, Genre, Handlungsquellen, Grundton, Stil,

**Schaubild 2.3 Beispiel für vier Handlungsbögen einer Serienstaffel**

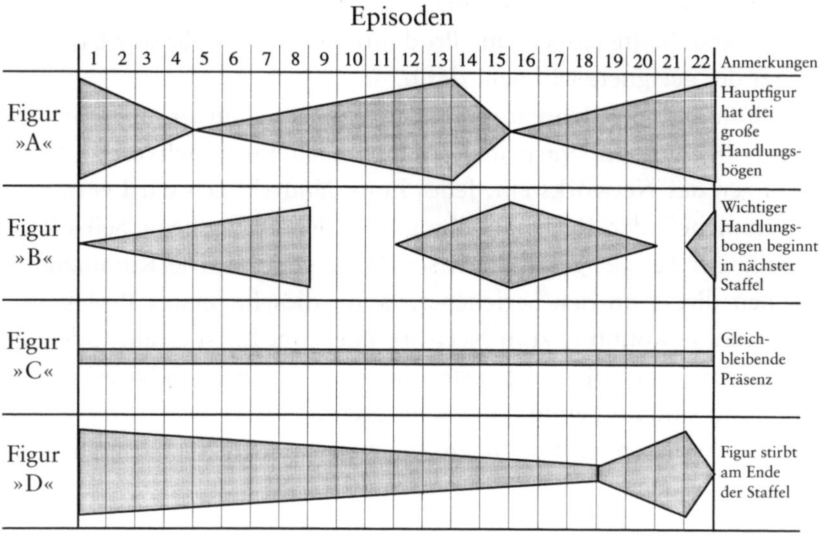


Hauptmotiv, Figurenskizzen und allgemeine Richtlinien für die Konzeption der Episoden.

Die umfangreichste aller Serienbibeln wurde für *Raumschiff Enterprise: Das nächste Jahrhundert* erstellt. Das etwa 100 Seiten dicke Handbuch enthielt komplizierte Pläne des Raumschiffs, Einzelheiten über die Funktionen der Kommandobrücke, ein technisches Glossar, Beschreibungen aller Besatzungsmitglieder und ihrer Beziehungen zueinander, allgemeine Richtlinien für die Anfertigung eines Episodenskripts, Zusammenfassungen sämtlicher ausgestrahlter Folgen sowie eine Liste aller Handlungsideen. Angesichts der zahlreichen Fragen wissbegieriger Fans wusste man sich offensichtlich nicht anders zu helfen, als eine Art Serienlexikon zu veröffentlichen.

Doch das ist ein extremes Beispiel. Manche Produktionsbibeln sind nur wenige Seiten dick und enthalten lediglich das Grundkonzept, die Figurenskizzen und die Handlungsquellen, während andere aus einer anwachsenden Loseblattsammlung bestehen, wie im Falle von *Ausgerechnet Alaska*. Doch die meisten Serienproduktionen kommen ganz ohne »Bibel« aus. Angesichts der ohnehin knappbemessenen Zeit scheuen viele Serienchefs den zusätzlichen Aufwand. Sollte jedoch eine Produktionsbibel erstellt werden, wäre jetzt der geeignete Moment dafür.

Während die Teamautoren den ganzen Sommer über Skripts schreiben und überarbeiten, treffen nach und nach die Anmerkungen des Networks ein. Jedes Episodendrehbuch wird vom Programmchef, der Rechtsabteilung und der Freiwilligen Selbstkontrolle der Fernsehgesellschaft sorgfältig geprüft. Die Kommentare gehen direkt an den Serienchef. Wenn dies Ihr erstes Projekt ist, laufen alle Kontakte zum Network über ihn. Er ist es auch, der die Änderungsvorschläge bewertet und entscheidet, welche er akzeptiert. So sind nun einmal die Spielregeln.

Nach diesen aufreibenden Wochen können Sie sich auf den Herbst freuen:

## SEPTEMBER UND OKTOBER

### Serienstart

Wenn Ihre Serie zum ersten Mal auf Sendung geht, gibt es keine Blumen und keine Premierenfeier, sondern Sie sind bereits mit der Postproduktion einer späteren Episode beschäftigt. (Zur Postproduktion gehören alle nach dem Dreh anfallenden Arbeiten wie Schnitt, Spezialeffekte, Musik und Vertonung.) Es ist ein Jahr her, seit Sie Ihr Pilotskript geschrieben haben. Damals lag Ihr Traum von einer eigenen TV-Serie noch in unerreichbarer Ferne. Doch jetzt können Sie Ihre erste Folge tatsächlich im Fernsehen bewundern. Wenn das kein Grund ist, die Sektkorken knallen zu lassen!

Nachdem Ihre Serie »das Licht der Welt« erblickt hat, kommt es nun darauf an, Ihr »Baby« am Leben zu erhalten. Am nächsten Morgen liegen bereits die Ergebnisse der landesweiten Quotenermittlung auf dem Schreibtisch des Serienchefs. Doch er ermuntert seine Truppe zum Weiterarbeiten, ganz gleich, was die Zahlen sagen; besonders den Neulingen im Team gönnt er eine Schonfrist.

Aber natürlich sind Sie euphorisch, wenn die Serie einschlägt, und niedergeschlagen, wenn die Quote mager ausfällt. Sollten Ihre Erwartungen enttäuscht werden, machen Sie nicht den Fehler, nach einem Sündenbock zu suchen. Weder das Network ist schuld (»Das konnte ja nicht gut gehen, nachdem sie uns so unter Druck gesetzt haben!«), noch die Zuschauer (»Kein Wunder, dass die Serie nicht ankommt, bei einem derart ignoranten Publikum.«), noch Ihr Produzent (»Er hätte doch wissen müssen, dass die Eröffnungsszene nicht funktioniert!«), noch Sie selbst (»Ich wusste ja, dass ich kein Talent habe.«). Meist braucht es einfach seine Zeit, bis sich eine Serie etabliert hat.

Nehmen wir einmal an, die Fernsehgesellschaft hat tatsächlich 13 Folgen Ihrer Serie gekauft (mit der Option auf neun weitere), Ihre Pilotfolge bekommt ein paar gute Kritiken, die PR-Abteilung macht ihren Job, weitere Zuschauer schalten sich in Folge 2 oder 3 ein und die Quoten steigen. Dann meldet sich das Network Ende Oktober bei Ihrem Serienchef und bestellt die übrigen neun Episoden der Staffel. Jetzt kann Ihre Serie in Ruhe auf dem Markt Fuß fassen. Sie können aufatmen!

## NOVEMBER BIS MÄRZ

### Fertigstellung der Staffel

Als ich als freie Drehbuchautorin arbeitete, verdiente ich oft zwischen Oktober und Februar mein gesamtes Jahreseinkommen. Anfang November sind die meisten Serien soweit unter Dach und Fach, dass der Druck etwas nachlässt. Jede Firma, die einen Auftrag für eine komplette Staffel erhält, ist gesetzlich verpflichtet, mindestens zwei Skriptaufträge an Freiberufler zu vergeben. Das schafft nicht nur Einstiegsmöglichkeiten für junge Autoren und Autorinnen, sondern bringt auch frischen Wind in ein ausgelaugtes Team. So sieht zumindest die Theorie aus.

In der Praxis ist es leider so, dass die meisten Serien ausschließlich von Teamautoren geschrieben werden. Die wenigen Quereinsteiger sind entweder mit den Serienmachern befreundet, oder es handelt sich um etablierte Autoren, deren Reihen eingestellt wurden. Trotzdem empfehle ich Ihnen, sich im Herbst oder Winter mit einem Episodenskript bei einer Serienproduktion zu bewerben. Es ist eine gute Gelegenheit, um Produzenten kennen zu lernen und erste Kontakte zu knüpfen (mehr dazu in Kapitel 6).

Wenn Sie sich als Freiberufler über eine bestimmte Serie informieren möchten, rate ich Ihnen, sich möglichst viele Episoden anzusehen und die entsprechenden Websites aufzusuchen. Sollten Sie bereits einen Termin für eine Präsentation haben, schickt Ihnen der Produzent vorher das Pilotskript und weitere Drehbücher zu. Vielleicht genügt aber auch schon ein Anruf, um Auskunft über die aktuellen Anforderungen zu bekommen. Aller Anfang ist schwer, ich weiß. Doch wenn Sie den Produzenten mit Ihrem Schreibstil und Ihren Plot-Ideen begeistern, gibt man Ihnen vielleicht eine Chance und greift Ihnen bei allen weiteren Schritten unter die Arme.

Während der Wintermonate arbeitet das Team weiter, bis alle 22 Episoden in der Endfassung vorliegen. An Urlaub ist deshalb nach wie vor nicht zu denken. Bestenfalls über Weihnachten und Silvester können Sie sich eine kleine Atempause gönnen.

Je nachdem, wie weit die Produktion vorangeschritten ist (was vor allem von den Fähigkeiten des Serienchefs abhängt), können Sie es Ende Februar etwas ruhiger angehen lassen. Wahrscheinlich haben Sie Ihre eigenen Episoden fertiggestellt und müssen nur noch letzte produktionstechnische Anmerkungen einarbeiten und die Skripts Ihrer Kollegen ausfeilen. Auch wenn Ihre Arbeit größtenteils getan ist, sollten Sie nicht nur die Dreharbeiten, sondern auch sämtliche Phasen der Postproduktion mitverfolgen. Es kann sehr inspirierend sein, hautnah zu erleben, wie eine Serie von Woche zu Woche Gestalt annimmt. Und nicht zuletzt möchten Sie bei Ihrem Serienchef nicht in Vergessenheit geraten.

Wenn die erste Staffel ein durchschlagender Erfolg ist, wird der Serienchef frühzeitig über eine geplante Fortsetzung informiert. Doch über den meisten Neuproduktionen hängt bis zur letzten

Minute das Damoklesschwert, was den Drehbuchautor vor ein Dilemma stellt: Jeder Serienerfinder möchte natürlich die Staffel mit einer hochspannenden Episode beenden, um das Publikum auf die Fortsetzung im Herbst neugierig zu machen. Wenn sich das Network jedoch gegen eine zweite Staffel entscheidet, muss er die Reihe wenigstens zu einem fulminanten Abschluss bringen, auch wenn ihm das Herz dabei blutet. Der Produzent wählt im Zweifelsfall für die Schlussepisode einen Cliffhanger, und das gesamte Team hält mit ihm den Atem an – womit wir in der letzten Phase wären:

### APRIL

#### Produktionspause

Endlich eine Verschnaufpause! Für alle, die an einer Network-Produktion mitarbeiten, bedeutet das Frühjahr Sommer- und Winterurlaub in einem. Diese Auszeit kann eineinhalb (April bis Ende Mai) bis drei Monate (Ende März bis Juli) dauern. Wer bereits weiß, dass seine Serie fortgesetzt wird, kann sich entspannt zurücklehnen. Wer noch im Ungewissen ist, bittet seinen Agenten, sich sicherheitshalber nach einer Serie umzuschauen, zu der er wechseln könnte. In jedem Fall tritt jedoch erst einmal eine Ruhephase ein. Viele Produktionsfirmen und Studios schließen ihre Tore und schicken ihr gesamtes Personal, das 40 Wochen ohne Unterbrechung gearbeitet hat, in den wohlverdienten Urlaub.

Das bringt uns wieder zum Ausgangspunkt zurück, wo der Kreislauf von Neuem beginnt.

## Im Paralleluniversum

Der eben vorgestellte Zweijahreszyklus trifft im Großen und Ganzen auf die Networks zu. Im »Paralleluniversum« des Kabelfernsehens finden wir andere Gegebenheiten vor. Beispielsweise produzierte HBO zwölf Episoden der Westernserie *Deadwood* pro Jahr statt der üblichen 22. Die gesamte Staffel wurde im Winter und

Frühjahr geschrieben, so dass zum Produktionsbeginn bereits alle Skripts vorlagen. Zeitgleich mit den Networks begannen Ende Juli die Dreharbeiten, doch die Staffel wurde erst im folgenden März ausgestrahlt, als die meisten Network-Serien bereits ausliefen.

Hier ein anderes Beispiel: Im Jahr 2000 plante Showtime die Neuverfilmung einer britischen Serie über fünf homosexuelle Männer mit dem bizarren Titel *Queer as Folk*. Branchenkenner fürchteten allerdings, die amerikanische Version würde bis zur Unkenntlichkeit verwässert. So etwas war schließlich noch nie versucht worden. Als die beiden Drehbuchautoren Ron Cowan und Daniel Lippman von der Projektausschreibung erfuhren, boten sie dem Sender an, die Serie zu entwickeln – aber nur unter der Bedingung, dass man ihnen völlig freie Hand ließ. Seit sie einige Fernsehfilme über Homosexuelle unter strengsten Network-Auflagen konzipiert hatten, waren sie zu keinerlei Zugeständnissen mehr bereit. Tatsächlich ging Showtime nicht nur auf das Angebot ein, sondern orderte sogar eine komplette Staffel von 22 Folgen. In der Gewerkschaftszeitung der Writers Guild *Written By* sagten die beiden Autoren: »Man hatte uns aus dem Gefängnis des Network-Fernsehens befreit. Aber damit standen wir vor derselben Frage, die sich jedem frisch entlassenen Häftling stellt: ›Was fängst du mit deiner Freiheit an?‹«

Die gesamte Fernsehbranche befindet sich im Umbruch. Nicht nur die bewährten Strukturen und Produktionsabläufe verändern sich, sondern es entstehen auch ständig neue Märkte, Konzepte und Darstellungsformen. So stellt sich also auch für Sie die Frage: »Was fangen Sie mit den vielen Möglichkeiten an?«

## Zusammenfassung

Die Entwicklung einer neuen TV-Serie von der Idee bis zum Verkauf verläuft nach einem festgelegten Schema.

Zunächst entwirft der Autor ein Serienkonzept oder ein Pilotdrehbuch (der Prototyp für die Serie). Das Konzept wird zusammen mit einem Paket einer Fernsehgesellschaft angeboten. Ist sie interessiert, wird der Pilotfilm produziert.

Danach entscheidet das Network, ob es die Serie kauft. Eine komplette Staffel umfasst gewöhnlich 22 Episoden. Manchmal wird auch nur ein »kleiner Auftrag« vergeben.

Nach der Auftragserteilung werden innerhalb von 40 Wochen nach und nach sämtliche Episoden konzipiert, produziert und ausgestrahlt. Dann wird über eine Fortsetzung der Serie entschieden.

Beim Kabelfernsehen können Staffelgrößen und Produktionstermine anders aussehen, doch die eigentliche Serienentwicklung verläuft nach dem gleichen Muster und bietet Drehbuchautoren dieselben beruflichen Möglichkeiten.

# 3 Wie man ein klassisches Drehbuch erstellt

Die Entwicklung einer TV-Episode ist nicht so schwierig, wie es auf den ersten Blick erscheint. Alle einstündigen Serien – vor allem im Abendprogramm – sind nach einem einheitlichen Muster aufgebaut, an dem Sie sich orientieren können. Darüber hinaus sind natürlich ein Talent für Figurenzeichnung und Dialogführung sowie Erfindungsgabe und Stilsicherheit gefragt. Wenn Sie einem Grundschema folgen, können Sie sich ganz auf Ihre Story konzentrieren und Ihre Fantasie spielen lassen.

Anfangs rate ich meinen Studenten, die Funktionen ihrer rechten und ihrer linken Gehirnhälfte – die kreative und die analytische – möglichst getrennt zu nutzen. Wir wissen alle, wie schnell unser künstlerisches Temperament manchmal mit uns durchgeht. Diese Emotionalität sollten wir schöpferisch nutzen. Vertrauen Sie deshalb Ihrer Intuition, und schreiben Sie ungefiltert auf, was Ihnen Ihr Gefühl diktiert. Die besten Zeilen entstehen ohnehin ganz spontan. Doch legen Sie dann den Text zur Seite, und wenden Sie sich mit kühlem Kopf Ihrem Drehbuchentwurf zu.

Selbst wenn es Ihnen gelänge, Ihr Skript von Seite 1 bis 60 in einem Zug durchzuschreiben (was ich für unmöglich halte), wäre das völlig unproduktiv. Wie Sie in Kapitel 5 noch erfahren werden, arbeiten Sie bei einer Serienproduktion in einem Autorenteam. Bevor Sie mit dem Schreiben Ihres Drehbuchs beginnen können, müssen Sie erst einmal eine Story Outline abliefern (mehr dazu in Kapitel 4), die dann gemeinsam mit den Kollegen diskutiert wird.

## Was ist eine Szene?

Lassen Sie mich zu Anfang kurz erläutern, worin eine Drehbuchszene besteht. Eine Szene ist der Grundbaustein einer Filmerzählung und sollte über einen vollständigen dramaturgischen Bogen verfügen. Dazu gehört ein Protagonist, der die Handlung vorantreibt, indem er ein bestimmtes Ziel verfolgt, und ein Hindernis oder ein Widerstand, den es zu überwinden gilt, meist in Gestalt eines Antagonisten. Mit diesem Grundprinzip des Drehbuchschreibens sollten Sie bestens vertraut sein, ehe Sie sich an ein Seriendrehbuch setzen. Glauben Sie nicht, ein Episodenskript sei leichter zu schreiben als ein Filmdrehbuch; im Gegenteil, es ist sogar schwieriger, weil Sie dieselben Elemente einarbeiten müssen, aber weniger Raum zur Verfügung haben.

Die Drehbuchbeispiele, die ich Ihnen in diesem Kapitel vorstelle, sind am linken und rechten Rand mit Szenennummern versehen, was dem Standardformat einer Drehfassung (die für die Produktion bestimmte Endfassung) entspricht. Wenn Sie mit einer Drehbuch-Software arbeiten, werden diese Ziffern automatisch eingefügt. Ihr Skriptentwurf sollte jedoch noch keine Szenennummern enthalten. Die Ziffern kennzeichnen Szenentitel (Slug Line), aber nicht unbedingt Szenen im dramaturgischen Sinne. Beispielsweise kann man bei einer Einstiegseinstellung (Establishing Shot) auf ein Gebäude nicht von einer echten Szene sprechen, obwohl es sich natürlich um einen Schauplatz handelt, der für die Produktion eingeplant werden muss. Um den dramaturgischen Aufbau eines Drehbuchs zu verstehen, ist es wichtig, eine Geschichte in einzelne Handlungsabschnitte und nicht in Kameraeinstellungen zu gliedern. Ich werde das später anhand der Skriptauszüge näher erläutern.

## Die ABC-Struktur

Unsere Drehbuchbeispiele stammen aus einer Serie, die mit Parallelgeschichten arbeitet. Dabei geht es nicht um Haupt- und Nebenhandlungen, sondern um eigenständige Geschichten mit unterschiedlichen Gastrollen. Da die Storys am selben Schauplatz spielen – einem New Yorker Polizeirevier –, und in ihnen dieselben Hauptfiguren auftreten, kommt es immer wieder zu Überschneidungen und Verflechtungen der Handlungsebenen. Alle Storys sind im gleichen Stil und Tempo gehalten, und manchmal gibt es auch ein Grundthema, das die Geschichten einer Episode miteinander verbindet.

Die zentrale oder wichtigste Geschichte wird mit »A« bezeichnet, die zweitwichtigste mit »B« und die dritte mit »C«, wobei diese in einer eher ernsten Serie die Funktion eines Comic Relief übernehmen kann. Sie kann aber auch als eine Art Leitmotiv oder roter Faden fungieren, etwa in Form eines wiederkehrenden Ereignisses oder Verhaltensmusters einer Figur. Natürlich lässt sich dieses Schema variieren. Beispielsweise können A- und B-Story gleich gewichtet sein, oder eine C-Story kann den Ausgangspunkt für einen zentralen Handlungsbogen nachfolgender Episoden bilden. Ebenso ist es möglich, statt mit drei, gelegentlich auch mit zwei oder vier Storys zu arbeiten. Sie müssen sich also nicht sklavisch an die ABC-Struktur halten, sondern können sie nach Bedarf abwandeln.

Es gibt auch Serien wie etwa *Emergency Room*, die mehr als drei Parallelhandlungen haben, während *Monk* oder *Akte X* nur auf einer A-Story aufbauen. Bevor Sie ein Probeskript für eine TV-Serie entwerfen, sollten Sie sich genau überlegen, wie die Episoden strukturiert sind.

Ich möchte Ihnen nun ein Grundschema vorstellen, auf dem viele Network-Serien basieren. Ich verwende es regelmäßig in meinen Seminaren, um Skriptbeispiele auszuwerten. Mithilfe des folgenden Diagramms können Sie nicht nur die hier vorgestellten Drehbuchauszüge analysieren, sondern auch jede beliebige Serie, die Sie sich im Fernsehen anschauen. Wenn Sie sich mit diesem einfachen Schema vertraut gemacht haben, kann es Ihnen auch bei der Entwicklung Ihres eigenen Drehbuchs nützlich sein (Schaubild 3.1).

**Schaubild 3.1 Einfaches Vieraktschema**

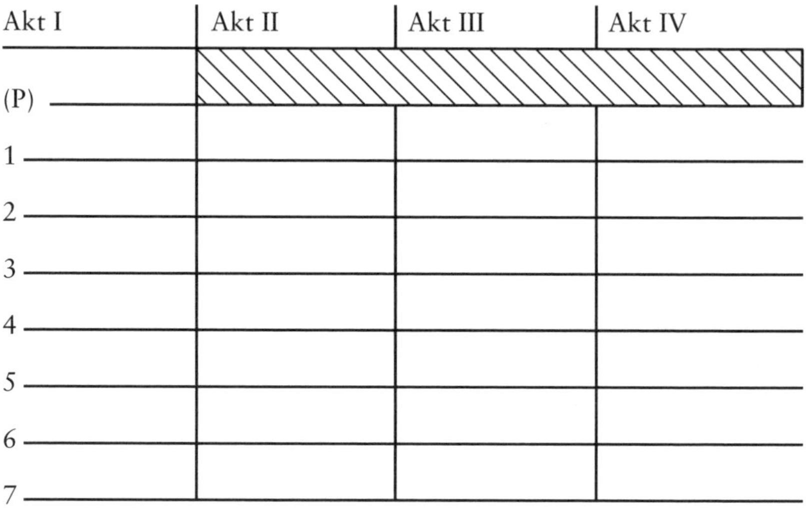


## Das Vieraktschema

Für jeden der vier Akte einer einstündigen Episode ist im Schema eine Spalte vorgesehen. Wie in Kapitel 1 bereits erwähnt, finden bei Network-Serien die Werbepausen alle 13 bis 15 Minuten statt. Dividiert man 60 Minuten durch 15, ergibt das vier Akte. Zieht man die Werbepausen ab, bleiben für die Episode selbst weniger als 50 Minuten. Damit ist ein Akt keine 15, sondern etwa 12 Minuten lang. Wenn Sie also ein Drehbuch planen, können Sie davon ausgehen, dass Akt 1 ungefähr auf Seite 17 oder 18 endet (vorausgesetzt, die Serie hat einen Prolog, aber dazu gleich mehr); Akt 2 endet etwa auf Seite 30, Akt 3 auf Seite 45 und Akt 4 auf Seite 60 bzw. zwischen Seite 55 und 65.

Die Ziffern 1 bis 7 in der linken Spalte stehen für die sieben Szenen eines Akts. Es müssen allerdings nicht immer sieben sein. Während in manchen Fällen fünf völlig ausreichen, können es bei Serien, die mit Vignetten-Technik arbeiten, bis zu zehn schnelle Szenen pro Akt sein. Die Basis für das vorliegende Schema sind zweiminütige Szenen. Also rechnen wir noch einmal durch: Wenn ein Akt 14 Minuten lang ist und jede Szene etwa zwei Minuten dauert, ergibt das genau sieben Szenen.

## Fünf- und Sechsaktstruktur

2006 stellten einige Networks und Kabelsender ihre ersten Serien auf eine Fünfaktstruktur um, darunter Publikumserfolge wie *Grey's Anatomy* und *Lost*. Dann führte ABC für sämtliche seiner Neuproduktionen eine Sechsaktstruktur ein. Der Grund für diese Umstellung liegt auf der Hand: Es sollte Platz für zusätzliche Werbeblöcke geschaffen werden. Ich kenne keinen Autor, der über diese Entwicklung erfreut gewesen wäre. Angesichts sinkender Werbeeinnahmen und der Tatsache, dass immer mehr Fernsehzuschauer die Reklame stumm schalten oder ihre Lieblingssendungen einfach aufzeichnen, um die Spots zu überspringen, greifen die Sender nach jedem Strohhalm. Manche vielversprechende Serien – wie etwa *Nip/Tuck* auf FX – hat man so zerstückelt, dass sie wie das dekorative Beiwerk einer Reklameshow wirken. Doch nicht alle Programmanbieter haben sich den Marktzwängen unterworfen. FOX Network hat beispielsweise die Vieraktstruktur von *Dr. House* (plus Prolog) nicht angetastet.

Wenn Sie sich mit einem Probeskript für eine TV-Serie bewerben möchten, müssen Sie zunächst herausfinden, ob die Episoden aus vier, fünf, sechs oder gar sieben Akten bestehen. Falls Sie bereits einen Entwurf mit Vieraktstruktur vorbereitet haben, müssen Sie ihn gegebenenfalls abändern. Das ist gar nicht so schwierig, wie es scheint. Nehmen Sie sich den Prolog vor und wandeln Sie ihn in einen neuen ersten Akt um, indem Sie ihn auf einen Umfang von etwa zehn Seiten erweitern. Achten Sie darauf, dass Sie direkt in die Story einsteigen – sei es mit einer rasanten Actionszene, einer bedrohlichen Situation oder einem brisanten Thema. Sie müssen das Fernsehpublikum (und den Leser Ihres Manuskripts) sofort in Bann ziehen.

Alle weiteren Akte sind kürzer als im klassischen Vierakter – jeweils ungefähr zehn Seiten lang. Bei einem Sechsakter bleiben

## Schaubild 3.2 Klassisches Sechsaktschema

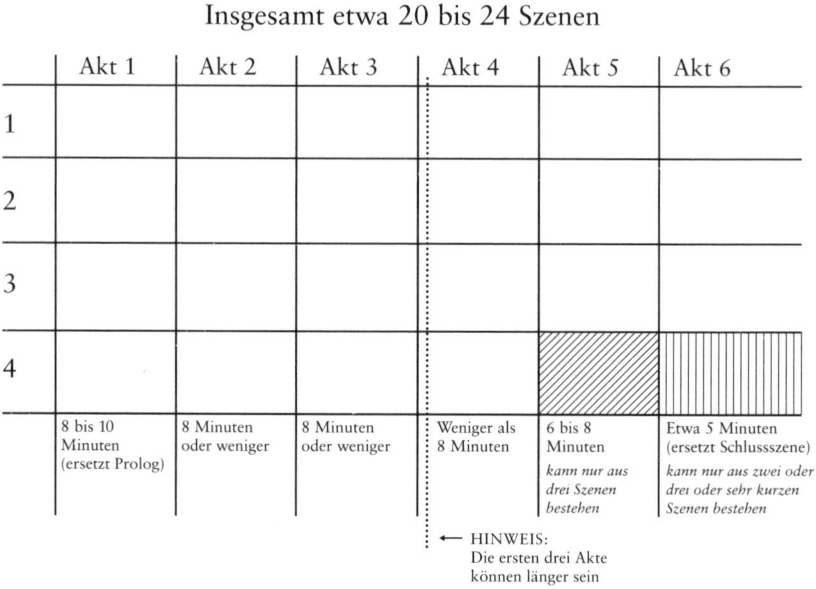


## Schaubild 3.3 Mögliches Siebenaktschema

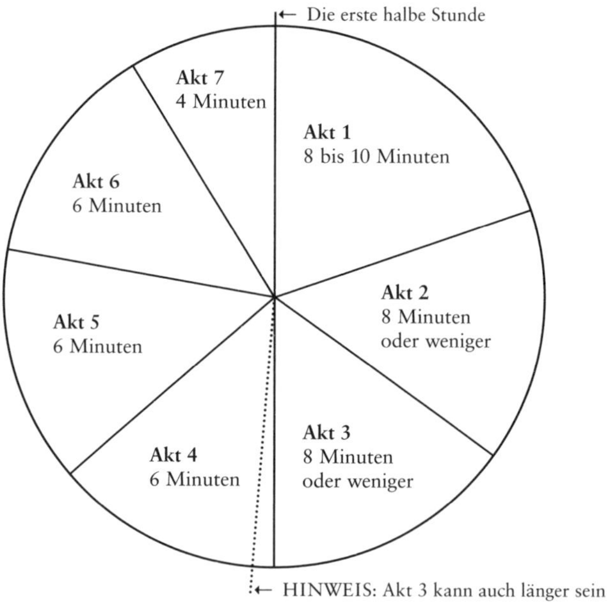

Ihnen nur 20 Szenen für die gesamte Episode, wobei jeder Akt nicht länger als etwa acht Seiten lang sein darf. Der sechste Akt sollte mit einer Auflösung oder einer unerwarteten Wendung abschließen. Er kann nur fünf Minuten lang sein. Bei *Nip/Tuck*, um ein Beispiel für einen Sechsakter (bzw. Fünfakter plus Prolog) zu nennen, werden gewöhnlich am Ende des fünften Akts alle Spannungsbögen geschlossen (wie bei einem Vierakter plus Prolog), während der sechste Akt noch einmal eine überraschende Wendung bringt und damit als eine Art Prolog für die nächste Episode fungiert.

## Sieben Akte – kann das überhaupt funktionieren?

Kurz bevor ich dieses Buch beendete, traf ich auf dem Campus der University of Southern California (USC) einen Kollegen, der mir mit entsetzter Miene erzählte, er habe gerade einen Siebenakter gelesen. Da ich schon zweistündige Fernsehfilme mit sieben Akten konzipiert hatte – was bei Spielfilmen nichts Ungewöhnliches ist –, verstand ich seine Bestürzung nicht.

»Nein, stell dir vor, es war eine Serienepisode!«, erklärte er mir aufgeregt. Man hatte ihm am Morgen eine Skriptprobe zugeschickt und ihm die Mitarbeit an einer bekannten Network-Serie angeboten. Er war immer noch ganz außer sich. »Die sind doch nicht bei Trost!«, empörte er sich. »Wir leben im Goldenen Zeitalter des Fernsehens! Die Serien sind so gut wie noch nie, und die sind dabei, alles kaputtzumachen!«

Nachdem ich ihn ein wenig beruhigt hatte, betrachteten wir die Sache einmal ganz nüchtern: Bei sieben Akten bleiben für die Story maximal 40 Minuten. Die übrigen 20 Minuten sind für die Werbung reserviert, die aufgrund des höheren Produktionsbudgets weit mehr hermachen dürfte als die Episode selbst. Die zwischen reißerischen Werbespots »eingezwängte« Story muss unweigerlich zu Flickwerk verblassen. Das könnte der so erfolgreichen Serie das Rückgrat brechen.

Natürlich war uns klar, dass sinkende Werbeeinnahmen für die

Entscheidung des Networks verantwortlich waren, da es immer mehr Werbekunden an Kabelfernsehen und Internet verlor. Doch das Ganze ist eine Milchmädchenrechnung: Nehmen wir an, eine Firma hat einen Dollar für einen Spot ausgegeben, der zehn Menschen erreichen soll. Wenn sie nun aber feststellt, dass sich nur fünf Zuschauer die Sendung ansehen, nützt es wenig, für dasselbe Geld zwei Spots auszustrahlen. Das Verhalten des Fernsehpublikums lässt sich nicht so einfach steuern. Die fünf fehlenden Zuschauer sind vielleicht ins Bett gegangen oder haben auf einen anderen Sender umgeschaltet. Möglicherweise zeichnen sie ihre Lieblingsserien auch auf und überspringen die Spots, oder sie kaufen sich komplette Staffeln auf DVD.

Doch ich möchte nicht übertreiben: Die Networks sind nach wie vor mächtiger als das Kabelfernsehen. Trotzdem ziehen viele Autoren die künstlerische Freiheit beim Kabelfernsehen den Vorteilen einer Network-Beschäftigung vor.

Mein Kollege schwor sich, nie mehr für ein Network zu arbeiten: »Lieber gehe ich zu Showtime, verdiene weniger Geld, schreibe weniger Episoden und erreiche weniger Zuschauer.«

Für alle Neueinsteiger ist das eine freudige Nachricht. Wenn sich erfolgreiche Fernsehautoren aus dem Network-Bereich zurückziehen, um die vielen anderen kreativen Möglichkeiten auf dem Markt zu nutzen, tut sich gerade für junge Autoren und Autorinnen so manche Lücke auf. Zur Ermutigung habe ich deshalb ein Schema für einen Siebenakter beigefügt. Bei näherem Hinsehen werden Sie feststellen, dass die Struktur gar nicht so verzwickt ist, wie es scheint.

Beispielsweise unterscheiden sich die drei Akte in der ersten halben Stunde nicht wesentlich von den zwei Akten plus einem langen Prolog beim klassischen Vierakter. Wenn man den siebten Akt für den Episodenabschluss abzieht, bleiben in der zweiten Hälfte nur noch die Akte vier, fünf und sechs übrig, was nur ein Akt mehr ist als bei herkömmlichen Serien. Es lassen sich durchaus genügend Cliffhanger und Handlungswendungen entwerfen, um die Zuschauer auch über sieben Akte hinweg mit einer dynamischen Story bei der Stange zu halten. Denken Sie einmal an die vielfältigen Möglichkeiten, die Ihnen ein großes Figurenarsenal bietet: die Krisen und Konflikte, die Verdächtigungen, Enthüllungen und Geständnisse.

Lassen Sie sich deshalb von solchen kniffligen Anforderungen nicht abschrecken, sondern zeigen Sie, was in Ihnen steckt. Ein guter Autor kann sieben fesselnde Akte schreiben, indem er sich ganz auf die Figuren konzentriert. Er findet einen Rhythmus, der die Story vorantreibt und die Zuschauer mitzieht.

## Zwei Seiten pro Szene

Ich empfehle meinen Studenten eine Szenenlänge von etwa zwei Seiten. Erfahrungsgemäß tun sich ungeübte Autoren schwer, auf einer oder eineinhalb Seiten einen vollständigen Spannungsbogen zu entwerfen. Bei mehr als zwei Seiten wiederum werden die Szenen häufig weitschweifig und langatmig.

Früher hatten Filmszenen eher die Länge von Theaterszenen. Bei Klassikern aus den 1940ern, wie etwa die Bogart-Filme, sind Szenen von fünf bis sieben Seiten Umfang keine Seltenheit. Diese Filmdramaturgie mit ihrem allmählichen Spannungsaufbau spiegelt den Lebensrhythmus einer anderen Ära wider. Im Zeitalter der Elektronik würden solche Szenen auf die Zuschauer ermüdend wirken – mag dies nun auf die 15-sekündigen Informationsmodule von *Sesamstraße* zurückzuführen sein, auf die 30- bis 60-sekündigen Werbespots im Fernsehen oder unseren täglichen Umgang mit Computern, die uns schon entnervt aufstöhnen lassen, wenn eine Funktion länger als zwei Sekunden dauert. Wenn die Zuschauer nicht mehr bei der Sache sind, weil ihnen die Story zu schleppend vorangeht und sie der Handlung in Gedanken weit voraus sind, dann haben Sie verloren. Deshalb sollten Sie Ihre Szenen möglichst kurz halten; eine einminütige Szene ist besser als eine dreiminütige. Spätestens, wenn Sie bei Seite vier angekommen sind, sollten Sie die Notbremse ziehen.

Da eine Skriptseite etwa einer Minute Drehzeit entspricht, gebe ich die Länge eines Akts oder einer Szene wahlweise in Seiten oder

Minuten an. Allerdings handelt es sich nur um einen Durchschnittswert, da Dialogszenen weniger Drehzeit in Anspruch nehmen als handlungsbetonte Szenen. Sämtliche Angaben sind deshalb nur als grobe Richtwerte zu verstehen.

## Wie Sie mit dem Schema arbeiten

Wenn Sie mithilfe des Schemas den Aufbau einer Fernsehfolge untersuchen möchten, empfehle ich Ihnen, die Sendung erst einmal aufzuzeichnen. Nehmen Sie dann ein Blatt Papier zur Hand, und sehen Sie sich die Episode an. Identifizieren Sie Geschichte A, B und C, sofern vorhanden. Ordnen Sie jeder Story eine Hauptfigur zu, und fassen Sie den Handlungsbogen in einem Satz zusammen. Entwerfen Sie für jede Geschichte eine solche Logline.

Sehen Sie sich die Episode erneut an. Nehmen Sie sich nun das Schema vor, und gehen Sie es Akt für Akt und Szene für Szene durch. Schreiben Sie in jedes Feld einen Buchstaben. Wenn es beispielsweise in der ersten Szene des ersten Akts um Geschichte B geht, tragen Sie ein »B« in das entsprechende Feld ein.

Sie werden feststellen, dass der Cliffhanger am Ende eines Akts nicht unbedingt zur A-Story gehören muss, sondern auch ein Wendepunkt in der B-Story sein kann. Ebenso kommt es vor, dass sich eine Geschichte über mehrere Szenen hinweg fortsetzt, weil der Autor einen wichtigen Handlungsfaden nicht unterbrechen will. In anderen Fällen können innerhalb einer Szene zwei Storys miteinander abwechseln; mit dieser Technik kann man Zeitsprünge (Ellipsen) andeuten.

Es ist nicht wichtig, die Struktur der Episode bis ins kleinste Detail festzuhalten. Es kommt lediglich darauf an, den dramaturgischen Aufbau der Folge sichtbar zu machen und zu erkennen, wie sich die Parallelhandlungen ergänzen.

Mithilfe des Schemas können Sie auch die Handlungsbögen einer Episode besser verfolgen. Besonders bei den klassischen Fortsetzungsserien stellen Sie möglicherweise überrascht fest, dass ein Handlungsstrang bereits im dritten Akt endet, dass eine C-Geschichte erst im zweiten Akt beginnt, oder dass der vierte Akt ausschließlich der Auflösung der A-Story dient. Das ist völlig in Ordnung. Wie bereits erwähnt, ist die Vieraktstruktur mit ihren Cliffhangern lediglich ein Grundmuster, das sich beliebig variieren lässt. Lernen Sie also von anderen Serien, ohne Sie jedoch zu kopieren.

Wenn Sie mithilfe des Schemas Ihr eigenes Drehbuch entwickeln möchten, sollten Sie zunächst die Hauptelemente der Episode in das Diagramm eintragen: Den Einstieg, die »Krise« in Form eines Cliffhangers (etwa nach drei Vierteln der Episode) und den Schluss. (Bei einem Vierakter tritt die Krise am Ende des dritten Akts ein; bei mehr als vier Akten erfolgt sie nach dem vierten oder fünften Akt). Sie können diese Elemente erst einmal nur für Geschichte A festlegen, oder auch für Geschichte A und B, und die C-Story erst einmal ruhen lassen. Bei der Konzeption der Aktenden hat es sich bewährt, sich von hinten nach vorn durchzuarbeiten, das heißt, von den Cliffhangern zu den direkt davor liegenden Szenen zu gehen und die Handlungen zu entwerfen, die zu der Gefahrensituation oder dem Konflikt führen. Diese Methode kann Ihnen auch bei der Ausarbeitung Ihrer Story Outline nützlich sein. (Auf die Erstellung einer Story Outline gehe ich in Kapitel 4 näher ein.)

## Der Prolog

Die in diesem Kapitel vorgestellten Drehbuchauszüge stammen aus einer Serie, die mit einem Prolog oder Teaser beginnt. Der Prolog ist eine Art Einführung in die Episode, die vor der Titelsequenz abläuft. Er kann nur aus einem einminütigen »Anreißer« bestehen oder auch aus mehreren kleinen Szenen, die insgesamt bis zu zehn Minuten lang sein können, was fast schon einem ganzen Akt entspricht. Unabhängig vom Genre hat der Prolog die Funktion, das Interesse des Zuschauers zu wecken, damit er nicht ab- oder umschaltet. Die Episode soll mit einer Handlung, einer Kameraeinstellung, einer Situation oder Figur eingeleitet werden, die das Publikum so neugierig macht, dass es bis zum ersten Akt »dranbleibt«.

Die Networks gehen immer mehr dazu über, auf einen klassischen Vorspann mit Titelmusik zu verzichten und statt dessen unmittelbar in die Handlung einzusteigen. Die Zuschauer werden also mit der Story selbst geködert. Der Rolltitel wird eingeblendet, während der erste Akt bereits beginnt.

Häufig stellt der Prolog das zentrale Thema der Episode vor. In einer Krimiserie beispielsweise könnte er zeigen, wie ein Verbrechen verübt oder entdeckt wird. Aber auch innerhalb dieses Genres ist man ganz unterschiedliche Wege gegangen. Die Prologe von *Miami Vice* entführten den Zuschauer in eine exotisch angehauchte Glamourwelt und schilderten ein grausames Verbrechen, das meist im Drogenmilieu angesiedelt war. In diesen Eröffnungsszenen traten die Hauptfiguren nie in Erscheinung. Ähnlich ist es bei den gut gemachten Prologen von *Akte X*: Es wird ein rätselhaftes Phänomen vorgestellt, von dem die Ermittler Mulder und Scully erst im ersten Akt erfahren. Bei *Law & Order* (Ursprungsserie) und *New York Cops* wiederum setzt der Prolog gewöhnlich mit dem Eintreffen der Ermittler am Tatort ein.

In vielen Krimi- und Ärzteserien beginnt die Eröffnungsszene mit einem Verbrechen oder einem medizinischen Notfall, der den Fortgang der Handlung bestimmt. Etwas anders verhält es sich bei *Emergency Room* und *Grey's Anatomy*, da hier die Hauptfiguren und ihr Arbeitsalltag im Vordergrund stehen. Um die Zuschauer auf die persönlichen Schicksale einzustimmen, die im Zentrum der jeweiligen Episode stehen, wird das Privatleben der Hauptakteure gezeigt. Man sieht sie morgens beim Aufstehen, beim Frühstück oder auf dem Weg ins Krankenhaus.

In *Six Feet Under – Gestorben wird immer* von HBO unterstreicht der Prolog das Grundthema der Serie, indem er einen möglichst skurrilen Todesfall präsentiert. Er steht jedoch in keinerlei Bezug zur weiteren Handlung. Im ersten Akt trifft zwar ein Leichnam im Bestattungsinstitut der Familie Fisher ein, doch handelt es sich nicht um den im Prolog gezeigten Toten. Die Gefängnisserie *OZ* brachte als thematischen Einstieg einen kurzen Monolog, der auf den Inhalt der Episode ebenfalls keinerlei Bezug nahm. Auch in der Sitcom *Cheers* wird in der Eröffnungsszene kein Spannungsbogen eingeleitet, sondern lediglich der Schauplatz der Serie – die Eckkneipe »Cheers« – vorgestellt.

Weniger erfahrenen Autoren rate ich allerdings, von einer thematischen Einführung die Finger zu lassen und sich auf einen schnellen Einstieg in die Story zu konzentrieren. Wenn es Ihnen gelingt, mit einer packenden Szene unmittelbar in das Geschehen hineinzuführen, haben Sie die Zuschauer auf Ihrer Seite. Ich habe schon zu viele Studenten erlebt, die sich mit einem bedeutungsschweren Thema oder einer diffusen Botschaft vergeblich abmühten, statt einen einfachen Spannungsbogen zu entwerfen. Doch die besten Teaser sind nun einmal die mit einer fesselnden Dramaturgie.

## Die Skriptauszüge

Mit freundlicher Genehmigung von Steven Bochco, der *New York Cops* und viele andere großartige TV-Serien produziert hat, möchte ich Ihnen nun den Prolog und den ersten Akt zweier preisgekrönter Episoden der Serie *New York Cops* aus den Jahren 1995 und 1999 vorstellen. Ich habe diese schon etwas älteren Beispiele wegen ihrer klaren Struktur und ihrer erstklassigen Dramaturgie ausgewählt.

Der erste Auszug stammt aus der Episode »Brieftauben-Bobby« (Originaltitel: »Simone Says«), die Anfang 1995 als 27. Folge der zweiten Staffel ausgestrahlt wurde; die Idee ist von Steven Bochco, David Milch und Walon Green, das Drehbuch von David Milch und Walon Green. In dieser Folge betritt eine neue Figur die Szene: Detective Bobby Simone, gespielt von Jimmy Smits. Alle anderen Hauptfiguren – Andy Sipowicz (der gefeierte Dennis Franz), Lieutenant Fancy, die Detectives Lesniak, Martinez und Medavoy, Staatsanwältin Sylvia Costas sowie die Rezeptzionistin Donna – sind bereits eingeführt; die übrigen Personen sind Gastdarsteller.

Lesen Sie nun das erste Skript, und versuchen Sie, die verschiedenen Storys zu identifizieren. Achten Sie auch auf Form und Struktur. Anschließend werde ich die dramaturgischen Elemente analysieren.

NEW YORK COPS
»Brieftauben-Bobby«

AUFBLENDE:

1 AUSSEN – POLIZEIGEBÄUDE – TAG 1
Außentotale –

2 INNEN – WASCHRAUM MIT SPINDREIHEN – TAG 2

SIPOWICZ betritt den Raum aus dem Treppenhaus kommend. Er trägt sein Jackett und hat eine kleine Einkaufstüte dabei. Er öffnet seinen Spind, zieht sein Jackett aus und hängt es an die offene Spindtür. Er geht mit der Tüte zum Waschbecken hinüber und stellt sich vor den Spiegel. Nachdem er sich verstohlen umgesehen hat, holt er eine Kaufhausbrille aus der Tüte und setzt sie auf. Ein großes Preisschild hängt ihm ins Gesicht. Missmutig betrachtet er sich im Spiegel. Er packt die Brille hastig wieder weg, als jemand den Raum betritt.

Er dreht sich um und sieht BOBBY SIMONE, der auf die Spindreihe links von der Tür zugeht und dabei auf einen Zettel schaut, auf dem eine Spindnummer vermerkt ist.

SIMONE
Morgen.

SIPOWICZ
Morgen.

Sipowicz geht auf ihn zu –

SIPOWICZ (WEITER)
Andy Sipowicz.

Simone schaut ihn an, lächelt und reicht ihm die Hand –

SIMONE
Bobby Simone. Nett, Sie kennen zu lernen, Andy.

SIPOWICZ
Ja.

Sipowicz räuspert sich, geht zur Tür und verlässt den Raum. Die Kamera hält auf Simone, der Kellys Namen auf der Spindtür ausstreicht und seinen eigenen einträgt, dann –

SCHNITT AUF:

3 INNEN – POLIZEIREVIER – TAG 3

Sipowicz geht quer durch den Raum direkt zu Fancys Büro.

4 INNEN – FANCYS BÜRO – TAG 4

FANCY blickt auf und sieht Sipowicz.

FANCY

Morgen, Andy.

SIPOWICZ

Das ist nicht gut. Das wird nicht gut gehen.

FANCY

Was denn?

SIPOWICZ

Ich hab gerade diesen neuen Typen kennen gelernt.

FANCY

Simone?

SIPOWICZ

Ja. Das klappt nicht mit uns.

FANCY

Was ist passiert?

SIPOWICZ

(winkt ab)

Ich weiß gar nicht, wo ich anfangen soll.

Fancy beobachtet, wie Sipowicz auf und abgeht. Im Hintergrund sieht man, wie Simone Medavoy und Martinez begrüßt.

SIPOWICZ (WEITER)

Ich meine, ich meine, seine ganze Einstellung ist falsch. »Ich freu mich, Sie kennen zu lernen.« So ein Quatsch!

Fancys Telefon klingelt. Während er abnimmt –

FANCY

Er hat gesagt, er freut sich, Sie kennen zu lernen?

(in den Hörer)

Lieutenant Fancy.

(Pause)

Ja. In Ordnung.

(hängt auf)

Wir haben einen Mord.

(MEHR)

– 2 –

FANCY (WEITER)

(Pause)

Hören Sie, Andy. Sie sind der Senior der Truppe.
Nehmen Sie ihn unter Ihre Fittiche, bis er das Revier kennt.

Sipowicz schüttelt fassungslos den Kopf –

SIPOWICZ

Jetzt brauch ich schon 'ne Brille und dann noch so was.

Off Fancy, während Sipowicz den Raum verlässt –

5 INNEN – DONNAS SCHREIBTISCH – TAG 5

Donna schaut auf und sieht JAMES ABRUZZO.

ABRUZZO

Hallo, ich möchte Adrienne Lesniak sprechen.

DONNA

Sie heißen?

Abruzzo ignoriert die Frage und geht hinüber zum Schreibtisch LESNIAKS, die gerade eingetroffen ist und ihre Sachen verstaut. Als sie ihn sieht, macht sie ein entnervtes Gesicht –

LESNIAK

Ach, Jimmy…

ABRUZZO

Was? Du lässt mir ja keine andere Wahl.

Lesniak sieht ihn über den Schreibtisch hinweg an –

LESNIAK

Nicht hier. Bitte.

Er setzt sich auf einen Stuhl ihr gegenüber –

ABRUZZO

Aha, wo denn dann? Ich kann dich privat nicht erreichen,
weil ich nicht weiß, wo du inzwischen wohnst.
Und hier kann ich dich nicht mal anrufen,
weil dieses Miststück mich nicht durchstellt…

(laut werdend)

Wo soll ich denn sonst mit dir reden, hä?

– 3 –

LESNIAK
Es gibt nichts mehr zu bereden, Jimmy.

Abruzzo sieht, wie Donna ihn beobachtet –

ABRUZZO
Was glotzt du so blöd?

Donna senkt den Blick und greift zum Telefonhörer.

Abruzzo beugt sich zu Lesniak herüber und packt ihr Handgelenk –

ABRUZZO (WEITER)
Du weißt nicht, wie sehr ich dich liebe, Adrienne.
Du weißt nicht, was ich für dich tun würde.

LESNIAK
Du bist besoffen. Lass mich los.

Sie versucht, ihre Hand freizubekommen, während Fancy hinter Abruzzo auftaucht.

FANCY
Nehmen Sie Ihre Hände da weg und machen Sie,
dass Sie verschwinden!

Abruzzo dreht sich langsam um und schaut Fancy an.

ABRUZZO
Sie werden verschwinden. Ich hab hier 'ne Achtunddreißiger
und die zeigt genau auf ihre Eingeweide.

LESNIAK
Jimmy!

ABRUZZO
Du willst, dass wir uns privat unterhalten?
Das kannst du haben. Geh!

Er zerrt sie hoch.

Alle im Raum sind wie erstarrt vor Schreck. Dann springt Fancy nach vorn, schnappt Abruzzos Hand und dreht die Waffe nach oben.

Ein Schuss fällt, doch Fancy hält den Revolver fest und blockiert die Trommel. Abruzzo schlägt nach Fancy, der mit beiden Händen zugegriffen hat.

Sipowicz hechtet nach vorn, doch ein Tritt von Abruzzo trifft ihn so fest in den Bauch, dass er zurücktaumelt und mit dem Rücken gegen eine Tischkante schlägt.

– 4 –

Abruzzo zerrt an der Waffe und schwingt sie hin und her, während Fancy sie festhält.

Mit einem Satz stürzt sich Simone auf Abruzzo und reißt ihn zu Boden. Während Fancy ihm die Waffe entwindet, dreht Simone ihm die Arme auf den Rücken.

Während sich Sipowicz vor Schmerzen krümmt, legt Simone Abruzzo Handschellen an. Dann zerren die Männer ihn nach oben.

LESNIAK
(halb entschuldigend)
Er ist vom 27. Revier. Er ist ein Kollege.

FANCY
Er ist festgenommen.
(zu Donna)
Donna, holen Sie den Bezirksstaatsanwalt.
(zu Simone)
Sind Sie Simone?

SIMONE
Schön, Sie kennen zu lernen.

FANCY
(zu Simone und den anderen Anwesenden)
Ich erledige das hier. Gehen Sie diesem Mord nach.
Ecke Dreizehnte und Dritte.

ABRUZZO
Bist du jetzt zufrieden? Sieh dir an, was du aus mir gemacht hast!

FANCY
Halten Sie Ihr Maul!

SIMONE
(zu Sipowicz)
Sind Sie verletzt?

SIPOWICZ
Ich werd's überleben.
(Pause)
Sie fahren bei mir mit. Kommen Sie.

Alle ab –

SCHNITT AUF:

– 5 –

HAUPTTITEL

6 AUSSEN – VOR DEM POLIZEIGEBÄUDE – TAG 6

Sipowicz und Simone gehen auf Sipowicz' Wagen zu. Im Hintergrund steigen Medavoy und Martinez in ihren Wagen.

SIMONE
Hatten die Lesniak und Abruzzo mal was miteinander?

SIPOWICZ
(nickt)
Ja, sie waren zusammen auf dem 27. Revier.
Sie hat mit ihm Schluss gemacht und ist versetzt worden.
Und er ist halb durchgedreht.

SIMONE
Sieht aus, als hätte er's inzwischen ganz geschafft.

SIPOWICZ
(Pause)
Was haben Sie zuletzt gemacht?

SIMONE
Ich war bei der Intelligence. Ich habe den Commissioner gefahren.

Sie sind bei Sipowicz' Wagen angekommen und sind im Begriff einzusteigen –

SIPOWICZ
Da sind Sie auf einen bequemen Posten befördert worden.
Da haben Sie aber Schwein gehabt.

SIMONE
Ja.

SIPOWICZ
(ausdruckslos)
Großartig.

Simone steigt schweigend ein –

SCHNITT AUF:

7 AUSSEN – 13TH STREET UND THIRD AVENUE – TAG 7

Sipowicz' Wagen hält am Tatort. Er parkt neben Medavoys Wagen, den Medavoy und Martinez gerade verlassen. Sipowicz und Simone steigen aus.

Vor einem renovierten Mietshaus liegt eine Leiche auf der Straße, von einem blutigen Laken halb bedeckt.

– 6 –

Zwei Streifenwagen mit eingeschaltetem Blaulicht und ein Notarztwagen stehen am Straßenrand. Sipowicz und Simone gehen zur Leiche.

Es ist ein Mann Mitte 30 in einem blutbefleckten Leinenanzug.

SIMONE
Hat man seine Identität festgestellt?

STREIFENBEAMTER
Nein, die Leute wollten auf Sie warten.

MARTINEZ
(zu Sipowicz)
Soll ich mit der Befragung anfangen?

SIPOWICZ
Ja, und jemand soll die Kennzeichen der geparkten Wagen aufnehmen.

Inzwischen hat Simone Handschuhe angezogen und geht in die Hocke, um die Taschen des Opfers zu durchsuchen. Auch Sipowicz kniet sich neben die Leiche, was ihm sichtlich Schmerzen bereitet.

SIPOWICZ (WEITER)
(zu Simone)
Zwei Einschüsse in die Brust. Sehen Sie sonst noch welche?

SIMONE
(betrachtet den Ausweis des Opfers)
Raymond Alphonse Martarano Jr., wohnt anscheinend in Bensonhurst.
(schaut auf)
Ist das der Sohn von diesem großen Macker?

SIPOWICZ
Ja, oder jemand, der zu dumm war, seinen Namen zu ändern.
(zu Medavoy)
He, Greg. Sieh mal zu, dass du den Gerichtsmediziner erreichst, und sag Fancy, dass es ein Mafia-Mord ist.

MEDAVOY
Alles klar.

Während Medavoy geht –

STREIFENBEAMTER
(zu Sipowicz)
Wir haben da drüben eine Patronenhülse gefunden.

– 7 –

SIMONE
Ich kümmere mich darum.

Simone geht, um sich den Fund anzusehen, dabei zu den Uniformierten –

SIMONE (WEITER)
Scheucht mal die Leute weg. Kann hier jemand mal ein paar Kegel aufstellen?

STREIFENBEAMTER
Wird gemacht.

Martinez tritt auf Sipowicz zu und deutet auf einen Mann am Straßenrand.

MARTINEZ
Das ist der Hausmeister. Er sagt, das Opfer kannte jemanden im Haus.

Sipowicz tritt zu GOLDMAN, ein Mann in mittleren Jahren in einer blauen Baseball-Jacke.

MARTINEZ (WEITER)
Mr. Goldman, das ist Detective Sipowicz.

GOLDMAN
Ah, hi …

SIPOWICZ
(in Richtung der Leiche blickend)
Kennen Sie diesen Mann?

GOLDMAN
Den Großkotz Ray Martarano Junior? Der würde 'ner Straßenlaterne sagen, wer er ist, wenn sonst keiner zuhört.

SIPOWICZ
Wen hat er in diesem Haus gekannt?

GOLDMAN
Miss Anderson in 2C.

SIPOWICZ
Wissen Sie, wo ich sie erreichen kann?

GOLDMAN
Sie arbeitet als Model. In Notfällen soll ich ihre Agenturnummer anrufen.

– 8 –

SIPOWICZ
Dann geben Sie mir die Nummer.

Plötzlich Schreie aus dem Off. Sipowicz fährt herum. Im Hauseingang auf der anderen Straßenseite steht eine Frau –

MISS SAVINO
Hilfe, Hilfe … helfen Sie mir! Jemand hat auf meine Mutter geschossen!

Simone rennt hinüber zu der Frau an der Wohnungstür. Sie ist in den Dreißigern. Ihre Hand ist voller Blut.

SIMONE
Wo ist Ihre Mutter?

MISS SAVINO
Da drinnen …

8 INNEN – PARTERREWOHNUNG – TAG 8

Simone stürmt in die Wohnung. Am Fenster sitzt eine alte Frau in einem Sessel, ihr Kopf zur Seite geneigt. Während Simone rasch zu ihr geht, bleibt Miss Savino an der Tür stehen.

MISS SAVINO
Ich war nur schnell einkaufen.

Simone sieht sich die alte Frau an. Sie ist offensichtlich tot.

MISS SAVINO (WEITER)
Sie ist tot, nicht wahr?

SIMONE
(indem er die Hand auf ihre Schulter legt)
Ich fürchte, das ist sie.

MISS SAVINO
In ihrer eigenen Wohnung. An ihrem eigenen Fenster!

SIMONE
Setzen Sie sich doch.

MISS SAVINO
Sie ist meine Mutter.

SIMONE
Ich weiß. Es tut mir leid.

– 9 –

Miss Savino hält die Hände vors Gesicht und schluchzt, während Sipowicz hereinkommt, leicht außer Atem. Mit ihm treten Gerichtsmediziner ein, die sofort zur Leiche gehen.

SIPOWICZ

Was ist passiert?

Simone zieht die Gardine zur Seite. Ein Einschussloch im Fensterglas wird sichtbar.

SIMONE

Das war wohl ein Querschläger von der Straße.

Alle ab –

SCHNITT AUF:

9 AUSSEN – POLIZEIGEBÄUDE – TAG 9

Außentotale –

10 INNEN – POLIZEIREVIER – TAG 10

Fancy durchquert das Treppenhaus, betritt das Dienstzimmer und geht zu Lesniak, die am Schreibtisch sitzt. Seine Stimme ist leise.

FANCY

Na, wie geht's Ihnen?

Lesniak winkt resigniert ab – kämpft mit den Tränen.

LESNIAK

Ziemlich fertig.

Fancy nickt.

FANCY

Unsere Freunde von der Internen haben ihn gerade in die Psychiatrie gebracht. Er wird 72 Stunden beobachtet.

LESNIAK

Er ist also festgenommen.

FANCY

(nickt)

Ja, aber nur vorübergehend. Das heißt noch nichts. Sie werden uns benachrichtigen, wenn der Richter ihn einweisen lässt.

Eine Pause, dann –

– 10 –

LESNIAK
Genau das, was jetzt passiert ist,
hab ich kommen sehen. Davor hab ich
immer Angst gehabt.

FANCY
Adrienne, Sie sollten einen Tag Urlaub nehmen
und morgen weitermachen.

Sie schüttelt den Kopf.

LESNIAK
Nein, ich möchte den Bericht heute erledigen.

FANCY
Gut, aber unterschätzen Sie ihren Gefühlszustand nicht.

LESNIAK
Okay. Danke.

Fancy nickt, geht zu Sipowicz, der gerade angekommen ist.
Off Lesniak –

11 Andere Einstellung – SIPOWICZ UND FANCY 11

FANCY
Ich habe gehört, es hat einen zweiten Toten gegeben.

SIPOWICZ
Eine zweiundachtzigjährige Frau, die an ihrem Fenster saß.

FANCY
Die rennen uns die Bude ein, weil's ein
Martarano-Sprössling ist. Die vom organisierten Verbrechen,
die Intelligence …

SIPOWICZ
(ironisch)
Oh, das erleichtert die Sache ungemein.

FANCY
Schon was rausbekommen?

SIPOWICZ
Keine Zeugen. Er hat angeblich irgendein Model gevögelt,
das dort wohnt. Simone versucht rauszukriegen,
wo wir sie finden.

– 11 –

Beide schauen hinüber zu Simone, der an Kellys ehemaligem Schreibtisch sitzt –

FANCY

Wie läuft's denn mit ihm?

SIPOWICZ

(in Simones Richtung blickend)

Haben Sie gewusst, dass er den Commissioner gefahren hat?

FANCY

(nickt)

Ja, das war sein letzter Job, ich weiß.

SIPOWICZ

(mit gespieltem Ärger)

Ich hab 22 Jahre gebraucht, um den zweiten Dienstgrad zu kriegen, und der schafft's, indem er einen Sesselfurzer herumkutschiert.

Fancy geht darauf nicht ein, kehrt in sein Büro zurück. Sipowicz tritt zu Simone an den Schreibtisch.

SIMONE

(hält den Hörer zu)

Andy, die Model-Agentur hat mir verraten, wo sie gerade arbeitet. Augenblick noch, ich bin gleich fertig.

Sipowicz nickt, sieht, dass COSTAS gerade hereinkommt, geht zu ihr –

SIPOWICZ

Was gibt's?

COSTAS

Ich hab mich gerade um Abruzzo gekümmert.

(in Simones Richtung blickend)

Ist das der neue Detective?

SIPOWICZ

(nickt)

Simone. Was ist das überhaupt für ein Name?

COSTAS

Vor- oder Nachname?

SIPOWICZ

Wenn das sein Vorname wäre, wäre er ein Mädchen.

COSTAS

Simone als Nachname. Das klingt französisch.

– 12 –

SIPOWICZ
Ja, vielleicht.

Beide sehen zu Simone hinüber, stutzen, als dieser am Telefon lauter wird –

SIMONE
Ich hab mir den Arsch aufgerissen, bis ich endlich einen roten hatte. Und die Farbe ist mir einiges wert.
(Pause)
Ich will darüber gar nicht streiten. Sag Billy, er soll mir ja nicht noch mal einen blaugestreiften anbieten. Ich mein's ernst. Na schön, danke.

Simone legt auf. Er bemerkt, dass sie ihn beobachten –

SIMONE (WEITER)
Ich züchte Vögel. Also, Brieftauben.

Costas nickt. Dann leise zu Sipowicz –

COSTAS
Erzähl ihm, dass du Fische hast.

Sipowicz schüttelt den Kopf. Simone legt Aktenblätter zusammen und kommt herüber –

SIPOWICZ
(deutet auf Costas)
Das ist die stellvertretende Bezirksstaatsanwältin Costas. Detective Simone.

SIMONE
Nett, Sie kennen zu lernen.

COSTAS
Ganz meinerseits.

SIPOWICZ
(zu Simone)
Also, wo ist diese Adresse?

SIMONE
Hier, in der Seventh Avenue.

Eine Pause, dann –

COSTAS
Das ist bestimmt interessant, Brieftauben zu züchten.

– 13 –

SIMONE
Ja, das macht Spaß, und man kommt an die frische Luft.

COSTAS
Die großen Jungs und ihre Hobbys.

SIPOWICZ
(zu Simone)
Na schön, geh'n wir.

Alle ab –

SCHNITT AUF:

12 INNEN – EIN MODESTUDIO – SEVENTH AVENUE – TAG 12

Es herrscht Chaos, Zigarrenrauch überall. Käufer, Verkäufer und Agenten umringen einen mit Scheinwerfern angestrahlten Laufsteg, auf dem Models die Frühjahrskollektion vorführen. Sipowicz und Simone schieben sich durch die Menge, während sie THELMA LEVY folgen, einer perfekt gekleideten Frau in den Fünfzigern mit frostigem Gesichtsausdruck.

LEVY
Wie lang werden Sie brauchen?

SIPOWICZ
Um das zu wissen, müsste ich erst mal mit ihr reden.

LEVY
Und das kann nicht so lange warten, bis sie mit der Arbeit fertig ist?

SIPOWICZ
Nein.

Sie führt sie hin –

13 INNEN – EINE GARDEROBE – TAG 13

Sipowicz und Simone blicken sich verwundert um. Plötzlich sind sie von einem ganzen Schwarm mehr oder weniger nackter Frauen umgeben, denen Helfer Kleider an- oder ausziehen. Ms. Levy hält sie auf.

LEVY
Warten Sie hier. Ich hole sie.

Der hektische Betrieb geht ungestört weiter, und weder die nackten Models noch die sie umschwirrenden Ankleider und Schneiderinnen scheinen von den beiden Notiz zu nehmen.

– 14 –

Der Geräuschpegel ist ohrenbetäubend. Sipowicz reibt sich nervös die Stirn, während Simone witzelt –

SIMONE
Was für ein Land!

Ms. Levy erscheint mit PAULA ANDERSON, gut aussehend, viel Make-up, Mannequin-Figur.

LEVY
Bitte machen Sie es kurz.

Levy entfernt sich –

SIPOWICZ
Detective Sipowicz. Das ist Detective Simone.

PAULA
Was ist los?

SIPOWICZ
Kennen Sie einen Raymond Martarano Junior?

PAULA
Ja.

SIMONE
Wann haben Sie ihn das letzte Mal gesehen?

PAULA
Wir haben gestern Abend noch gefeiert.
Und heute musste ich zur Arbeit.

SIMONE
Und er ist in Ihrer Wohnung geblieben?

PAULA
Was ist denn passiert?

SIMONE
Er wurde heute Morgen vor Ihrem Haus erschossen.
Und eine Nachbarin unten im Haus wurde von einem Querschläger getötet.

Paula bleibt von dieser Nachricht nicht unberührt.

PAULA
Wer? Welche Nachbarin?

SIPOWICZ
Mrs. Savino.

– 15 –

Paula ringt um Fassung.

PAULA
Ich weiß nichts darüber.

SIPOWICZ
Warum begleiten Sie uns nicht aufs Revier,
und wir unterhalten uns dort darüber?

PAULA
Weil ich jetzt arbeite.

SIPOWICZ
Nein, jetzt arbeiten Sie nicht. Jetzt kommen Sie mit uns
aufs Revier.

Simone reicht ihr einen Umhang, den sie sich überwerfen soll –

SIMONE
Ziehen Sie sich erst mal was an, Paula.

Sein versöhnlicher Ton scheint ihren Widerstand zu brechen. Sie wirft den Umhang über –

ABBLENDE

ENDE ERSTER AKT

– 16 –

## Analyse

Lassen Sie mich kurz etwas zum Format sagen. Wie Sie an unserem Beispiel sehen, unterscheidet sich ein Serienskript äußerlich nicht von einem klassischen Filmdrehbuch. Wenn Sie mit einer Drehbuch-Software arbeiten, wählen Sie deshalb das Standardformat aus.

Nun zum Skript: Obwohl dem ersten Akt ein Prolog vorangestellt ist, finden wir am Anfang des Drehbuchs keinen Hinweis darauf. Bei manchen Serien wird der Beginn des Prologs durch »PROLOG« und das Ende durch »ABBLENDE« kenntlich gemacht. Der erste Akt fängt dann auf einer neuen Seite mit der Überschrift »ERSTER AKT« an. In anderen Fällen werden die Skripts grundsätzlich mit »ERSTER AKT« überschrieben, unabhängig davon, ob es einen Prolog gibt oder nicht. Wenn Sie wissen möchten, wie man es bei Ihrer TV-Serie handhabt, lassen Sie sich ein Muster zuschicken. In jedem Fall beginnen der zweite, dritte und vierte Akt auf einer neuen Seite und werden mit »ZWEITER AKT« usw. überschrieben.

## Der Einstieg

Unter Szenentitel 1 folgt keine wirkliche Szene, sondern eine Kameraeinstellung auf das Polizeigebäude, dem Ort der Handlung. Sie zeigt dem Zuschauer, wo wir uns befinden.

Mit Szenentitel 2 beginnt nun die erste Szene. Beachten Sie, wie viel die geschilderten Details über die Hauptfigur verraten, ohne dass ein einziges Wort gesprochen wird. Detective Sipowicz setzt zum ersten Mal eine Lesebrille auf. Was geht in ihm vor? Beachten Sie den missmutigen Blick in den Spiegel, das schnelle Wegstecken der Brille, als Simone hereinkommt. In Kapitel 1 erwähnte ich bereits, welche Nähe das Fernsehen zu den Figuren herstellen kann. Genau dies geschieht hier: Wir beobachten einen privaten Moment im Leben von Detective Sipowicz; wir erleben ihn verletzlich, verunsichert und beunruhigt über die ersten Anzeichen des Alterns.

Wir erfahren etwas über ihn, das erklärt, weshalb er im weiteren Verlauf der Episode so vehement seine Stellung behauptet.

Detective Simone wird von einem jüngeren Mann dargestellt – dem großgewachsenen, gutaussehenden Jimmy Smits. Bei seinem ersten Zusammentreffen mit dem übergewichtigen, kahl werdenden und nun auch noch weitsichtigen Sipowicz entsteht sofort eine Rivalität. Im Skript wird übrigens das Aussehen der Männer nicht beschrieben, da die Darsteller dem gesamten Filmteam bereits bekannt sind. Anders als beim Spielfilm, werden die Figuren sehr sparsam charakterisiert. Trotzdem ist in dieser Momentaufnahme alles enthalten, was es für eine starke Szene braucht.

Beachten Sie auch, dass der Dialog gleich auf der ersten Seite einsetzt. Bei Fernsehproduktionen ist das normal. Natürlich gibt es Spielfilme, besonders ältere, die mit dialogfreien Szenen beginnen, aber das ist eher die Ausnahme. Sehen wir uns den Dialog einmal genauer an: Es scheint, als würden nur Begrüßungsfloskeln ausgetauscht. Doch auf einer unterschwelligen Ebene geschieht viel mehr. Die Kunst besteht darin, einen Dialog möglichst natürlich zu gestalten, ohne zu viel preiszugeben. Geben Sie den Zuschauern Gelegenheit, zwischen den Zeilen zu lesen, statt mit der Tür ins Haus zu fallen.

Mit der letzten Zeile auf Seite 1 schließt die erste Szene des Prologs ab. Es ist der Moment, in dem Simone den Namen seines Vorgängers durchstreicht und seinen eigenen darüber schreibt – eine herausfordernde Geste in einem subtilen Machtkampf. Wenn Sie umblättern, sehen Sie jedoch, dass der Spannungsbogen an einem anderen Schauplatz, dem Polizeirevier, fortgesetzt wird.

Sipowicz, der sich durch Simones selbstsicheres Auftreten provoziert fühlt, marschiert geradewegs in das Büro seines Chefs, Lieutenant Fancy, um sich über den neuen Kollegen zu beschweren (Szenentitel 4). Diese relativ kurze Szene enthält einen kompletten dramaturgischen Bogen, da sich zwischen den Figuren ein Konflikt abspielt, wie subtil auch immer: Sipowicz verteidigt seine Position, indem er Simone loszuwerden versucht, doch Fancy macht ihm einen Strich durch die Rechnung und verlangt sogar von ihm,

Simone unter seine Fittiche zu nehmen. Am Schluss greift Sipowicz das Einstiegsthema wieder auf, indem er resigniert sagt: »Jetzt brauch ich schon 'ne Brille und dann noch so was.«

Obwohl man durchaus sagen kann, dass die erste Story mit zwei eigenständigen Szenen beginnt (Szenentitel 1 bis 4), sind sie vom dramaturgischen Standpunkt aus als Einheit zu sehen. Da die Geschichte für die gesamte Serie eine zentrale Rolle spielt (auch wenn sie im Skript nicht den größten Raum einnimmt), würde ich sie als A-Story bezeichnen. Ganz am Ende der Episode wird an die Einstiegsszene wieder angeknüpft, indem Sipowicz in Simones Gegenwart seine neue Brille aufsetzt und freimütig sagt: »Ich brauch jetzt 'ne Brille.« Die A-Story, die über vier Jahre fortgesetzt wird, hat sich bereits in der ersten Folge einen entscheidenden Schritt weiterentwickelt.

Wenn Sie das Schema verwenden möchten, nehmen Sie es jetzt zur Hand. Tragen Sie neben das »(P)« (Prolog) ein »A« ein. Die Logline für Geschichte A könnte in etwa lauten: »Sipowicz fühlt sich durch seinen neuen Partner bedroht.« Der exakte Wortlaut spielt natürlich keine Rolle. Es kommt vor allem darauf an, dass Sie jede Story mit einer Hauptfigur verknüpfen.

Der Prolog ist aber noch nicht zu Ende. Denn nun wird noch ein zweiter Handlungsbogen eingeführt – die C-Geschichte, in deren Zentrum Detective Adrianne Lesniak steht. Da Sie die komplette Episode nicht kennen, können Sie natürlich nicht wissen, welchen Raum die Story im gesamten Drehbuch einnimmt. Adrianne Lesniak ist eine Hauptfigur, deren Probleme mit ihrem Exfreund Abruzzo bereits in vorangegangenen Episoden thematisiert wurden. Auch in dieser Szene geht es um ihre vergeblichen Versuche, sich seiner Nachstellungen zu erwehren. Darüber hinaus fungiert die Szene als Einstieg in ein Thema, das im zweiten Akt aufgegriffen wird. Im zweiten Akt wird Lesniak mit Frauen konfrontiert, die misshandelt oder missbraucht wurden. Vor dem Hintergrund von Lesniaks eigener Geschichte stellt sich das Schicksal der Frauen, die sich endlich gegen ihren Peiniger wehren, in einem anderen Licht dar.

Die gesamte Begegnung zwischen Abruzzo und Lesniak (Szenentitel 5) nimmt beinahe drei Seiten ein, ist aber in mehrere Teile gegliedert: Zunächst der Anfangskonflikt zwischen Lesniak und Abruzzo, dann der Kampf, an dem Fancy, Sipowicz und Simone beteiligt sind, und schließlich die Verhaftung Abruzzos. Am Ende der turbulenten Szene hat sich nicht nur Lesniaks Haltung zu Abruzzo verändert, sondern auch Simone ist im Team aufgenommen, und das Verhältnis zu Sipowicz hat sich ein wenig entspannt.

Wenn Sie das Schema ausfüllen, schreiben Sie neben das »A« ein »C«, da dieser Prolog zwei Geschichten enthält.

Der einzige Hinweis auf das Ende des Prologs sind die beiden Anweisungen »SCHNITT AUF« (unten auf Seite 5 des Skripts) und »HAUPTTITEL« (oben auf Seite 6). Der erste Akt beginnt direkt nach dem Haupttitel, auch wenn dies hier nicht durch ein »ERSTER AKT« gekennzeichnet ist.

### Erster Akt, erste Szene

Unter Szenentitel 6 folgt eine vollständige Szene, auch wenn sie nicht einmal eine Seite füllt. Lesen Sie den Text noch einmal durch, und bestimmen Sie die dramaturgischen Elemente: Wer ist der Protagonist? Wer ist der Antagonist? Welche Absichten verfolgt der Protagonist? Wie durchkreuzt sie sein Gegenspieler? Wann erreicht der Konflikt seinen Höhepunkt? Wie wird der Konflikt aufgelöst? Die Antworten müssen Sie allerdings selbst finden. (Mithilfe dieser Fragen können Sie übrigens auch die von Ihnen entworfenen Szenen überprüfen.) Unser Beispiel demonstriert eindrucksvoll, wie man mit einer kurzen, dichten Szene einen Handlungsbogen weiterführt. Beachten Sie, dass die Szene nicht allein der Charakterisierung der Hauptfiguren dient. Während sich Simone und Sipowicz ihr Wortgeplänkel liefern, brechen sie zu einem Tatort auf.

Hier handelt es sich eindeutig um Geschichte A, so dass wir im Schema für die erste Szene des ersten Akts ein »A« eintragen können.

## Erster Akt, zweite Szene

In der zweiten Szene (Szenentitel 7) beginnt die B-Geschichte. Obwohl es eigentlich nur um die routinemäßige Ermittlungsarbeit am Tatort geht, erhält die Szene durch die unterschwellige Rivalität zwischen Sipowicz und Simone eine zusätzliche Bedeutung. Sie ist in drei Teile gegliedert: zunächst die Entdeckung, dass Martarano ein Mafia-Opfer ist, dann der wichtige Hinweis des Hausmeisters, der die Ermittler auf eine Spur führt, und schließlich die Hilfeschreie von Miss Savino, die der Handlung eine überraschende Wendung geben – ein dramatisches Element, ohne das die Szene vielleicht etwas flach wäre. (Tragen Sie im Schema für die zweite Szene ein »B« ein.)

## Erster Akt, dritte Szene

In der dritten Szene wird die B-Story fortgesetzt (Szenentitel 8). Wie Sie sehen, ist es nicht notwendig, zwischen den Geschichten einer Episode ständig zu wechseln; manchmal ist es wichtiger, einen Spannungsbogen weiterzuverfolgen, um die Zuschauer nicht aus dem Geschehen herauszureißen. Hier leitet er direkt zu einer weiteren überraschenden Entdeckung über, die ein neues Licht auf das Verbrechen wirft. Wie in jedem Krimi, wissen die Zuschauer genauso wenig wie die Ermittler, welche Spuren weiterführen und welche nicht – und genau das macht den Reiz dieses Genres ja aus. (Auch für die dritte Szene wird ein »B« eingetragen.)

## Erster Akt, vierte Szene

Welchen Sinn hat die Einstiegseinstellung auf das Polizeigebäude unter Szenentitel 9? Finden Sie selbst eine Erklärung, bevor Sie weiterlesen.

Es gibt verschiedene Gründe: Zunächst zeigt sie den Zuschauern, dass sich die Hauptfiguren nach einem Außeneinsatz wieder auf dem Revier befinden; darüber hinaus kennzeichnet sie den Beginn einer neuen Sequenz; und sie signalisiert einen Zeitsprung (Ellipse). So ist es möglich, dieselben Figuren kurz hintereinander an unterschiedlichen Schauplätzen auftreten zu lassen, ohne dass es auf den Zuschauer irritierend wirkt.

Warum wird die C-Story an dieser Stelle wieder aufgegriffen (Szenentitel 10)? Die Szene ist weniger als eine Minute lang und scheint die Handlung kaum voranzutreiben. Warum also? Ich empfehle Ihnen, solche Fragen erst einmal selbst zu beantworten, ehe Sie weiterlesen. So können Sie Ihr dramaturgisches Gespür schulen.

Folgende Erklärungen sind möglich: Die Szene ruft dem Zuschauer die C-Geschichte wieder in Erinnerung, was um so wichtiger ist, als sie erst im zweiten Akt fortgeführt wird; sie weckt unser Interesse an Lesniaks weiterer Entwicklung, indem sie uns vor Augen führt, unter welcher seelischen Belastung sie steht; darüber hinaus erfahren wir, was mit Abruzzo geschehen ist. Beachten Sie in diesem Zusammenhang, dass keine Szene nur der Exposition dienen sollte. Wenn Sie bestimmte Fakten vermitteln müssen, betten Sie diese in einen emotionalen Kontext ein – so wie es hier geschieht. (Schreiben Sie in das vierte Feld ein »C«.)

## Erster Akt, fünfte Szene

Der Wechsel von der vierten zur fünften Szene (Szenentitel 11) ist lediglich durch eine andere Kameraeinstellung kenntlich gemacht, während Zeit (»TAG«) und Ort (»INNEN POLIZEIREVIER«) unverändert bleiben. Mit der neuen Kameraeinstellung wird der Beginn einer neuen Szene signalisiert.

Die Szene füllt drei Seiten, was für eine Innenszene mit wenig Action recht lang ist. Was passiert eigentlich? Zunächst müssen Sie wissen, dass die stellvertretende Bezirksstaatsanwältin Sylvia Costas Detective Sipowicz' Freundin ist (und in einer späteren Episode seine Frau wird). Die attraktive, intelligente und kultivierte Staatsanwältin spielt eigentlich in einer höheren Liga als Andy Sipowicz. Doch sie liebt und unterstützt ihn, selbst wenn er zu stolz ist, ihre Ratschläge anzunehmen. Vor diesem Hintergrund gewinnt das erste Zusammentreffen zwischen ihr und dem gewandten, gutaussehenden Bobby Simone an psychologischer Spannung. Lesen Sie sich die Szene daraufhin noch einmal durch.

Achten Sie auf Sipowicz' Verhalten, seine vergeblichen Versuche, Simone lächerlich zu machen, und auf Costas interessiertes Nachfragen, das er zunehmend als Bedrohung empfindet. Während der harmlosen Unterhaltung ist sein unterdrückter Zorn förmlich zu spüren. Da es sich hier offensichtlich um die A-Story handelt, tragen wir in Feld 5 ein »A« ein.

## Erster Akt, sechste Szene

In der sechsten Szene wird Geschichte B fortgesetzt (Szenentitel 12 und 13). Simone und Sipowicz suchen das Model Paula Anderson (eine Gastdarstellerin) in einem Modestudio auf, um von ihr Näheres über den Ermordeten zu erfahren. Auch hier gibt es einen klaren Spannungsbogen: Die beiden Ermittler müssen die Widerstände überwinden, die ihnen in Gestalt der frostigen Thelma Levy und der abweisenden Paula entgegentreten.

Damit wären wir am Ende des ersten Akts, der ja immer mit einem Cliffhanger abschließen sollte. Doch so richtig geglückt scheint er nicht zu sein, auch wenn Geschichte B ganz klar vorangetrieben wird. Möglicherweise sind die Zuschauer wirklich gespannt darauf, wie sich der Fall Martarano weiterentwickelt, und bleiben deshalb bis zum nächsten Akt am Ball. Ich glaube allerdings eher, dass sie sich vor allem für die neue Figur Bobby Simone interessieren und wissen wollen, wie er sich in der weiteren Episode schlägt.

Wenn Sie für die sechste Szene ein »B« eingetragen haben, ist der erste Akt komplett. Eine siebte Szene gibt es nicht, was in unserem Fall jedoch keine Rolle spielt. Rechnet man die ersten beiden Szenen des Prologs hinzu, kommt man auf acht Szenen mit einer Länge von insgesamt etwa 14 Minuten, was im Originalmanuskript einem Umfang von 16 Seiten entspricht. Auf diesen Seiten wurden drei Geschichten in Gang gesetzt und zügig vorangetrieben. Das ist eine Menge.

## Der zweite Skriptauszug

Vier Jahre später geht die Story über die facettenreiche Beziehung zwischen Simone und Sipowicz mit Simones Tod zu Ende. Die Folge »Das letzte Signal« (Originaltitel: »Hearts and Souls«) überschreitet die Grenzen des Genres, indem sie in einem Kaleidoskop von Rückblenden die letzten Gedanken des sterbenden Simone schildert und damit eine emotionale Intensität erreicht, wie sie selten im Film anzutreffen ist. Die Idee stammt von Seven Bochco, David Milch und Bill Clark, das Drehbuch von Nicholas Wootton.

Der Prolog und der erste Akt, die mit tragikomischen Elementen arbeiten, lassen die Spannung allmählich ansteigen, bis die Handlung in den folgenden Akten überraschende Wendungen nimmt. Lesen Sie zunächst den Text, bevor Sie sich die Analyse ansehen.

NEW YORK COPS
»Das letzte Signal«

AUFBLENDE:

1 AUSSEN – KRANKENHAUS – MORGEN 1
Außentotale –

2 INNEN – KRANKENHAUS WARTEZIMMER – MORGEN 2

Anwesend sind SIPOWICZ, KIRKENDALL und MARTINEZ. Bei der gegebenen Raumaufteilung und der Nähe der Tür zur Herzüberwachungsstation, hat Martinez den besten Platz, um Simones Entlassung abzupassen und ihm zuzuwinken. Sipowicz gefällt das wenig. Nach einer Pause –

SIPOWICZ
Bleibst du da kleben, oder was?

MARTINEZ
(sich verteidigend)
Noch ist nichts passiert.

KIRKENDALL
(zu Sipowicz)
Er will Bobby nur zuwinken.

SIPOWICZ
Das wollen wir alle.

MARTINEZ
Ich bleib trotzdem.

KIRKENDALL
Ich hab mir einen Schwebesitz besorgt,
den lass ich von der Decke baumeln.

SIPOWICZ
Tolle Idee.

Medavoy ist gerade angekommen, in froher Erwartung.

MEDAVOY
Der große Abgang hat wohl noch nicht stattgefunden?

KIRKENDALL
Hallo, Greg.

Sipowicz schaut mürrisch weg. Medavoy sieht sich um.

MEDAVOY
Du sitzt erste Reihe Mitte, was, James?
Verpass Bobby keine Bazillen, wenn du ihn begrüßt.

SIPOWICZ
Ja, der hat heut Nacht um zwei hier schon sein Biwak aufgeschlagen.

Martinez knurrt zurück. Medavoy bleibt gelassen –

MEDAVOY
Jede Menge Platz hier.

Sipowicz läuft unruhig auf und ab.

SCHNITT AUF:

3 INNEN – SIMONES KRANKENZIMMER – MORGEN 3

SIMONE sitzt auf einem Stuhl. Er hat Hosen und Schuhe bereits an. Ausgezehrt von seiner Krankheit, scheint Simone in dem Hemd zu verschwinden, das ihm RUSSELL gerade vorsichtig zuknöpft. Russell ist sichtlich aufgeregt, aber auch physisch und psychisch erschöpft. Sie schaut mit großer Besorgnis auf ihren Mann.

SIMONE
Bist du fertig?

RUSSELL
Tu ich dir weh?

SIMONE
Nein, nein.

RUSSELL
Noch einen Knopf.
(ist mit den Knöpfen fertig)
Da ist ein kleiner Fleck. Ich wollte vorsichtig sein mit dem Verband.

SIMONE
Ich ruh mich jetzt ein bisschen aus.

RUSSELL
Klar, du bestimmst das Tempo.

Er versucht zuversichtlich zu lächeln.

– 2 –

SIMONE

Ich bin das alles nicht gewohnt.

Sie zwingt sich zu einem Lächeln und beobachtet ihn, wie er mit wachsendem Unbehagen in seinen Körper hineinhorcht. Nach einer Pause –

RUSSELL

Dr. Swan sagte, du könntest einen leichten Wundausfluss bekommen.

SIMONE

War der Verband nass?

RUSSELL

Nein, nur etwas gelbliche Flüssigkeit.

Simone nickt. Nach einer Pause –

RUSSELL (WEITER)

Wo bleibt Dr. Swan nur?

SIMONE

Nur die Ruhe.

RUSSELL

Na ja, er hätte schon vor 20 Minuten hier sein sollen, um dich zu entlassen.

Simone schließt die Augen. Langsam steigt Panik in Russell auf. Sie hatte versucht, unbesorgt zu klingen, doch nun fürchtet sie zum ersten Mal, Simone könnte die Klinik vielleicht gar nicht mehr verlassen.

SCHNITT AUF:

4 INNEN – KRANKENHAUS WARTEZIMMER – MORGEN 4

Sipowicz hat sich einen Trick überlegt, um näher an Simone heranzukommen –

SIPOWICZ

Ich muss mal telefonieren.

KIRKENDALL

Willst du das Funktelefon haben?

SIPOWICZ

(schüttelt den Kopf)

Ist privat. Das mach ich besser von der Zelle.

Er geht nach draußen. Die anderen sehen ihm nach.

– 3 –

MEDAVOY

(amüsiert)

Du weißt ja, warum er das macht.
Er will näher an Simone herankommen.

MARTINEZ

(nickt)

So ein lahmer Vorwand könnte ihn glatt fünf Jahre Pension kosten.

Sipowicz ist bei den Telefonzellen angekommen. DR. SWAN kommt aus dem Aufzug, geht vorbei. Sipowicz, Ärger über fehlendes Münzgeld vortäuschend, hält den Kopf gesenkt. Nach Kleingeld suchend, geht er zum Schwesternzimmer.

SCHNITT AUF:

5 INNEN – SIMONES KRANKENZIMMER – MORGEN 5

Simone und Russell blicken auf, als Dr. Swan eintritt. Er sagt seinen Standardspruch zur Entlassung auf.

DR. SWAN

Sie wollen also noch heute Morgen hier raus?

SIMONE

Unbedingt.

RUSSELL

Bobby hat da einen leichten Ausfluss auf dem Verband.

DR. SWAN

(nickt, nicht allzu besorgt)

Ja, das muss die Naht sein.

SIMONE

Sagt Diane auch.

Russell imitiert Dr. Swans unbekümmerten Tonfall.

RUSSELL

Nur ein kleiner gelber Ausfluss.

DR. SWAN

Ich seh's mir mal an.

– 4 –

Dr. Swan bleibt äußerlich gelassen, obwohl er genau weiß, dass »gelber Ausfluss« ein Alarmzeichen ist. Er knöpft Simones Hemd auf. In die Stille hinein sagt Simone –

SIMONE
Ich habe Diane vorgeschlagen, den Job zu wechseln,
nachdem sie sich zur medizinischen Expertin gemausert hat.

DR. SWAN
Prima, ich könnte eine Assistentin gebrauchen.

Dr. Swan ist sichtlich bemüht, seine Reaktion zu verbergen, nachdem er Simones Hemd geöffnet und den bereits beträchtlichen Fleck auf dem Verband bemerkt hat.

DR. SWAN (WEITER)
Da ist wirklich ein Ausfluss.

RUSSELL
Von der Naht?

Dr. Swan spricht ruhig weiter, so nüchtern, als würde er über ein Schachproblem diskutieren –

DR. SWAN
Ich weiß es noch nicht. Ich nehme ein Q-tip
und sehe es mir mal an.

Während Dr. Swan den Verband entfernt, schwenkt die Kamera in eine Position, aus der man Simones Operationsnarbe erkennen kann.

SCHNITT AUF:

6 INNEN – FLUR VOR SIMONES KRANKENZIMMER – MORGEN 6

Sipowicz hat sich langsam an das Schwesternzimmer herangeschlichen, blickt sich um, um sich zu vergewissern, dass ihn seine Kollegen nicht beobachten, und geht ein paar Schritte weiter, um einen kurzen Blick in Simones Zimmer zu erhaschen. Sichtlich entsetzt beobachtet er, wie Russell und Dr. Swan Simone zurück ins Bett bringen.

Simones und Sipowicz' Blicke begegnen sich. Sipowicz hebt kurz die Hand und winkt Simone leise zu; Simone nickt, und Sipowicz geht zurück zum Wartezimmer.

SCHNITT AUF:

– 5 –

7 INNEN – KRANKENHAUS WARTEZIMMER – MORGEN 7

Medavoy sieht Sipowicz durch die Tür zur Herzüberwachungsstation kommen.

MEDAVOY
(fast glucksend)
Mit Vorschriften hat's Andy offenbar nicht. Rennt der tatsächlich vor, um zu winken.

Martinez gibt sich nicht geschlagen.

MARTINEZ
Ich bin hier, um Bobby in diesen Aufzug steigen zu sehen.

Sipowicz kommt herein.

MEDAVOY
Du wolltest wohl Bobby zuwinken, was?

SIPOWICZ
Sie haben ihn wieder ins Bett gebracht.

Kirkendall macht ein bestürztes Gesicht.

MARTINEZ
Ist das irgendeine Vorsichtsmaßnahme?

SIPOWICZ
Er sah nicht gut aus.

MEDAVOY
Er hatte erst vor zehn Tagen eine Riesenoperation, Andy.

Kirkendall sieht Russell kommen.

KIRKENDALL
Hi, Diane.

RUSSELL
Es wird wohl noch etwas dauern.

MEDAVOY
(wie abwesend)
Klar.

– 6 –

RUSSELL
Bobby hat eine Wundinfektion, die jetzt untersucht wird. Sie machen eine Computertomografie und dann wahrscheinlich eine Wundausschneidung.

MARTINEZ
Andy sagt, er ist wieder im Bett.

Russell nickt –

RUSSELL
Ihr solltet wieder an eure Arbeit gehen. Ich sag Bescheid, wenn es irgendetwas Neues gibt.

KIRKENDALL
Ja, ruf an, wenn du kannst.

Die Beamten setzen eine zuversichtliche Miene auf, als Russell geht. Bevor sie den Raum verlässt, wirft sie Sipowicz ein verhaltenes Lächeln zu. Eine Pause. Sipowicz kocht innerlich –

SIPOWICZ
(zu Martinez)
Kommst du mit, oder willst du hier Wurzeln schlagen?

Wie benommen verlassen alle langsam den Raum.

SPRUNG ZU:

HAUPTTITEL

8 AUSSEN – POLIZEIGEBÄUDE – MORGEN 8

Außentotale –

9 INNEN – POLIZEIREVIER – MORGEN 9

Sipowicz kommt als erster aus dem Krankenhaus zurück. Er macht ein finsteres Gesicht, seine Bewegungen wirken kraftlos und müde. FANCY steht am Schreibtisch von DOLORES und geht mit ihr Akten durch. Offensichtlich wissen sie bereits um Simones Zustand. Während Sipowicz seinen Mantel aufhängt –

FANCY
Deine Exfrau ist hier, Andy. Sie wartet im Waschraum.

SIPOWICZ
Ist alles in Ordnung mit ihr?

– 7 –

FANCY
(zurückhaltend)
Ja, ich glaube schon.

Sipowicz nickt; selbst diese unerwartete Nachricht scheint ihn nicht aus seiner düsteren Stimmung zu reißen.

FANCY (WEITER)
Hast du ihn überhaupt gesehen?

SIPOWICZ
(nickt)
Ich hab ihn vom Flur aus sehen können, nur für ein paar Sekunden.

FANCY
Sah er aus, als würde er wieder krank werden?

SIPOWICZ
Ich weiß es nicht.

Sipowicz sieht KATIE SIPOWICZ, seine Exfrau und Andy Juniors Mutter. Sie tritt unsicher in den Flur, hält ihre Handtasche mit beiden Händen umklammert.

KATIE
Hallo, Andy.

Sipowicz geht auf sie zu.

SIPOWICZ
Geht's dir gut, Katie?

KATIE
Ja, ich war nur mal für kleine Mädchen.

SIPOWICZ
Ich meine, was willst du hier?

KATIE
Komm' ich ungelegen? Ich kann auch ein andermal wiederkommen.

Sipowicz bemerkt, dass sie nach Alkohol riecht.

SIPOWICZ
Komm, lass uns im Pausenraum reden.

– 8 –

Da Katie getrunken hat, will Sipowicz sie durch die hintere Tür zum Pausenraum bringen. Als sie durch den Flur gehen, sieht man Medavoy und Martinez die Treppe heraufkommen.

10 INNEN – FLUR – WEITER 10

Die Kamera folgt Sipowicz und Katie –

KATIE
Das ist nicht das Schlimmste, Andy.
Das Schlimmste ist doch schon passiert.

Sipowicz ist so peinlich berührt von ihrem Zustand, dass er kaum hinhört.

SIPOWICZ
Wovon redest du überhaupt?

KATIE
Wie du siehst, hab ich ein Problem.
Aber schlimmer als Andy Juniors Tod kann's nicht sein.

SIPOWICZ
Katie, verdammt! Seit wann trinkst du?

KATIE
Was?

SIPOWICZ
Komm hier rein.

Sie treten ein.

11 INNEN – PAUSENRAUM – WEITER 11

Er führt sie zu einem Stuhl.

KATIE
Ich hab mir einen kleinen Drink genehmigt,
das wird doch wohl erlaubt sein.
Nur einen kleinen Drink.

Er hat Kaffee eingeschenkt und stellt den Becher vor sie hin; seine Miene verrät eine Mischung aus Verlegenheit und Verdruss.

SIPOWICZ
Milch, oder?

– 9 –

KATIE

Ja, bitte.

Er gießt ihr welche ein, beobachtet sie.

KATIE (WEITER)

(kaum hörbar)

Ich hab Ärger, Andy. Ich bin in Seacaucus festgenommen worden, wegen Alkohol am Steuer.

SIPOWICZ

Auf dem Weg hierher zu mir?

Sie schüttelt den Kopf.

SIPOWICZ (WEITER)

Aha, der eine kleine Drink heute war also nicht dein erster.

Sie fängt an zu weinen, hält die Hand vor den Mund.

KATIE

Bitte schrei mich nicht so an.

Katie versucht sich zu fassen –

KATIE

Ich hatte ein Glas Wein getrunken, nur ein Glas, und der Polizist hat behauptet, ich hätte ein Stoppschild überfahren, was aber nicht stimmt.
Es war der Wagen vor mir.

SIPOWICZ

Haben sie einen Alkoholtest mit dir gemacht?

KATIE

(schüttelt den Kopf)

Du hast immer gesagt, dass ich mich auf keine Tests einlassen soll.

SIPOWICZ

Und dann hast du dem Bullen gesagt, dass dein Exmann Polizist ist, oder?

KATIE

Das war wohl nicht so gut.

– 10 –

SIPOWICZ

Und hast du ihm auch von Andy Junior erzählt – dass er in Hackensack im Polizeidienst war?

KATIE

Nein, davon hab ich nichts gesagt.

SIPOWICZ

Wie heißt der Beamte? Wann war das?

KATIE

Vor neun Wochen.

SIPOWICZ

(erschrocken)

Neun Wochen? Wann ist die Verhandlung, Katie?

KATIE

Heute Nachmittag.

Er starrt sie entgeistert und zugleich wütend an.

KATIE (WEITER)

(sich entschuldigend)

Es war mir so peinlich, zu dir zu kommen.

SIPOWICZ

War es dir auch zu peinlich, dir einen Anwalt zu nehmen?

KATIE

Ich hab gehofft, du könntest das alles verhindern.

Er schlägt mit der Hand auf den Tisch –

SIPOWICZ

Wie zum Teufel hätte ich das verhindern sollen, wenn du's mir nicht sagst?

Sein längst vergessener Zorn über ihre Ängstlichkeit und Unsicherheit bricht aus ihm heraus. Sie wimmert, wie sie das schon immer tat, wenn er losbrüllte oder auf den Tisch schlug.

KATIE

Oh, Andy.

– 11 –

Er schaut auf das Häufchen Elend, greift sich an die Stirn, blickt weg –

SIPOWICZ
Hast du die Unterlagen dabei?

Wie abwesend holt sie verschiedene Schriftstücke aus ihrer Handtasche. Er wirft einen Blick darauf, dann –

SIPOWICZ (WEITER)
Trink deinen Kaffee. Ich seh mal, was ich tun kann.

KATIE
Ist es dir nicht unangenehm, wenn ich hier bleibe?

SIPOWICZ
Trink deinen Kaffee!

Off Katie, während Sipowicz hinausgeht –

12 INNEN – POLIZEIREVIER – WEITER 12

Medavoy und Martinez an dessen Schreibtisch. Sie schauen kaum auf, als Sipowicz aus dem Pausenraum kommt und sich mit einer brüsken Bewegung an seinen Platz setzt. Nach einer Pause –

MEDAVOY
Ich sag dir, James, so fertig hat mich lang nichts mehr gemacht.

MARTINEZ
Und mich kotzt die Arbeit an wie selten.

Sipowicz wirft einen Blick auf Katies Unterlagen, greift zum Hörer.

Inzwischen ist MICHAEL WOLFF, 28, eingetreten, in Sportjacke und Freizeithose. Er hat einen Aktenordner dabei.

WOLFF
(zu Dolores)
Ich heiße Michael Wolff. Ich muss einen Beamten sprechen.

DOLORES
Einen Moment.

Dolores schaut auf die Anwesenheitstafel und geht zu Medavoy an den Schreibtisch.

– 12 –

DOLORES (WEITER)
Eigentlich ist Sipowicz dran, aber seine Exfrau ist da –

MEDAVOY
Was will der Mann?

DOLORES
Hat er nicht gesagt.

MEDAVOY
Ich meine, ist es denn dringend?

Dolores, nicht weniger besorgt um Simone als die anderen auch, reagiert leicht ungehalten.

DOLORES
Er hat nichts gesagt. Es sieht aus, als hätte er ein blaues Auge. Ich weiß aber nicht, ob das damit zusammenhängt.

MEDAVOY
Okay.

Martinez wirft seinem Kollegen einen mitfühlenden Blick zu, als dieser sich mit einem Seufzer erhebt.

13 NEUE EINSTELLUNG – SIPOWICZ 13

Ins Telefon –

SIPOWICZ
Ich heiße Sipowicz. Ich bin Detective im 15. Revier in Manhattan – Meine Exfrau hat von Ihnen ein Strafmandat bekommen, weil sie ein Stoppschild überfahren hat, am 8. September …

Medavoy tritt auf Wolff zu –

MEDAVOY
(zu Wolff)
Was kann ich für Sie tun?

WOLFF
Ich bin überfallen worden.

MEDAVOY
Aha.

Wolff deutet auf sein Auge –

– 13 –

WOLFF

Ich heiße Michael Wolff. Das hat mir der Sohn einer meiner Mieter verpasst, und jetzt hab ich endgültig die Nase voll.

MEDAVOY

Wollen Sie ihn anzeigen?

WOLFF

Das will ich allerdings.

MEDAVOY

Wegen dem Veilchen da?

WOLFF

Genau.

Medavoy muss die Hoffnung aufgeben, Wolff könnte sich einfach in Luft auflösen –

MEDAVOY

Okay, kommen Sie mit.

Während Medavoy Wolff zu seinem Schreibtisch bringt, hält die Kamera auf Sipowicz.

SIPOWICZ

(ungläubig ins Telefon)

Sie hat nichts gesagt, bis Sie auf dem Revier waren?
Sie hatten den Fall schon weitergeleitet?

(nickt beim Zuhören)

Nein, ich kann … ich glaub Ihnen auf's Wort.

(beschwichtigend)

Wissen Sie, unser Sohn war Polizist in New Jersey.
Er wurde im Dienst getötet – wenn sie wirklich zu viel getrunken hatte, würde es mich nicht wundern, wenn das der Grund war.

(reibt sich das Genick)

Wie auch immer. Hätten Sie was dagegen, wenn ich mich mit dem Staatsanwalt in Verbindung setze?

(Pause)

Das ist nett. Okay, vielen Dank.

Sipowicz legt auf, wählt Costas' Nummer –

SIPOWICZ (WEITER)

(kurz angebunden)

Kennst du jemanden bei der Staatsanwaltschaft in Seacaucus?

(MEHR)

– 14 –

SIPOWICZ (WEITER)

(hört zu, wird ärgerlich)

Ich hab dir gesagt, was ich darüber weiß –
Sie haben ihn dabehalten, es gibt eine Komplikation.

(hört zu)

Weil meine Ex sich einen Strafzettel eingehandelt hat,
wegen Alkohol am Steuer – klar? – und das sagt sie mir erst
drei Stunden vor der Verhandlung, und bevor du dich weiter
über meinen Ton beschwerst, lass dir gesagt sein,
dass ich ihr den Schlamassel ersparen will.
Also, kennst du jetzt jemanden in Seacaucus?

(Pause)

Okay, danke.

Er legt auf. Während des Gesprächs konnte man durch das Atriumfenster sehen, wie Katie den Pausenraum durch die hintere Tür verlässt und durch den Flur zur Treppe geht.

Nun steht Sipowicz auf und geht zum Pausenraum. Die Kamera folgt ihm, hält dann auf Medavoy und Wolff –

MEDAVOY

Bevor wir das jetzt offiziell machen, Mr. Wolff.
Haben Sie sich überlegt, wie sich eine Klage gegen
den Sohn auf die Bereitschaft seiner Mutter auswirkt,
weiterhin Miete zu zahlen?

WOLFF

Ich stehe kurz vor dem Abschluss meines Betriebswirtschafts-
studiums –

MEDAVOY

(Angeber!)

Ach ja.

WOLFF

Ich verwalte dieses Gebäude so lange, bis mein Onkel
entschieden hat, ob er in Florida leben will. Es interessiert mich
herzlich wenig, wie sich eine Klage gegen diesen Proleten auf
die Mietzahlungen seiner Mutter auswirkt.

Nachdem er den Pausenraum leer vorgefunden hat, kehrt Sipowicz ins Dienstzimmer zurück –

SIPOWICZ

Verdammter Mist!

– 15 –

Während er dies sagt, ist Wolff in Hörweite; Sipowicz geht in Fancys Büro –

14 INNEN – FANCYS BÜRO – WEITER 14

Fancy sitzt am Schreibtisch. Sipowicz kommt herein.

SIPOWICZ
Ich muss mal weg.

FANCY
Okay.

SIPOWICZ
Ich muss meine versoffene Exfrau suchen.

Sipowicz geht zur Tür, bleibt dann stehen –

SIPOWICZ (WEITER)
Ich brauch das Funktelefon.

Fancy nickt; Sipowicz nimmt das Funktelefon und geht –

15 INNEN – POLIZEIREVIER – WEITER 15

Er geht zur Tür, bleibt vor Dolores' Schreibtisch stehen.

SIPOWICZ
Ich hab das Funktelefon.

DOLORES
Okay.

SIPOWICZ
Nur falls meine Frau anruft, oder wenn von
der anderen Front was Neues kommt.

Dolores nickt. Sipowicz verlässt den Raum.

16 NEUE EINSTELLUNG – MEDAVOY UND WOLFF 16

Medavoy füllt ein Formular aus; Wolff verbessert den Namen des Mieters –

WOLFF
Ein »u«, kein »o«. Und zwei »l« – Bullinger.

Medavoy sieht Wolff abschätzend an, schüttelt den Kopf und lacht.

– 16 –

WOLFF (WEITER)
Was gibt's da zu lachen?

MEDAVOY
Gar nichts, Mr. Wolff.

WOLFF
Wir haben wohl nicht dieselbe Art von Humor.

MEDAVOY
Das ist mir eigentlich ziemlich egal. Lassen Sie uns einfach gemeinsam hier festhalten, wie der Bursche Sie geschlagen hat, als Sie bei seiner Mutter die Miete eintreiben wollten.

ABBLENDE

ENDE ERSTER AKT

– 17 –

## Analyse

Beginnen wir mit der Zuordnung der Storys: In Geschichte A geht es um Simones Tod, in Geschichte B um Sipowicz und seine Exfrau Katie und in Geschichte C um Medavoy und Wolff. Solange es nur um die Klassifizierung der Storys geht, reichen diese wenigen Stichworte aus. Wenn Sie allerdings Ihr eigenes Drehbuch erstellen, sollten Sie aussagekräftige Loglines formulieren. So stellen Sie sicher, dass Ihre Storys einen dramaturgischen Bogen und vor allem genügend Konfliktpotenzial haben. Für die vorliegenden drei Geschichten könnte man zum Beispiel folgende Loglines entwerfen:

Geschichte A: Simone wehrt sich gegen den nahenden Tod, bis er sein Leben noch einmal Revue passieren lässt und sich mit seinem Schicksal aussöhnt. Auch Simones Frau Diane Russell, Sipowicz und seine Kollegen reagieren mit Abwehr und Zorn auf Simones Zustand, ehe sie ihn akzeptieren.

Geschichte B: Als Sipowicz mit der hilflosen, angetrunkenen Katie konfrontiert wird, muss er seinen Groll und seine Schuldgefühle überwinden, ehe er ihr helfen kann.

Geschichte C: Medavoys Geduld wird auf eine harte Probe gestellt, als er sich mit der Anzeige eines arroganten Schnösels auseinandersetzen muss.

Beachten Sie, dass in allen drei Loglines die Hauptfiguren im Zentrum stehen, obwohl zwei Gastdarsteller (Katie und Wolff) die Handlung vorantreiben.

### Der Prolog

Der Prolog hat ausschließlich die A-Story zum Thema, obwohl er aus mehreren Szenen besteht (Szenentitel 1 bis 7). Wenn man einen so bedeutenden Prolog wie diesen konzipiert, sollte man zunächst eine kleine Story Outline erstellen und darauf achten, dass die Spannung stetig ansteigt. Listen Sie die wichtigsten Handlungsabschnitte des Prologs auf.

Fertig?

Hier sind sie:

- Die erwartungsvollen Detectives streiten sich um den besten Platz.
- Die erste Wende: Russell entdeckt einen eitrigen Wundausfluss.
- Sipowicz ersinnt eine List, um etwas Neues über Simone in Erfahrung zu bringen.
- Dr. Swan bestätigt, dass es Komplikationen gibt.
- Sipowicz findet es heraus und ist schockiert.
- Sipowicz und Russell weihen die Detectives ein, die daraufhin tief beunruhigt die Klinik verlassen.

Diese sechs Szenen führen in schnellem Tempo in die Story hinein, wobei ein typisches Muster des Spannungsaufbaus benutzt wird: Ahnung – Erwartung – Überraschung. Die Zuschauer werden dazu gebracht, eine bestimmte Entwicklung zu *erahnen*, so dass sie das weitere Geschehen gespannt verfolgen. Im Laufe der Handlung werden aus diesen *Ahnungen* schließlich konkrete *Erwartungen*. Doch dann werden die Zuschauer von einer unerwarteten Wendung *überrascht*, und ein neuer Spannungsbogen setzt ein. Wie der vorliegende Prolog eindrucksvoll veranschaulicht, lässt sich mit diesen einfachen Mitteln eine fesselnde Szenenfolge entwickeln.

Bemerkenswert ist auch die Verwendung humoristischer Elemente in dieser eher tragischen Episode. Eine uralte Regel unseres Handwerks besagt: Tragik lässt sich durch Komik steigern. Shakespeare setzte in seinen großen Tragödien Hofnarren und Possen ein, um das Publikum zum Lachen zu bringen. Die Episode beginnt mit einer witzigen, ja fast albernen Szene: Sipowicz und seine Kollegen rangeln um den besten Platz im Wartezimmer des Krankenhauses. Und im ersten Akt tritt dann ein Narr wider Willen in Gestalt von Mr. Wolff auf. Sehen wir uns nun den ersten Akt genauer an.

## Erster Akt

Der erste Akt beginnt mit Geschichte B (Szenentitel 8 bis 12), in der es um Sipowicz und seine Exfrau Katie geht. Sipowicz, der von den Neuigkeiten über Simones Gesundheitszustand noch ganz niedergeschmettert ist, wird gleich zu Anfang mit einer Situation konfrontiert, die ihn zusätzlich unter psychischen Stress setzt. Von einer humoristischen Auflockerung (Comic Relief) kann hier also keine Rede sein. Warum haben die Autoren ausgerechnet diesen Einstieg in den ersten Akt gewählt?

Dafür gibt es verschiedene Erklärungen: Obwohl Simones lebensbedrohliche Erkrankung ein hochdramatisches Thema ist, können die Hauptfiguren nicht aktiv in die Handlung eingreifen. Selbst Simone und Russell agieren kaum, sondern durchleben hauptsächlich innere Konflikte; ihr Verhalten wird von ihren Gedanken und Gefühlen bestimmt. Indem Sipowicz sich mit Katies greifbaren Problemen auseinandersetzt, kann er die Ohnmachtsgefühle bekämpfen, die ihn seit dem Krankenhausbesuch lähmen.

Katies Notlage gibt Sipowicz die Möglichkeit, seine Sorge um Simone, seine Bestürzung und seinen Zorn in Handlung umzusetzen. Es ist ein charakteristischer Wesenszug des Detectives, dass er auch vor dem verabscheuungswürdigsten Verbrechen, ja selbst dem Tod, nicht kapituliert – mag er noch so oft scheitern. Wenn er Simone schon nicht retten kann, so kann er wenigstens Katie helfen.

Finden Sie weitere Gründe dafür, weshalb die B-Story ein wirkungsvoller Einstieg in den ersten Akt ist. Überlegen Sie auch, warum man gerade diese Geschichte für die Episode ausgewählt hat.

Beachten Sie die fließenden Übergänge zwischen den Szenen auf der Polizeiwache. In unserem ersten Skriptbeispiel waren die einzelnen Szenen recht klar voneinander zu trennen. Hier haben wir es dagegen mit mehreren parallel ablaufenden Handlungen zu tun, die miteinander verwoben sind. Während beispielsweise Sipowicz kurz vor Szenentitel 10 seine Exfrau in den Flur hinausbringt, sehen wir, wie Medavoy und Martinez die Treppe heraufkommen. Auf diese Weise wird der Blick des Zuschauers kurz auf die anderen Hauptfiguren und ihre Aktivitäten gelenkt. Da die Kamera Sipowicz und Katie folgt, bleibt unsere Aufmerksamkeit auf die beiden

Hauptakteure gerichtet, während wir jedoch gleichzeitig das übrige Geschehen im Raum registrieren.

Ähnliches kann man unter Szenentitel 12 beobachten: Während Sipowicz an seinen Schreibtisch zurückgeht, setzt Geschichte C (Medavoy und Wolff) ein. In der nächsten Szene (Szenentitel 13) werden die B- und die C-Story sogar miteinander verzahnt. Die Handlungsebenen überlagern sich: Während Medavoy mit Wolff zu seinem Schreibtisch geht, hält die Kamera auf Sipowicz, der gerade telefoniert; während Sipowicz spricht, sehen wir im Hintergrund, wie Katie sich heimlich davonstiehlt. Als Sipowicz aufsteht und den Raum durchquert, schwenkt die Kamera zurück auf Medavoy und Wolff. Das ist eine anspruchsvolle, elegante Methode, um der Handlung Tiefe zu geben.

Diese Überlagerungstechnik – Szene auf Szene zur selben Zeit am selben Ort – können Sie auch in vielen anderen erstklassigen TV-Serien beobachten. Achten Sie einmal darauf. Wenn Sie Ihre eigene Episode entwickeln, würde ich Ihnen allerdings empfehlen, Ihre Storys zunächst einmal unabhängig voneinander zu konzipieren. Erst wenn Sie die Story Outline erstellt haben und mit der ersten Drehbuchfassung beginnen, sollten Sie die Geschichten miteinander verweben. (In Kapitel 4 erfahren Sie mehr zu dieser Technik.)

## Die nächsten Schritte

Lesen und analysieren Sie möglichst viele gute Drehbücher. Wählen Sie ein breites Spektrum an Serien aus. Wenn Sie die Skripts genau studieren, können Sie eine Menge über das Handwerk des Drehbuchschreibens lernen.

Falls Sie sich die Episoden, aus denen unsere Skriptbeispiele stammen, einmal ansehen möchten, können Sie sich zumindest die Folge »Brieftauben-Bobby« (Staffel 2, Folge 27) auf DVD besorgen. Die sechste Staffel (Folge 5: »Das letzte Signal«) liegt weder in deutscher noch in englischer Fassung auf DVD vor. Wenn Sie sich mit dem dramaturgischen Aufbau erfolgreicher TV-Serien intensiv beschäftigt haben, können Sie mit dem Schreiben Ihres eigenen Drehbuchs beginnen. Die wichtigsten Arbeitsschritte erläutere ich im nächsten Kapitel.

## Zusammenfassung

Viele (aber nicht alle) Fernsehserien arbeiten mit abgeschlossenen Parallelhandlungen. In der Regel handelt es sich dabei um drei Geschichten, die man als A-, B- und C-Story bezeichnet; es können aber auch mehr sein. Im Zentrum der Geschichten steht meist eine der Hauptfiguren.

Eine Szene dauert gewöhnlich maximal zwei Minuten. Eine klassische Network-Episode hat vier Akte, wobei ein Akt sechs bis sieben Szenen enthält. Bei einer einstündigen Folge ergibt das insgesamt etwa 28 Szenen. Schnelle, dialogbetonte Episoden haben mehr Szenen pro Akt, handlungsbetonte eher weniger. Eine Folge mit fünf oder sechs Akten kann nur aus 20 Szenen bestehen.

Der Prolog bietet einen Einstieg in die Episode. Er kann in eine oder mehrere Storys einführen.

Wenn Sie eine gut gemachte Serie mithilfe des Schemas untersuchen, können Sie ihre Struktur mit einem Blick erkennen.

Eine gelungene TV-Serie beruht auf den gleichen dramaturgischen Prinzipien wie jede andere hochwertige Filmproduktion.

# 4 Wie man eine Episode schreibt

## Stimmen hören

»Die Trompete an den Lippen, lauschte er, wie die Töne von Giebel zu Giebel getragen wurden, bis er den Rhythmus ihrer Echos erkannte. Auf diesem Rhythmus hatte er seine Musik aufgebaut. Man nannte ihn ein Genie, doch er hatte nichts weiter getan als zugehört.«

Diese Zeilen stammen aus einer Kurzgeschichte, die ich als College-Studentin schrieb. Damals glaubte ich, dass ein Musikstück bereits existiert, bevor man es niederschreibt, ebenso wie eine Skulptur schon vorhanden ist, ehe sie aus einem Marmorblock herausgeschlagen wird. Und ich glaubte auch – und jetzt kommen wir zum eigentlichen Thema –, dass literarische Figuren außerhalb der Literatur existieren, dass sie ein Eigenleben führen, das weit über das hinausreicht, was ein Roman oder ein Film erzählen kann. Die Figuren sprechen zu uns. Wir müssen nur zuhören.

So wie ein Surfer auf die richtige Welle wartet, müssen Sie auf Ihre Figur warten: Konzentriert und geduldig ausharren, bis eine unsichtbare, gewaltige Macht sie emporträgt.

Okay, ganz so einfach ist es natürlich nicht. Figuren »einfangen« ist manchmal so mühsam wie Fliegen fangen.

Wer an einem Drehbuch arbeitet, hört zuweilen ganz andere Stimmen: »Soll es gut werden, oder soll es bis Freitag fertig sein?« Selbstverständlich beides!

Die Stimme des ersten Studiochefs, für den ich je arbeitete, klingt mir heute noch in den Ohren. Frisch von der Ostküste eingetroffen, hatte ich einen Job in der Projektabteilung eines Filmstudios an Land gezogen. Ich legte meinem Chef das Drehbuch einer New Yorker Freundin vor und pries es in aller Unschuld als »schön«, womit ich dem Projekt nichtsahnend den Todesstoß versetzte. Ich sehe ihn noch vor mir, wie er über seine qualmende Zigarre hinweg brüllte: »Was soll ich mit dem Scheiß?« Er boxte mit den Fäusten in die Luft wie Norman Mailer. »Ich will Action! Mann gegen Mann! Kapiert?« Dann fuchtelte er mir mit den Fingern vor der Nase herum. »Bringt das Skript hundert Millionen? Wissen Sie das, hä? Kommen Sie erst wieder, wenn Sie genau wissen, dass es hundert Millionen bringt.« Ein schlechter Witz. Niemand kann wissen, ob ein Film auch nur einen Cent einspielt. Aber das war mir damals noch nicht klar.

Ich hängte den Job bald an den Nagel und begann mit dem Drehbuchschreiben. Die geschmähte New Yorker Autorin bekam den Pulitzerpreis, und der große Boss wurde reicher als wir beide zusammen.

*Und was hat das mit den Stimmen zu tun?*

Sie melden sich nicht einfach von selbst. Man muss ihnen manchmal auf die Sprünge helfen.

Mein Metier sind TV-Serien. Ich hatte das Glück, von einigen hervorragenden Filmemachern zu lernen, die ihre Teams anspornten, über echte Menschen zu schreiben, statt nur auf Lacher oder Überraschungsmomente abzuzielen. Nur eine Fernsehserie bietet die Möglichkeit, menschliche Schicksale über viele Episoden hinweg zu schildern. Ganz unmittelbar, hautnah und packend, so dass es den Zuschauer in einen Sog zieht, der so mächtig sein kann wie ein reißender Fluss. Doch wir alle wissen, wie seicht und trübe es am Ufer werden kann.

Als ich noch am Anfang meiner Laufbahn stand, arbeitete ich an einer dieser Nullachtfünfzehn-Serien mit, bewegte mich also in ziemlich seichten Gewässern. Der Teamchef hielt sich bei der Konzeption der Episoden so eng an die Vorgaben des Genres, dass die Hauptakteure nur noch wie Schachfiguren hin- und hergeschoben wurden. Und ich hatte die undankbare Aufgabe, den zum Klischee erstarrten Figuren ein wenig Leben einzuhauchen. Wenn Sie Ihr Handwerk beherrschen, machen Sie das jedoch mit links. Tun Sie einfach so, als ob. Es ist wie in einer abgekühlten Liebesbeziehung – allerdings auf die Dauer auch genauso tödlich.

Als ich etwa die Hälfte des Drehbuchs geschrieben hatte, überraschte mich eine Figur mit einem Satz, der nur von ihr selbst stammen konnte. In dem Moment, in dem ich ihre Stimme hörte, nahm sie Gestalt an. Und sobald ich sie vor mir sah, erwachten auch die anderen Figuren zum Leben, so dass ihre Welt immer greifbarer für mich wurde. Wenn Sie erst einmal an diesem Punkt angelangt sind, wollen Sie nicht mehr zurück.

Natürlich weiß ich auch sehr gut, wie es ist, mit Koffein vollgepumpt und Angstschweiß auf der Stirn vor dem leeren Bildschirm zu sitzen. Man weiß alles über eine Figur und kann sie doch nicht zum Leben erwecken. Man weiß genau, was in einem Akt passieren muss, aber die Story kommt einfach nicht in Gang. Doch eines habe ich gelernt: Unser handwerkliches Rüstzeug ist der Rettungsring, an dem wir uns festklammern können, wenn uns jede Inspiration im Stich lässt.

Dieser kleine Vorspann sollte Ihnen die eigentliche Quelle unseres künstlerischen Schaffens vor Augen führen. Doch nun wenden wir uns dem Handwerkszeug zu, ohne das auch die genialste Idee ihren Weg nicht aufs Papier findet.

## Wie Sie Ideen entwickeln

Ganz gleich, ob Sie ein Probeskript entwerfen oder als Mitglied eines Schreibteams ein Episodenkonzept entwickeln, es gelten dieselben Grundregeln: Erstens, Ihre Story muss sich für das Medium Fernsehen eignen; zweitens, sie sollte sich in die jeweilige Serie einfügen; drittens, die zentralen Elemente Ihrer Geschichte müssen sich in sichtbare Handlung umsetzen lassen, und viertens, Sie sollten Ihre eigenen Erfahrungen und Kenntnisse in die Story einbringen.

Storys, die sich fürs Fernsehen eignen, müssen unmittelbar und authentisch wirken, wie ich es in Kapitel 1 erläutert habe. Die Geschichten sollten deshalb von den Figuren leben und möglichst viel Raum für Dialoge lassen.

Um einen Stoff zu finden, der zu einer bestimmten Serie passt, müssen Sie sich so viele Episoden angesehen haben, dass Sie die Stimmen der Figuren förmlich hören können. Darüber hinaus sollten Sie sich über die Handlungsquellen, das Tempo und den Stil der Serie im Klaren sein.

Wie Sie wissen, sind äußere Handlungen das A und O jedes Drehbuchs, ob für Spielfilm oder Serie. Sie sollten deshalb Ihre Geschichte auf sichtbaren Ereignissen aufbauen. Das klingt vielleicht banal, doch ich habe schon sehr begabte Studenten erlebt, die sich ganz auf das Innenleben ihrer Figuren konzentrierten und dabei völlig vergaßen, dass man die Persönlichkeit einer Figur durch Handlungen sichtbar machen muss.

Welche neuen Ideen steuern Sie zur Serie bei? Zunächst sollten Sie wissen, dass der Serienchef über die zentralen Handlungsbögen einer Staffel entscheidet. Das heißt für Sie, dass Sie in die episodenübergreifenden Storys nicht zu stark eingreifen dürfen und bereits bestehende Beziehungen zwischen den Figuren berücksichtigen müssen. Es wäre also naiv, für die Serie *Gilmore Girls* eine Episode zu entwerfen, in der Lorelai Gilmore heiratet, oder sich für die Krimiserie *Monk* eine Story auszudenken, in der Monk von seinen Zwangsneurosen geheilt wird. Entwickeln Sie keine Episoden, in der sich die Hauptfiguren oder die Handlungsbögen gravierend verändern.

Greifen Sie stattdessen auf eigene Erlebnisse zurück oder auf Ereignisse, von denen Sie gehört oder gelesen haben. Lassen Sie diese in der fiktiven Welt der Serie wieder lebendig werden. Wenn Ihnen das schwerfällt, kann ich Sie trösten: Das geht nicht nur Ihnen so. Selbst Aaron Sorkin, Autor von *The West Wing*, *Sports Night* und Filmen wie *Eine Frage der Ehre*, hat manchmal Schwierigkeiten, einen Anfang zu finden. In einem Seminar der Writers Guild Foundation 2004 gestand er freimütig seinen Zuhörern: »Es ist schon quälend, neue Stoffe zu entwickeln. Aber damit fängt nun mal jedes Projekt an. Tag für Tag brütet man Ideen aus, die man sofort wieder verwirft; in meinem Kopf läuft dann der schlechteste Film ab, den die Welt je gesehen hat. Grottenschlechte Ideen, die absolut unbrauchbar sind. Man fühlt sich total unfähig.«

Bei solchen inneren Blockaden kann die Recherche helfen. Manche Autoren haben sich eine Mappe mit Ausschnitten aus skurrilen Magazinen und Lokalblättchen angelegt; andere durchforsten das Internet oder ziehen Bücher zurate. Wenn Sie beispielsweise eine Folge für *CSI* planen, könnten Sie sich über neueste mikroskopische Analyseverfahren informieren. Wenn Sie für *Carnivàle* recherchieren wollen, könnten Sie sich mit dem Sektenwesen in den 1930ern näher befassen. Und wenn Sie nach einer Idee für *Law & Order* suchen, könnten Sie sich durch die Tagespresse inspirieren lassen und ein juristisches Problem aus einem neuen Blickwinkel darstellen. Natürlich ist es damit allein nicht getan. Eine spannende Materialsammlung macht noch keine Geschichte. Aber sie kann Ihre schöpferische Energie freisetzen.

Für welches Thema Sie sich auch entscheiden, achten Sie darauf, dass Sie es in die Lebenswelt der Hauptfiguren einbetten. Das ist von entscheidender Bedeutung. Viele machen den Fehler, einen Gastdarsteller ins Zentrum ihrer Geschichte zu stellen. Ich rate Ihnen deshalb dringend: Schreiben Sie keine Geschichte, die auch ohne die Hauptfiguren auskommen kann. Wenn Ihre Story ebenso gut als eigenständiger Film funktionieren könnte, ist sie für eine Serienepisode unbrauchbar.

Lassen Sie mich diesen wichtigen Aspekt anhand eines Beispiels veranschaulichen: Nehmen wir einmal an, Sie planen eine Episode für eine Serie über zwei Kriminalbeamtinnen namens Jane und Sally und sind auf eine Zeitungsnotiz über eine Fassadenkletterin gestoßen, die Manolo-Blahnik-Schuhe stiehlt. Sie haben also Ihren Stoff gefunden.

Der falsche Ansatz wäre nun allerdings eine Story mit der folgenden Logline: Die Freeclimberin Portia Pedi klettert nachts am Trump Tower hinauf, um die teuersten Stöckelschuhe der Welt zu stehlen, aber Jane und Sally machen ihr einen Strich durch die Rechnung.

Besser wäre eine Logline wie diese: Jane muss ihre Höhenangst überwinden, als sie mitten in der Nacht auf dem Dach des Trump Tower steht und Sally rettet, die sich in der Gewalt einer Fassadenkletterin befindet. Gemeinsam können die beiden Ermittlerinnen verhindern, dass die Diebin die teuersten Stöckelschuhe der Welt stiehlt.

Erkennen Sie den Unterschied? Im ersten Beispiel steht die Gastdarstellerin im Zentrum der Handlung und drängt die Hauptfiguren in eine passive Rolle. In der zweiten Version wird die Story aus dem Blickwinkel der Hauptakteurinnen erzählt. Es sind ihre Entscheidungen und Handlungen, die den Gang der Ereignisse bestimmen.

Wenn Sie einen Stoff für Ihre Probe-Episode gefunden haben, formulieren Sie eine Logline. Das ist nicht ganz einfach, denn Sie müssen den gesamten Handlungsbogen kennen, ehe Sie Ihre Geschichte in einem einzigen Satz wiedergeben können. Tun Sie es trotzdem, auch wenn es Ihnen schwerfällt. Erst wenn Sie sich über den zentralen Konflikt Ihrer Story im Klaren sind, haben Sie einen Plot.

Wenn Ihre Serie auf einer A-Story aufbaut, können Sie nach Erstellung der Logline den nächsten Arbeitsschritt in Angriff nehmen – vorausgesetzt, Ihre Geschichte enthält genügend Material für etwa 28 Szenen. Wenn die Serie mit drei oder mehr Storys arbeitet, müssen Sie natürlich auch für diese eine Logline entwerfen. Erst dann können Sie mit der eigentlichen Arbeit beginnen.

## Wie Sie Ihre Story gliedern

Als Nächstes müssen Sie Ihre Geschichte in einzelne Handlungsabschnitte gliedern und die wichtigsten Wendepunkte bestimmen. Bei einer Serienepisode kommt es darauf an, dass jeder Akt vor der Werbepause mit einem wirkungsvollen Cliffhanger abschließt, während der Spannungsbogen von der Eröffnungsszene im Prolog (oder ersten Akt) bis zur Auflösung im vierten Akt erhalten bleibt.

Unterschätzen Sie diesen Arbeitsschritt nicht. Selbst erfahrene

Autorenteams verbringen Stunden, wenn nicht gar Tage mit der Gliederung ihrer Storys. Bevor Sie Ihre Geschichte in Akte gliedern, beantworten Sie sich die folgenden Fragen:

Ist Ihre Story glaubwürdig? Was würden ganz normale Menschen in den geschilderten Situationen tun? Erzwingen Sie bestimmte Abläufe durch konstruierte Handlungen, oder ergeben sich die Verhaltensweisen der Figuren folgerichtig aus einer Gefahrensituation oder einem Konflikt? Sind sie authentisch?

Ist Ihre Story fesselnd? Ist es Ihnen wichtig, ob Ihre Figuren erfolgreich sind? Sind die Ziele des Protagonisten klar und wichtig genug, so dass die Zuschauer mitfiebern? Kann sich das Publikum mit den Figuren identifizieren?

Wenn Sie mit Ihrem Konzept soweit zufrieden sind, können Sie die Strukturierung in Angriff nehmen und die Grundelemente der Story ausarbeiten. Am einfachsten dürfte Ihnen die Eröffnungsszene fallen, da es hier um das zentrale Ereignis oder Thema geht, das Sie für die Episode ausgewählt haben. Für den Einstieg bieten sich verschiedene Möglichkeiten an: Sie können beispielsweise zeigen, wie die Pläne der Hauptfigur durch einen Gastdarsteller durchkreuzt werden oder wie die Hauptfigur mit einem Problem oder inneren Zwiespalt ringt. Sie könnten auch einen Gastdarsteller auftreten lassen, der den Grundkonflikt der Episode vorstellt.

Aaron Sorkin berichtete in seinem Drehbuchseminar, wie er an ein Episodenskript herangeht: »Bei *The West Wing* habe ich für die ersten eineinhalb Seiten eine Idee, mehr nicht. Wenn ich weiß, was auf den ersten eineinhalb Seiten passiert, dann habe ich zwar noch einen langen Weg vor mir, aber immerhin kann ich in der Ferne schon die Zielflagge sehen.«

Wenn Sie sich mit dem Einstieg schwer tun, schließen Sie die Augen und konzentrieren Sie sich auf irgendein Detail: die Stimme einer Figur, ein Schauplatz, eine Tatortbesichtigung, ein medizinischer Notfall oder eine problematische Beziehung. Wenn Sie sich in die Welt der Figuren einfühlen, bekommen Sie ein Gespür dafür, wie sich die Story realistisch weiterentwickeln könnte.

Auch die Schlussszene dürfte Ihnen nicht allzu schwerfallen.

Möglicherweise steht der Ausgang Ihrer Story schon von Anfang an fest. Zu Beginn wird eine Leiche gefunden, und am Ende stellt sich heraus, dass der Mörder dieselbe Person ist, die den Leichenfund gemeldet hat, oder auch der sympathische Zeuge oder die heimliche Geliebte. Wichtig ist, dass die Auflösung der Story durch die Entscheidungen und Handlungen der Hauptfigur herbeigeführt wird. Die persönliche Entwicklung des Protagonisten steht im Vordergrund, nicht die Lösung eines Kriminalfalls, die Heilung einer Krankheit oder die Bewältigung einer Lebenskrise. Selbst wenn der Schluss bereits feststeht, müssen Sie einen Weg dorthin finden, und darin besteht die eigentliche Kunst des Erzählens.

Ein weiteres zentrales Handlungselement ist das Krisenmoment der Story am Ende des dritten Akts. Wie Sie sich bestimmt erinnern, versteht man darunter ein Hindernis, das sich dem Protagonisten in den Weg stellt, oder ein Rückschlag oder auch nur ein erfolgreicher Schachzug des Antagonisten; es muss nicht unbedingt ein tragisches Ereignis sein. Wenn wir unsere Serie über Jane und Sally als Beispiel nehmen, dann wäre die Krise der Moment, in dem die unter Höhenangst leidende Jane auf das Dach treten muss, um Sally zu retten. Denn nun ist nicht nur Sally in Gefahr, sondern auch Jane, die ihre Panik niederringen und mit zitternden Knien hinaussteigen muss, um ihre Partnerin zu retten. Das ist der Cliffhanger am Ende des dritten Akts.

Nehmen wir ein anderes Beispiel: Ein Chirurg glaubt, dass seine Frau ihn nicht mehr liebt, und versucht alles, um ihre Liebe zurückzugewinnen. In der aktuellen Episode muss er eine heikle Operation durchführen, während draußen ein heftiger Regen niedergeht. Aus dramaturgischer Sicht bestünde das krisenhafte Ereignis in der Zurückweisung durch seine Frau und nicht darin, dass sein Patient stirbt oder die Straßen unter Wasser stehen.

Wenn Sie entschieden haben, worin das Krisenmoment im dritten Akt besteht, ist die Grundstruktur Ihrer Episode so gut wie fertig. Nun können Sie noch die unmittelbar davorliegenden Szenen entwerfen, indem Sie zeigen, wie die Figuren in die Krise geraten. Dann sind Sie schon ein großes Stück vorangekommen.

Als Nächstes müssen Sie die Cliffhanger am Ende des ersten und zweiten Akts bestimmen. Dabei wäre es hilfreich, die Rolle des Antagonisten auszubauen. Wenn er im ersten Akt eingeführt wurde, könnte er im zweiten aktiv werden. Wie Sie wissen, sieht es am Ende des dritten Akts so aus, als hätte er die Oberhand gewonnen. Versuchen Sie nun, in die beiden vorhergehenden Akte ein Überraschungsmoment einzubauen. Am Ende des ersten Akts könnte der Protagonist beispielsweise entdecken, dass er seinen Widersacher unterschätzt hat, und gezwungen sein, sich zur Wehr zu setzen. Im zweiten Akt könnte der Antagonist dann weniger gefährlich wirken als erwartet, oder Ihre Figuren könnten einer falschen Spur folgen. Möglicherweise glauben sie auch, sie hätten ihr Ziel erreicht, bis am Ende des zweiten Akts der Antagonist (oder das Problem oder Hindernis) wieder auftaucht, bedrohlicher denn je.

Unsere Story über Jane und Sally könnte man folgendermaßen strukturieren: Im ersten Akt wird der Kriminalfall, ein rätselhafter Schuhdiebstahl, vorgestellt. Am Ende des Akts stellt sich heraus, dass der Dieb eine Fassadenkletterin ist und dass Jane aufgrund ihrer Höhenangst an dem Fall nicht mitarbeiten kann. Im zweiten Akt nimmt sich Sally deshalb allein der Sache an, während Portia bei ihren Raubzügen immer dreister vorgeht. Am Ende des zweiten Akts wird Sally von Portia als Geisel genommen, was letztlich eine Folge von Janes Phobie ist. Während die Situation im dritten Akt zu eskalieren droht, stellt sich heraus, dass nur Jane Sally retten kann, so dass sie am Ende des Akts gezwungen ist, auf das Dach zu steigen. Im vierten Akt erfolgt dann die Auflösung, die sich schlüssig aus der Krise entwickelt.

Auch wenn die Story natürlich etwas albern ist, lässt sich an ihr sehr anschaulich zeigen, wie man eine Episode sinnvoll gliedert. Ihre eigene Geschichte ist selbstverständlich viel subtiler und komplexer. Wenn Sie Ihr Grundgerüst erstellt haben, können Sie mit der Entwicklung der Szenen beginnen.

## Das Grundschema

Hier ist es also wieder, unser Vieraktschema. Wie Sie gleich sehen werden, kann es Ihnen nicht nur bei der Analyse fremder Skripts, sondern auch bei der Strukturierung Ihres eigenen Drehbuchs nützlich sein. Wenn Sie sich einen Überblick über die Hauptelemente Ihrer Story verschaffen wollen, tragen Sie diese in das Schema ein: Einstieg, Schluss, Krise, Aktende 1 und Aktende 2.

Ich rate Ihnen allerdings davon ab, dieses Schema in eine Drehbuchbesprechung mitzunehmen. Es ist nur für Ihren persönlichen Gebrauch bestimmt. Ich habe es für mich entwickelt, um in der frühen Planungsphase die gesamte Episodenstruktur im Blick zu haben. Wenn Sie mit dem Schema nichts anfangen können, legen Sie es zur Seite. Es kann aber gerade am Anfang hilfreich sein, wenn man vor dem leeren Blatt sitzt und einen Einstieg sucht. Machen Sie sich Kopien von dem Diagramm und wandeln Sie es nach Ihren Bedürfnissen ab, wenn Sie möchten.

**Schaubild 4.1 Einfaches Vieraktschema**

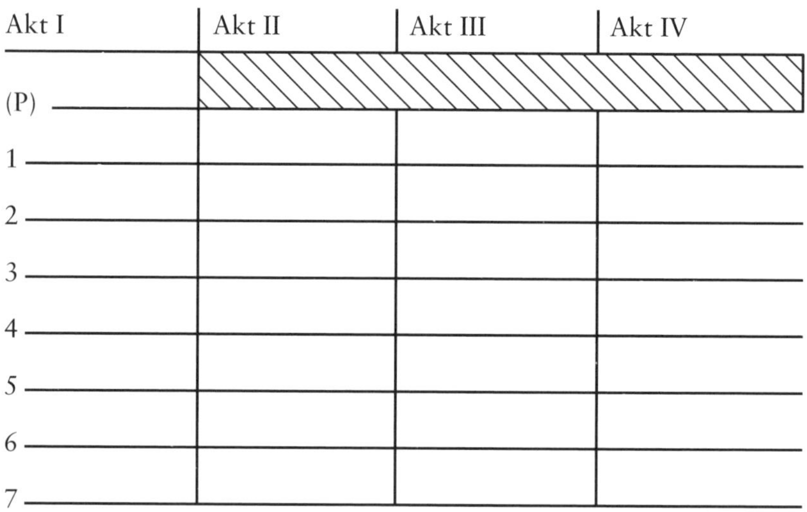

## Die Story Outline

Bevor Sie mit dem Schreiben des Drehbuchs beginnen, fertigen Sie eine Liste Ihrer Szenen an. Das setzt allerdings voraus, dass Sie sich über die genaue Reihenfolge der Ereignisse in Ihrer Story im Klaren sind.

Eine Story Outline wird auch einfach als Outline oder als Beat Sheet bezeichnet und sollte nicht mit einem Treatment verwechselt werden. Ein Treatment ist etwa um die Hälfte bis ein Drittel kürzer als das fertige Drehbuch und enthält eine in Prosaform gehaltene chronologische Darstellung des Handlungsablaufs mit allen Szenen und Szenenbeschreibungen sowie Hinweise auf Grundton und Stil – kurz: Es ist im Grunde das gesamte Drehbuch abzüglich der Dialoge.

Eine Story Outline dagegen ist eine chronologische Auflistung sämtlicher Szenen, deren Inhalt in einer Logline zusammengefasst wird. Diese könnte beispielsweise lauten: »Während Jane starr vor Angst am Rand des Dachs steht und verzweifelt versucht, Portia zur Herausgabe Sallys zu bewegen, erwidert diese höhnisch, sie solle sich Sally doch selber holen.« Eine Kurzformel für den persönlichen Gebrauch könnte auch lauten: »Jane auf dem Dach – Portia: Komm her und hol sie dir!«.

Die Story Outline ist Bestandteil der professionellen Drehbuchentwicklung und wird fast so gut bezahlt wie das Skript selbst. Wer eine Outline entwirft, hat einen vertraglichen Anspruch auf Namensnennung (Idee: …), denn schließlich hat er die Story konzipiert. Wenn Sie einen so genannten Stufenvertrag abgeschlossen haben und Ihre Outline bei Ihrem Auftraggeber durchfällt, kann dies das Ende Ihrer Zusammenarbeit bedeuten. Ist er jedoch gelungen, beauftragt man Sie mit dem ersten Drehbuchentwurf, was bedeutet, dass Sie auch das Skript schreiben werden.

Auch wenn Sie vorerst nur ein Probeskript entwerfen, empfehle ich Ihnen trotzdem, eine Story Outline zu erstellen. Eine Serienepisode ist eine komplexe Angelegenheit. Mit einer detaillierten »Marschroute« im Gepäck kommen Sie wesentlich leichter ans

Ziel, besonders, wenn Sie mit mehreren Parallelhandlungen jonglieren. Sie können sich natürlich auch auf handschriftliche Notizen beschränken und nur die allerwichtigsten Abläufe einer Szene festhalten. Ich persönlich habe jedoch die Erfahrung gemacht, dass mir die Ausarbeitung einer klassischen Story Outline eine Menge Zeit erspart. Da ich gezwungen bin, frühzeitig alle Szenen gründlich zu durchdenken, vermeide ich es, mich beim Drehbuchentwurf zu verzetteln, zu wiederholen oder gar Szenen zu schreiben, die ich später wieder streichen muss, weil sie die Handlung nicht vorantreiben. Wenn ich auf diese Weise frustrierende Rückschläge verhindern kann, ist es mir die Mühe wert.

## Wie Sie eine Story Outline erstellen

Wenn Sie eine Story Outline entwerfen, müssen Sie sich nicht chronologisch von Szene 1 bis Szene 28 durcharbeiten. Fangen Sie stattdessen mit dem Grundgerüst an und ergänzen Sie es nach und nach, bis die gesamte Struktur steht und Sie den Inhalt jeder Szene vor Augen haben. Sie können aber auch mit Karteikarten arbeiten, wie es viele Autoren tun. Sie sind ein wunderbares Hilfsmittel, weil sie uns in keiner Weise einschränken. Wenn Ihnen eine Idee nicht gefällt, sortieren Sie die Karte einfach aus. Stimmt die Reihenfolge nicht, arrangieren Sie die Karten um. Sie können ganz unsystematisch Ideen sammeln und Szenen kreieren, über deren endgültige Anordnung sie später entscheiden.

Es hat sich bewährt, für jede Story eine andere Farbe zu wählen. Wenn Sie alle Szenenkarten Ihrer gelben, grünen und blauen Geschichte chronologisch anordnen, sehen Sie auf einen Blick, ob Sie beispielsweise Ihre grüne Story im zweiten Akt vernachlässigt haben, ob Ihre blaue Geschichte im vierten Akt an Tempo gewinnt oder im dritten in den Hintergrund tritt (wogegen nichts einzuwenden ist, sofern Sie das beabsichtigt haben).

Wie Sie sich vielleicht erinnern, nehmen die verschiedenen Storys einer Serienepisode unterschiedlich viel Raum ein. Wenn Sie für eine einstündige Folge ungefähr 28 Szenen zur Verfügung haben und

Geschichte A im Zentrum stehen soll, könnten Sie für diese zwölf bis 16 Szenen veranschlagen; auf die B-Geschichte könnten dann acht bis zwölf Szenen entfallen und auf die C-Story die verbleibenden drei bis acht. Diese Angaben sind natürlich nur als Richtwerte zu verstehen. Es kommt vor allem darauf an, dass Sie bei Ihrer Planung die unterschiedliche Gewichtung Ihrer Storys im Auge behalten.

Nehmen wir an, Sie beginnen mit Ihrer A-Story. Entwerfen Sie für jede Szene, die Sie für Ihre Geschichte benötigen, eine Karte. Nun zählen Sie sie. Wenn es 40 sind, haben Sie ein Problem. Möglicherweise enthalten Ihre Karten keine vollständigen Szenen, sondern nur Szenenfragmente. Sollte dies der Fall sein, versuchen Sie möglichst viele dieser Fragmente zusammenzufassen, so dass zwischen zehn und 20 Karten übrig bleiben. Vielleicht ist Ihre Geschichte aber auch einfach zu lang für eine Episode. Konzentrieren Sie sich dann nur auf den Teil der Story, der den zentralen Konflikt enthält. Möglicherweise sind Sie aber auch zu weitschweifig oder halten sich mit der Vorgeschichte oder mit Nebenhandlungen auf. Welche Reparaturen auch nötig sind, stutzen Sie Ihre A-Story auf ein vernünftiges Maß zurück.

Was machen Sie, wenn Ihre Geschichte zu wenig Szenen hat? Möglicherweise enthalten Ihre Karten keine Szenen, sondern ganze Sequenzen. In diesem Fall sollten Sie diese in Handlungsabschnitte von etwa zwei Minuten Länge zerlegen. Aber vielleicht ist Ihre A-Geschichte einfach zu »mager«. Dann sollten Sie versuchen, sie mit einer weiteren, ergiebigeren Story zu verknüpfen. Es kann auch sein, dass Ihre A-Geschichte reichlich Material enthält, das Sie einfach nicht genügend ausgearbeitet haben. Auch hier müssen Sie beherzt nachbessern, um den gewünschten Umfang zu erreichen.

Sobald Sie die A-Story konzipiert haben, nehmen Sie sich die übrigen Geschichten vor und legen Sie ihre Struktur fest. Möglicherweise finden Szenen aus unterschiedlichen Storys zur selben Zeit am selben Ort statt (was Produktionszeit spart und damit auch Kosten senkt). Auch wenn Sie die Geschichten miteinander verflechten, können interessante Effekte entstehen: Aus einer Szenenfolge der B-Story ergibt sich ein Zeitsprung für Geschichte C, oder eine Szene der A-Story bildet einen thematischen Bezug zu Geschichte B. Seien Sie also offen für Änderungen, die sich beim Verknüpfen der Geschichten anbieten.

Wenn Sie die Szenenabfolge für alle drei Storys festgelegt haben, sehen Sie die Karten noch einmal durch und lassen Sie die Szenen wie einen Film vor sich ablaufen. Hören Sie in sich hinein. Wenn Sie sich langweilen, tun es die Zuschauer auch. Zögern Sie nicht, Ihr Konzept noch einmal zu ändern – es sind schließlich nur Karteikarten.

Sobald die Gesamtstruktur feststeht, können Sie mit der Erstellung der Story Outline beginnen. Orientieren Sie sich an dem folgenden Muster:

»Titel der Episode«

PROLOG

Fassen Sie den Prolog in ein paar Sätzen zusammen. Falls er nur aus einer Szene besteht, sollte diese in einem Absatz wiedergegeben werden. Der Text kann etwas ausführlicher und anschaulicher sein als alle weiteren Szenenbeschreibungen.

– Werden im Prolog mehrere Parallelhandlungen eingeführt, sollte jede in einem eigenen Absatz zusammengefasst werden.

– Enthält ein Prolog mehrere separate Szenen, sollten auch diese jeweils in einem eigenen Absatz wiedergegeben werden.

ERSTER AKT

1. AUSSEN – ORT – ZEIT

Alle Szenen werden durchnummeriert, wobei in jedem Akt wieder mit »1« begonnen wird. Dann folgt ein Szenentitel, wie im normalen Drehbuch auch, und als Szenenbeschreibung eine möglichst knappe Logline.

2. INNEN – ORT – ZEIT

Jeder Handlungsabschnitt einer Story ist eine Szene mit einem dramaturgischen Bogen. Jede Szene, selbst wenn sie nur eine Minute dauert, hat einen Protagonisten (eine Figur, die die Handlung vorantreibt), ein Ziel und einen Antagonisten oder ein Hindernis, das diesem Ziel im Wege steht. Aus dieser Konstellation ergibt sich ein Konflikt, mag er noch so subtil sein.

3. INNEN – GLEICHER ORT – SPÄTER
Eine Szene wird nicht nur durch ihren Zeitpunkt und ihren Schauplatz, sondern auch durch ihren Inhalt bestimmt. Wenn am selben Ort ein neuer Konflikt entsteht, beginnt eine neue Szene.
Wenn allerdings mehrere Geschichten in einer Szene zusammengeführt werden, sollte man den Wechsel zwischen den Handlungssträngen durch einen Zwischentitel kenntlich machen.

4. AUSSEN/INNEN – VERSCHIEDENE SCHAUPLÄTZE – TAG BIS NACHT
Eine Szene kann auch an mehreren Schauplätzen spielen, wenn sich beispielsweise zwei Figuren treffen, mit dem Auto an einen bestimmten Ort fahren, aussteigen und gemeinsam irgendwohin gehen. In diesem Fall sollten Sie, wie oben, einen übergreifenden Szenentitel verwenden; im Drehbuch allerdings nicht.

5. INNEN – POLIZEIREVIER – TAG
Ein Beispiel: Jane betritt mit sorgenvoller Miene den Raum, als Sally gerade mit Portia telefoniert und sich bereit erklärt, mit Jane zu ihr auf das Dach des Trump Tower zu kommen.

6. und 7. Jeder Akt sollte etwa eine Seite umfassen. Die Story Outline für eine einstündige Episode wäre dann etwa vier Seiten lang. Der Umfang kann je nach Tempo und Stil der Serie variieren.

Wenn Sie mit Hilfe des Musters Ort und Zeitpunkt Ihrer Szenen festlegen, bekommen Sie eine klarere Vorstellung vom Ablauf der Handlung. Das folgende Beispiel zeigt Ihnen, wie man es *nicht* machen sollte:

5. INNEN – POLIZEIREVIER – TAG
Jane, die auf der Fahrt zum Revier über ihre Höhenangst grübelt, hält unterwegs an, um Tauben zu füttern. Als sie einen Vogel streichelt und ihm zusieht, wie er davonfliegt, erschauert sie bei dem Gedanken, sie könne an seiner Stelle sein. In der Zwischenzeit erhält Sally einen Anruf von Portia, die auf dem Dach des Trump Tower ihre erbeuteten Schuhe anprobiert und Sally auffordert mit Jane vorbeizukommen. Sally fragt sich besorgt, ob Jane es wohl schaffen wird, mit ihr auf das Dach zu steigen. Als Jane hereinkommt, berichtet Sally ihr …

Grauenhaft, nicht? Vielleicht kennen Sie noch diese Suchbilder für Kinder, in denen kleine Details versteckt waren, die nicht in die Geschichte passten. Auch unser Beispiel enthält einige »Schnitzer«, die Sie zuerst aufspüren sollten, bevor Sie meine Kommentare lesen:

- Jede Szene sollte möglichst direkt auf den Konflikt oder das Problem hinführen. Statt zügig die Handlung voranzutreiben, wird mit Janes Reflexionen kostbare Filmzeit verschenkt.
- Tierszenen sind teuer und zeitaufwändig. Serienproduktionen leisten sich solche Szenen nur, wenn es für die Handlung unerlässlich ist.
- Obwohl die Szene laut Szenentitel auf dem Revier spielt, wird Jane an einem Außenschauplatz gezeigt. Natürlich könnten Sie dies in der Outline durch einen übergreifenden Szenentitel kenntlich machen, doch wenn sich der zentrale Konflikt tatsächlich auf dem Revier abspielen soll, verzichten Sie lieber ganz auf die Außenszene.
- Janes Höhenangst wird in der Szene nicht sichtbar. Wenn Sie diesen Aspekt nicht als Handlungselement ins Drehbuch einbauen können, gehört er auch nicht in die Outline. Sollte die Höhenangst dennoch thematisiert werden, müssen Sie diese sichtbar machen.
- Ein ähnliches Problem stellt sich bei dem Telefonat zwischen Sally und Portia. Wie soll den Zuschauern vermittelt werden,

dass Portia auf dem Dach ihre erbeuteten Schuhe anprobiert? Natürlich sollte die Figur Portias im Laufe der Story eingeführt werden. Wenn es an dieser Stelle geschehen soll, machen Sie es in der Outline deutlich, und geben Sie ihr einen eigenen Schauplatz. Andernfalls verzichten Sie ganz darauf, und schreiben Sie die Szene so um, dass Portias Stimme durchs Telefon zu hören ist oder dass man anhand von Sallys Antworten auf den Inhalt des Gesprächs schließen kann.

Auch wenn Sie Ihre Szenen mithilfe von Karteikarten oder handschriftlichen Notizen sorgfältig entworfen haben, können bei der Erstellung der Story Outline kleinere Probleme auftreten: Beispielsweise stellen Sie fest, dass Sie eine Szene als »Tagesszene« konzipiert haben, obwohl die vorangegangene und die nachfolgende Szene abends spielen. Sie können die Szene aber nicht einfach in eine Abendszene umwandeln, da sie am Arbeitsplatz der Figuren stattfindet. Können Sie sie an eine andere Stelle schieben? Oder könnte man die anderen beiden Szenen tagsüber spielen lassen? Falls ja, ändert das den Spannungsbogen? An welchem Tag spielt diese Szene überhaupt?

Sollten Sie auf die eine oder andere Ungereimtheit stoßen, lassen Sie sich nicht entmutigen. Es ist besser, in der Story Outline Korrekturen vorzunehmen als im fertigen Drehbuch.

## Verschiedene Arten der Story Outline

Nicht bei allen Produktionen werden detaillierte Outlines erstellt. Manchmal werden nur die Handlungsbögen entworfen, während die Ausarbeitung der Szenen demjenigen überlassen bleibt, der das Skript schreibt.

Ich hatte einmal einen Drehbuchauftrag für die Serie *A Year in the Life*, die ursprünglich als dreiteilige Miniserie geplant war, wegen ihres großen Erfolgs jedoch zu einer ganzen Staffel erweitert wurde. Die Reihe handelte von einer Familie in Seattle, die nach dem Tod der Mutter alleine zurechtkommen muss. Die Serienchefs

Josh Brand und John Falsey (die auch *Ausgerechnet Alaska* und *I'll Fly Away* konzipiert hatten) entwarfen für die gesamte Staffel Handlungsbögen, und da es sich um episodenübergreifende Plots handelte, mussten sich alle Folgen wie Puzzlesteinchen ineinanderfügen.

Die erste Outline, die Brand und Falsey mir aushändigten, konnte kaum als solche bezeichnet werden. Es war eher eine Art psychologische Skizze der handelnden Personen und enthielt so gut wie keine konkreten Hinweise auf einen Plot oder irgendwelche Ereignisse. Aber es handelte sich um eine sehr wichtige Episode der Staffel. In der A-Story macht der seit etwa einem Jahr verwitwete Familienpatriarch einer Ärztin einen Heiratsantrag und wird abgewiesen, da sie ihr unabhängiges Leben nicht aufgeben will. Die B-Story handelt von seiner Enkelin, die wegen Fahrens ohne Führerschein festgenommen wird. In der C-Story geht es um die Schwiegertochter, die sich ihren ersten Job sucht, und um eine Auseinandersetzung mit ihrem Mann. Es gab also durchaus ein Konzept für die Episode, doch die so genannte Outline gab wenig Aufschluss darüber, wie die Storys erzählt werden sollten.

Ein Handlungsabschnitt wurde folgendermaßen beschrieben: »Als der Sohn nach einem Streit mit seiner Frau in die Küche kommt, möchte er sich seinem Vater anvertrauen, bringt es aber nicht fertig. Der Vater, dessen Heiratsantrag gerade abgewiesen wurde, würde sich gerne aussprechen, hat aber ebenfalls Hemmungen. In dieser Szene sagt keiner von beiden, was in ihm vorgeht, aber trotzdem geben sie sich gegenseitig Halt.« Das war alles.

Die Aufgabe reizte mich sehr, doch bevor ich mit dem Schreiben der Szene anfangen konnte, musste ich mir eine Gliederung erstellen. Die Szene sollte spätabends in der Küche stattfinden. Beide Männer sind überrascht, den anderen dort anzutreffen, beide sind bemüht, sich keine Blöße zu geben. Ich entschied mich deshalb für einen subtilen Dialog, in dem keiner wirklich etwas preisgibt. Keine Verfolgungsjagden oder dramatischen Konflikte, sondern nur diese beiden Männer am Küchentisch, die ihr Innerstes voreinander zu verbergen suchen – eine Szene, die ihre ganze Spannung aus der

Tatsache bezieht, dass die Zuschauer genau Bescheid wissen. Das Schwierige an solchen Szenen ist, dass man Dynamik erzeugen muss, ohne auf eine äußere Gefahr oder Bedrohung zurückgreifen zu können; der Konflikt muss sich allein aus der Begegnung zwischen den Figuren ergeben, und die Widerstände, mit denen sie sich konfrontiert sehen, sind hauptsächlich psychologischer Natur.

Um diese kleine, aber hochkomplexe Szene zu entwerfen, notierte ich mir alle wichtigen Schritte im Handlungsablauf: das Betreten der Küche, der Griff nach der Milch im Kühlschrank, die Frage des Sohns nach den Heiratsplänen des Vaters, die erlösende Erwähnung der Football-Tickets, der vielsagende Seufzer des Vaters. Dieser minuziöse Ablaufplan, den niemand außer mir zu Gesicht bekam, erleichterte mir meine Arbeit ungemein.

Viele Autoren arbeiten mit Outlines, die weit detaillierter sind als die eben vorgestellte psychologische Skizze für *A Year in the Life*. Bei *Emergency Room* beispielsweise sind die Outlines zwar nicht durchnummeriert, aber jeder Handlungsabschnitt wird zu einer vollständigen Szene mit dramaturgischem Bogen ausgearbeitet. Wenn man bedenkt, wie kurz manche Szenen sind, ist das erstaunlich. Der folgende Auszug stammt aus der Story Outline für die Folge »Love's Labor Lost«, die mit einem Emmy ausgezeichnet wurde. Ich bedanke mich bei Warner Brothers, dem Produzenten John Wells und dem Drehbuchautor Lance Gentile für die Erlaubnis, ihn hier abzudrucken.

Episode 18

PROLOG: Sieben Uhr morgens

– ROSS und GREENE stehen in der Auffahrt zur Notaufnahme und werfen sich einen Football zu. Ein Krankenwagen rast vorbei; hinter der Scheibe sehen sie ein bekanntes Gesicht. »War das nicht Benton?« Ross springt nach einem Pass, als ein Wagen schlingernd auf die Notaufnahme zufährt. Eine Tür geht auf, und ein blutender Mann wird hinausgestoßen.

– Ross, Greene und Oberschwester HATHAWAY fahren den Verletzten in aller Eile den Gang zur Notaufnahme hinunter. Sie kommen an Schwester HALEH vorbei, der wir in Ambulanzraum 1 folgen. Dort trifft sie auf den besorgten BENTON und seine Mutter, MAE BENTON, die sich die Hüfte gebrochen hat.

– In Ambulanzraum 2 assistieren CARTER und Schwester JARVIK bei der Wiederbelebung des Schwerverletzten. Carter verfolgt beeindruckt die exzellente Arbeit Greenes.

– Mae ist es peinlich, dass ihr Sohn sie in diesem hilflosen, halb entkleideten Zustand sieht. Haleh versichert Benton, dass sie sich seiner Mutter annehmen wird. Benton will die medizinischen Anordnungen aufschreiben, doch Haleh springt ihm zur Seite: »Lass nur, ich kümmere mich darum. Sieh mal nach, ob Greene Hilfe braucht.«

– Benton betritt Ambulanzraum 1, als Greene den Patienten auf eine Thorakotomie vorbereitet. Als Benton seine OP-Kleidung überzieht, um ihm zu assistieren, sagt Greene, dass er keine Hilfe benötige – kümmere dich um deine Mutter.

– Als die Assistenzärztin der orthopädischen Abteilung, JANET BLAIR, eintrifft, um Mae stationär aufzunehmen, besteht Benton darauf, dass der Chefarzt der Orthopädie hinzugezogen wird.

– Greene und Hathaway verlassen mit einem OP-Team Ambulanzraum 2. Als Hathaway am Ende ihrer Nachtschicht das Schwesternzimmer verlässt, kommt DR. GREGORY NELSON, Chefarzt der Orthopädie, an ihr vorbei und verschwindet in Ambulanzraum 1.

– Nelson, der nicht sehr erfreut darüber ist, dass Benton ihn mitten aus einer Abteilungsbesprechung gerufen hat, erklärt sich bereit, den Fall zu übernehmen. Als Benton ihn fragt, ob auch wirklich er und nicht die Assistenzärztin operiere, verneint er dies entschieden und bringt die Patientin gemeinsam mit Blair zum OP. Als Benton versucht, mit in den Aufzug zu steigen, verbietet Nelson ihm, sich dem OP auch nur zu nähern.

All dies geschieht bereits innerhalb der ersten Minuten der Episode. Hier können Sie sehen, wie temporeich und spannend man eine TV-Story erzählen kann. Nicht umsonst gehören die Autoren von *Emergency Room* zu den Besten ihres Fachs. Auch wenn Ihre Episode vielleicht nicht so dramatisch ist wie unser Beispiel, so können Sie an ihm doch einiges lernen: die gekonnte Verflechtung der Handlungsbögen und die rasante Einführung der Storys gleich zu Beginn der Episode.

Die Eröffnungsszene ist perfekt konstruiert: Die friedliche Szenerie vor der Notaufnahme wird jäh unterbrochen, als Benton mit dem Krankenwagen eintrifft; das ist der Beginn der A-Story. Doch einen Moment später setzt bereits die B-Story ein, als ein Verwundeter auf die Straße geworfen wird. Wenn das kein fesselnder Einstieg ist!

Gehen Sie Ihre Story Outline noch einmal durch. Legen Sie sie Ihren Freunden vor, wenn Sie möchten. Gestalten Sie sie so packend und glaubwürdig wie möglich.

## Sonnys Liste

Sonny Calderon, einer meiner ehemaligen Studenten, erzählte mir, dass er sich während des Studiums wichtige Faustregeln an den Bildschirm geklebt habe – hauptsächlich Tipps, die ich in meinen Drehbuchseminaren gegeben hatte. Er meinte, die folgenden vier Anregungen seien ihm besonders nützlich gewesen:

- Jede Szene muss eine Handlung haben; Einsichten oder Erkenntnisse einer Figur genügen nicht. Es muss immer eine Person geben, die etwas erreichen will und auf Hindernisse stößt.
- Der Antagonist muss genauso stark und motiviert sein wie der Protagonist. Je ausgewogener das Kräfteverhältnis, desto fesselnder die Handlung. Betrachten Sie die Situation auch einmal durch die Augen Ihres Antagonisten.
- Arbeiten Sie auf den Wendepunkt hin, an dem der Protagonist eine schwierige Entscheidung treffen muss.

- Nach drei Vierteln der Episode sollte die Krise erfolgen. An diesem Punkt scheint der Protagonist zu scheitern; er muss seine inneren Blockaden überwinden, um sich dem Hindernis oder dem Gegenspieler stellen zu können.

## Der erste Entwurf

Wie eng sollten Sie sich an die Story Outline halten? Das hängt ganz davon ab, wie gut Sie sie durchdacht haben. Wenn Sie einen Drehbuchauftrag für eine Serie haben, dann sind Sie Ihre Outline bereits mit dem Chefautor (und möglicherweise dem gesamten Team) durchgegangen, und es wird von Ihnen erwartet, dass Sie Ihren ersten Entwurf eng an diesen anlehnen. Bei Eilprojekten oder Billigproduktionen dienen Outlines gelegentlich auch als Grundlage für die Vorproduktion (beispielsweise Drehortauswahl und Zeitplanung).

Doch was tun Sie, wenn Sie beim Schreiben des ersten Entwurfs entdecken, dass die Story Outline einen »Webfehler« hat? Nehmen wir an, Sie haben eine Szene vorgesehen, in der das Geheimnis einer Figur enthüllt wird, und Sie stellen nun fest, dass dieser Sachverhalt bereits bekannt ist, was die geplante Szene natürlich überflüssig macht. Oder eine Gastrolle bekommt mehr Gewicht, als es in der Outline beabsichtigt war, weshalb bestimmte Szenen entsprechend angepasst werden müssen.

Wenn Sie an einem Probeskript arbeiten, sollten Sie selbstverständlich auch in diesem Stadium noch Korrekturen durchführen, sofern Sie sich Ihrer Sache wirklich sicher sind. Es wäre nicht sehr professionell, verbissen an einer Story Outline festzuhalten, die nicht funktioniert. Wenn es sich allerdings um eine Auftragsarbeit handelt, sollten Sie ohne vorherige Rücksprache mit dem Serienchef keine größeren Änderungen vornehmen. Ich habe diesen Fehler einmal gemacht und daraus gelernt: Ich arbeitete an einem Episodenskript, für das ich mit dem Serienchef gemeinsam eine detaillierte Outline erstellt hatte. Als ich aber zum vierten Akt kam, fiel mir ein Schluss ein, der mir viel gelungener erschien als der ursprünglich geplante, weshalb ich ihn ohne langes Zögern abänderte.

Einen Tag nach Ablieferung des Drehbuchs rief mich der Serienchef an und hielt mir vor, dass ich den Schluss geändert hätte. Völlig perplex über seine heftige Reaktion, hörte ich schweigend zu, wie er das Ursprungskonzept verteidigte, bis mir dämmerte, worum es ihm wirklich ging: Die erste Version war seine Idee gewesen. Es ging gar nicht darum, ob meine besser war oder nicht. Ich hatte ihn brüskiert – nicht nur, weil ich seinem Vorschlag nicht gefolgt war, sondern auch, weil ich ihn einfach übergangen hatte. Meine Eigenmächtigkeit war das eigentliche Problem. Und was lernte ich daraus? Dass ich in Zukunft erst anrufen und fragen würde, bevor ich gravierende Änderungen vornahm. Meiner Erfahrung nach verschließt sich kein Serienchef einem Verbesserungsvorschlag, wenn man ihn ausreichend begründet.

Doch wie schreibt man nun eigentlich ein Episodenskript? Wenn Sie schon Erfahrung mit Filmdrehbüchern haben, werden Sie feststellen, dass die Umstellung gar nicht so groß ist: Zum einen ist natürlich das 60-Minuten-Format zu berücksichtigen, zum anderen müssen Sie Ihre Storys auf den Hauptfiguren der Serie aufbauen. Darüber hinaus ist vor allem schnelles Arbeiten gefragt. Ein Episodendrehbuch ist in der Regel zwei Wochen nach Abnahme der Story Outline fällig. Wenn Sie gewohnt sind, monatelang an einem Filmdrehbuch zu feilen, erscheint Ihnen diese Frist sicher viel zu kurz. Solange Sie an einem Probeskript arbeiten, können Sie sich natürlich so viel Zeit lassen, wie Sie möchten. Doch wenn Sie fürs Fernsehen arbeiten wollen, sollten Sie sich an einen knappen Zeitplan gewöhnen.

Ich werde Ihnen zeigen, wie einfach es ist, innerhalb von 14 Tagen ein Drehbuch zu schreiben. Sagen wir, meine Episode hätte 28 Szenen (d. h. vier Akte à sieben Szenen). Da ich meine Story Outline genau einhalte, schreibe ich zwei Szenen pro Tag. Bei 14 Tagen ergibt das genau 28 Szenen. Das ist das ganze Geheimnis! Wenn ich nicht in einem Schreibteam, sondern zu Hause arbeite, beginne ich jeden Morgen mit dem Durchlesen und Überarbeiten des Textes vom Vortag. Dann mache ich eine kurze Pause und schreibe die erste Szene des Tages. Ich gehe an jede Szene heran, als wäre es die wichtigste der ganzen Episode. Sie soll fesselnd, lebensnah, vielschichtig und differenziert sein. Die Handlung muss sich auf das Wesentliche konzentrieren. Möglicherweise lasse ich die Szene erst vor meinem geistigen Auge ablaufen, ehe ich etwas aufschreibe, oder gehe spazieren und mache mir Notizen. Oder ich schließe die Augen und warte darauf, dass die Figuren zu mir sprechen – was immer mich inspiriert. Dann schreibe ich zwei oder drei Seiten. Und dann mache ich einen Schnitt.

Wenn ich mich an diesem Punkt zwingen würde, weiterzuarbeiten, wäre ich nur noch halb so produktiv. Ich möchte möglichst frisch und ausgeruht an die nächste Szene gehen. Deshalb mache ich eine längere Pause: Mittagessen, Besorgungen, Fitnessstudio, Anrufe erledigen – ich versuche, meinen Kopf völlig freizubekommen. Doch gerade wenn ich mich entspanne, mich unter keinerlei Druck setze, fällt mir plötzlich ein, wie ich zur nächsten Szene überleiten oder die gerade entworfene abrunden könnte. Erst viel später – nachmittags oder abends – lese ich mir die Szene vom Morgen noch einmal durch und überarbeite sie. Dann nehme ich die zweite Szene in Angriff, entwickle und formuliere sie. Und dann ist es genug.

Da ich täglich die Szenen des Vortages überarbeite, erspare ich mir das abschließende Redigieren des Gesamttexts. Natürlich hat jeder seinen eigenen Arbeitsstil. Eine Freundin von mir, ebenfalls Drehbuchautorin, fängt morgens um vier Uhr mit dem Schreiben an und produziert ohne Unterbrechung Seite um Seite, bis ihr die Luft ausgeht. Niemand bekommt dieses »chaotische Geschreibsel«, wie sie es nennt, je zu Gesicht. Es ist das Rohmaterial, aus dem sie nach und nach ein Skript herausarbeitet. Die Unterschiede zwischen unseren Methoden sind ähnlich wie die zwischen Malerei und Bildhauerei: Der Maler wählt jeden Pinselstrich mit Bedacht, fügt einen nach dem anderen hinzu, bis das Bild vollendet ist, während der Bildhauer mit einem rohen Block beginnt und alles wegschlägt, »was nicht zur Skulptur gehört«, um Michelangelo sinngemäß zu zitieren. Keine Methode ist besser als die andere – jeder muss für sich die richtige finden.

Wenn Sie das sprichwörtliche leere Blatt lähmt, schreiben Sie einfach etwas hin – ganz gleich, was. Das habe ich in einem Malkurs gelernt, als ich einmal ratlos auf meine Leinwand starrte. Der Kursleiter kam zu mir herüber und spritzte Tinte auf meine blütenweiße Arbeitsfläche. Das half mir auf die Sprünge, wenn auch nur, um die Tintenkleckse zu entfernen. Manche Autoren überwinden ihre Blockade durch automatisches Schreiben, oder sie formulieren eine Dialogzeile, auch wenn sie gar nicht an den Anfang einer Szene gehört. Andere schreiben mit der Hand, um zu spüren, wie die im Kopf formulierten Worte aufs Papier fließen. Wiederum andere besprechen eine Kassette.

Aaron Sorkin berichtete in seinem Drehbuchseminar, wie er einen Einstieg findet: »Wenn ich versuche, einen Text auf Band zu sprechen, bin ich wie gelähmt. Ich muss herumlaufen und mit mir selbst reden, oder auch Auto fahren und reden. Ganz wichtig ist das Tippen. Was mich an diesen neumodischen Computern stört, ist der hohle Klang der Tastatur. Zumindest ging es mir am Anfang so ... Das Klappern einer Schreibmaschine klingt wirklich nach Arbeit. Ich mag dieses Geräusch.«

Wählen Sie die Methode, die Ihnen den Anfang erleichtert. Halten Sie sich jedoch an die Branchenstandards, wenn Sie Ihren Entwurf abgeben. Arbeiten Sie mit einer professionellen Drehbuchsoftware, und wählen Sie das passende Format. Sie können sich aber auch an dem folgenden Muster orientieren:

ZWEITER AKT

AUFBLENDE

AUSSEN – ORT – TAGESZEIT

Die Szenenbeschreibung beginnt am linken Seitenrand und läuft über die gesamte Zeilenlänge. Einzeiliger Abstand.

Wenn eine Figur zum ersten Mal auftritt, wird ihr Name groß geschrieben. Beispiel: FIGUR EINS tritt ein. Bei der nächsten Erwähnung wird der Name normal geschrieben (außer natürlich oberhalb einer Dialogzeile).

FIGUR EINS
Der Dialog sollte höchstens fünf Zeilen umfassen.
Gestalten Sie ihn so kurz wie möglich.

FIGUR ZWEI
Erwiderungen können auch Sprechpausen enthalten,
die durch Pünktchen gekennzeichnet werden: ...
oder durch (Pause)
Danach wird die Rede fortgesetzt.

FIGUR EINS
(Dialoganweisung)
Die Dialoganweisung steht in Klammern und sollte möglichst
knapp beschreiben, wie ein Satz gesprochen wird;
sie sollte keine Handlungen enthalten.

Wenn Figur Eins den Raum durchqueren oder irgendetwas tun soll, steht das in einem eigenen Absatz als Handlungsanweisung.

FIGUR EINS (WEITER)
Wenn dieselbe Figur nach einer Handlung weiterspricht,
folgt hinter dem Namen ein (WEITER).

INNEN – ORT – TAGESZEIT

Geben Sie hier nur die wichtigsten Informationen für den Spannungsaufbau, den Handlungsverlauf oder die Entwicklung einer Figur. Verzichten Sie auf langatmige Beschreibungen des Schauplatzes.

FIGUR EINS
Beachten Sie, dass nach einem neuen Szenentitel
kein »WEITER« erfolgt, auch wenn dieselbe Figur
weiterspricht.
(MEHR)

FIGUR EINS (WEITER)

Wenn ein Dialog durch einen Seitenwechsel unterbrochen wird, verwenden Sie »MEHR« und »WEITER«. Doch vermeiden Sie möglichst solche langen Dialogpassagen.

UNTERGEORDNETE SZENENANWEISUNG

Eine untergeordnete Szenenanweisung könnte KAMERAEINSTELLUNG AUF FIGUR EINS oder KAMERAEINSTELLUNG AUF EINGANG lauten, um den Wechsel zwischen zwei Handlungssträngen kenntlich zu machen.

Probeskripts und erste Drehbuchentwürfe enthalten weder Szenennummern noch ein »fortgesetzt« in Kopf- oder Fußzeile. Dies ist erst in der endgültigen Drehfassung erforderlich.

Am Ende jedes Akts schreiben Sie

ABBLENDE

Vergessen Sie nicht, dass Sie noch keine Drehfassung schreiben, sondern einen Text, der Ihren Auftraggeber überzeugen soll. Sie möchten den Leser Ihres Drehbuchs in Bann ziehen, besonders, wenn es sich um ein Probeskript handelt; deshalb sollten Sie Ihre Storys so spannend wie möglich gestalten. Mr. Sorkin sagte in seinem Seminar zu diesem Thema:

> Ich schreibe kein Skript für den Produktionsleiter, damit er sein Budget planen kann, oder eine Drehvorlage für den Kameramann. Ich schreibe ein Skript, das Sie so packt, dass Sie es nicht mehr aus der Hand legen können. Selbst heute noch kommt es mir vor allem darauf an, die Handlung voranzutreiben. Natürlich baue ich manchmal auch Beschreibungen ein wie »die Kamera fährt langsam heran«, aber das dient dann nur dem Zweck, die Spannung für den Leser zu erhöhen. Ich setze möglichst viel Dialog ein, denn Dialoge lesen sich am schnellsten. Beschreibungen verlangsamen die Handlung.

Versuchen Sie, den ersten Akt (einschließlich des Prologs, sofern es einen gibt) etwa auf Seite 17 enden zu lassen, den zweiten auf Seite 30, den dritten auf Seite 45 und den vierten irgendwo zwischen Seite 55 und 65 (der Gesamtumfang eines Skripts liegt im Durchschnitt bei 57 bis 60 Seiten). Dies sind allerdings nur Richtwerte.

Wenn man die Werbepausen abzieht, dauert eine Episode, je nach Sender, zwischen 44 und 52 Minuten. Die exakte Länge Ihres Skripts erfahren Sie erst, wenn die Darsteller die Drehfassung in einer Sprechprobe laut gelesen haben und die Zeit gestoppt wurde. Anhand der obigen Seitenangaben können Sie jedoch sicherstellen, dass Sie nicht zu stark von der Norm abweichen. Sollte dies trotzdem der Fall sein, weil Ihr Skript beispielsweise einen Gesamtumfang von 30 oder 90 Seiten hat, müssen Sie Ihren Entwurf noch einmal genau überprüfen. Die folgenden Fragen können Ihnen bei der Fehlersuche helfen:

### Wenn Ihr Skript zu lang ist

- Sind die Dialoge überladen, umständlich oder weitschweifig? Wenn ja, straffen Sie sie.
- Haben Sie Schauplätze oder Handlungsabläufe zu detailliert beschrieben oder zu viele Regieanweisungen eingefügt? Kürzen Sie auch hier.
- Sind bestimmte Akte zu lang, obwohl das Drehbuch den richtigen Umfang hat? Verschieben Sie die Aktenden, indem Sie einen anderen Cliffhanger vorziehen oder die Szenen anders anordnen.
- Nehmen Nebenfiguren, Vorgeschichte oder Nebenhandlung zu viel Raum ein? Halten Sie sich an Ihren ursprünglichen Szenenplan, und erzählen Sie Ihre Geschichten klar und prägnant.
- Führen die Szenen möglichst direkt auf den Konflikt zu? Enden sie unmittelbar nach dem Höhepunkt? Wenn Ihre Szenen einen Prolog oder Epilog enthalten, streichen Sie ihn.
- Enthalten Ihre Storys zu viel Stoff? Wenn Sie Ihre Story Outline gründlich durchdacht haben, sollte das eigentlich nicht der Fall sein, aber möglicherweise haben Sie versehentlich ganze Sequenzen in eine Szene gepackt. Falls das zutrifft, müssen Sie Ihre Geschichten neu konzipieren oder einen ganzen Handlungsbogen streichen. Das ist eine umfangreiche Aufgabe, die über das bloße Überarbeiten weit hinausgeht (mehr dazu im Abschnitt »Der zweite Entwurf«).

### Wenn Ihr Skript zu kurz ist

- Haben Sie Ihre Szenen genügend ausgearbeitet? Bedenken Sie, dass ein Drehbuch mehr ist als eine mit Dialogen aufgefüllte Story Outline. Alle Elemente der Handlung müssen in einer Szene sichtbar werden. Stellen Sie sicher, dass Sie sämtliche für die Geschichte wichtigen Aktionen und Reaktionen berücksichtigt haben.
- Haben Sie genügend Stoff? Möglicherweise enthält Ihre Outline hauptsächlich Aspekte der Vorgeschichte oder Rahmenbedingungen der Story, aber wenig Handlung. Ist dies der Fall, müssen Sie sich Ihre Outline noch einmal vornehmen und mehr Ereignisse und Wendepunkte entwerfen. Ändern Sie Ihre Outline, bevor Sie Ihren Entwurf umarbeiten.

## Und zum Schluss ...

Leider ist so schnell kein Ende abzusehen. Stellen Sie sich darauf ein, dass Sie Ihren Entwurf noch etliche Male überarbeiten werden. Es gibt Autoren, die bis in die Postproduktion hinein noch Änderungen an ihrem Skript vornehmen und erst damit aufhören, wenn die Folge auf Sendung geht. Beim Fernsehen sind dieser Überarbeitungswut glücklicherweise Grenzen gesetzt, da die Episoden sehr schnell ausgestrahlt werden.

Wenn Sie für eine Serienproduktion arbeiten, geht Ihre erste Fassung wahrscheinlich an den Chefautor. Falls Ihr Skript schon vor dem Ablieferungstermin fertig wird, sollten Sie es allerdings noch nicht abgeben. Nutzen Sie die verbleibende Zeit, um den Entwurf ruhen zu lassen, und versuchen Sie, Abstand zu gewinnen. Lesen Sie ihn dann noch einmal durch, und bessern Sie gegebenenfalls nach. Aber halten Sie Ihren Termin ein. Keine Fernsehproduktion kann es sich leisten, mit unzuverlässigen Autoren zusammenzuarbeiten.

Wenn Sie ein Probeskript geschrieben haben, ist jetzt der Zeitpunkt gekommen, um sich ein Feedback zu holen. Geben Sie Ihren Entwurf nicht nur anderen Autoren und Autorinnen zu lesen, sondern auch Bekannten und Freunden. Manchmal stellt gerade ein völlig unbefangener Leser genau die Frage, die Sie auf eine entscheidende Schwachstelle hinweist: »Warum tut sie das?« oder »Ich verstehe nicht, warum die beiden sich nicht wieder versöhnen.« Vielleicht bekommen Sie auch niederschmetternde Reaktionen zu hören: »Soll das eine Parodie auf *Friends* sein?«. Lassen Sie sich durch das vernichtende Urteil eines einzigen Lesers nicht entmutigen. Bedenken Sie aber auch, dass die Kritik in die richtige Richtung weisen könnte. Nutzen Sie die einmalige Chance, Ihr Skript durch andere Augen zu sehen.

Wenn Ihre Leser zu höflich sind oder nicht wissen, wie man ein Feedback gibt, stellen Sie ihnen die folgenden drei Fragen:

- Haben dich die Figuren berührt?
- Hat dich die Handlung gefesselt?
- Worum geht es deiner Meinung nach in diesem Skript?

Nachdem Sie eine Menge neuer Anregungen erhalten haben, sollten Sie Ihren Entwurf für einige Wochen zur Seite legen – falls Ihnen das gelingt. Wenn Sie genügend Abstand gewonnen haben, sehen Sie vielleicht ganz von selbst, was noch geändert werden muss. Wahrscheinlich stolpern Sie auch über Tippfehler, die Ihnen beim Korrekturlesen entgangen sind.

## Der zweite Entwurf

Es ist wichtig, den Unterschied zwischen Überarbeiten und Umschreiben zu kennen. Unter Überarbeiten ist das tägliche Durchsehen und Ausfeilen des Manuskripts zu verstehen: die Verbesserung von Rechtschreib- und Zeichensetzungsfehlern, die Straffung oder Streichung von Dialogpassagen, die Präzisierung eines Handlungsablaufs oder die Kürzung überlanger Szenen. All diese Arbeitsschritte gehören zur Routinearbeit am Text. Umschreiben ist etwas grundsätzlich anderes.

Umschreiben bedeutet, dass wir die gesamte Struktur der Episode neu durchdenken müssen, möglicherweise bis hin zur Figurengestaltung. Unsere Geschichte bleibt zwar im Wesentlichen erhalten, doch wir müssen sie völlig anders erzählen. Und das erreichen wir nicht durch die Streichung von Sätzen oder den Austausch von Wörtern. Wir müssen noch einmal zurück ans Reißbrett.

Als Erstes sollten Sie das Skript beiseite legen. Nur wenn Sie sich von Ihrem ersten Entwurf völlig lösen, können Sie neue Ideen entwickeln. Möglicherweise lassen sich später viele Teile des Manuskripts weiterverwenden und Sie können sogar ganze Szenen oder Sequenzen übernehmen. Doch wenn Sie mit dem Umschreiben beginnen, müssen Sie Ihr gesamtes Material neu bewerten, sonst laufen Sie Gefahr, alten Wein in neue Schläuche zu füllen.

Je nachdem, welche Rückmeldung Sie vom Serienchef oder Ihren Lesern bekommen, müssen Sie möglicherweise eine neue Story Outline erstellen. Reicht es, wenn Sie die Szenen umstellen, oder müssen Sie ganz von vorn anfangen? In jedem Fall sollten Sie sich beherzt von allem trennen, was nicht funktioniert, und neue Elemente einbauen, gegebenenfalls sogar einen ganzen Handlungsbogen. Aber schießen Sie nicht übers Ziel hinaus, indem Sie die Story bis zur Unkenntlichkeit verstümmeln.

Wenn Sie eine neue Outline erstellt haben, können Sie mit dem zweiten Entwurf beginnen. Wie schon erwähnt, lassen sich eventuell große Teile der ersten Fassung wiederverwenden. Sie können sich übrigens glücklich schätzen, dass man Sie mit der Ausarbeitung des zweiten Entwurfs beauftragt hat. Offensichtlich hat der Serienchef Vertrauen in Ihre Fähigkeiten. Andernfalls hätte er einen anderen Autor an diese Aufgabe gesetzt, und Ihre Karriere wäre beendet, ehe sie richtig begonnen hat. Glauben Sie mir, es gibt keinen ersten Entwurf, der in unveränderter Form verfilmt wird, nicht einmal, wenn er vom Serienchef persönlich stammt. Und vergessen Sie nicht, dass Sie für die zweite Fassung bezahlt werden.

Mir ist in diesem Zusammenhang einmal etwas Kurioses passiert. Nachdem ich meinen ersten Entwurf für einen Spielfilm eingereicht hatte, wurde ich zu einer Drehbesprechung beim Network bestellt. Das verhieß nichts Gutes, denn normalerweise werden einem Autor kleinere Änderungswünsche telefonisch oder schriftlich mitgeteilt. Also setzten sich der Produzent, ein Studiomanager und ich mit der Network-Managerin zusammen, um zu retten, was zu retten war, wie ich glaubte. Die Network-Managerin, die offensichtlich noch sehr unerfahren war, ging mit uns das Skript Seite für Seite durch – zwei Stunden lang. Am Ende stellte sich heraus, dass sie ganze fünf Sätze zu bemängeln hatte. Der Produzent war so aufgebracht, dass er meinem Agenten empfahl, dem Network einen kompletten zweiten Entwurf in Rechnung zu stellen, was auf rund tausend Dollar pro Wort hinauslief. Bei Serienproduktionen werden Sie eine solche Verschwendung allerdings nicht antreffen. Wenn ein Serienchef eine Umarbeitung verlangt, dann weiß er, warum.

Wenn Sie ein Probeskript erstellen, reichen Sie natürlich immer den »ersten Entwurf« ein, ganz gleich, wie häufig Sie ihn überarbeitet oder umgeschrieben haben. Falls Sie Ihre Überarbeitungsgänge für Ihre persönlichen Zwecke dokumentieren möchten, können Sie das aktuelle Datum Ihres Entwurfs unten rechts auf dem Titelblatt vermerken, oder Sie versehen jede Seite, auf der Sie Korrekturen vornehmen, in der Kopfzeile mit einem Änderungsdatum. Die Fassung, die Sie später einreichen, sollte allerdings weder Nummern noch Daten enthalten. Benutzen Sie auch kein farbiges Papier – farbige Seiten werden ausschließlich für die produktionstechnischen Anmerkungen in der Drehfassung verwendet. Die Arbeitsprobe, die Sie einem Produzenten schicken, sollte immer »druckfrisch« aussehen.

## Der Feinschliff

Wie es das Wort schon nahelegt, versteht man unter dem »Feinschliff« das abschließende Glätten und Ausfeilen des Textes, das nur noch geringfügige Korrekturen erfordert. In dieser Phase werden weder strukturelle Änderungen vorgenommen, noch neue Figuren oder Handlungsbögen entworfen.

Es geht vielmehr um die stilistische Feinabstimmung der Dialoge, wozu auch eine kulturelle Einfärbung gehören kann. Wenn der Drehbuchautor mit dem Hintergrund einer Figur nicht vertraut ist, wird ein zweiter Autor hinzugezogen, der die Ausdrucksweise der

Figur glaubwürdiger gestaltet. Der Dialogbearbeiter hat in der Regel keinen Anspruch auf Namensnennung.

Falls der Feinschliff zu Ihren vertraglich vereinbarten Aufgaben gehört, wird er wahrscheinlich nicht sonderlich gut honoriert. Das sollte für Sie aber keine Rolle spielen. Wenn Sie zu den Glücklichen zählen, die nach dem zweiten Entwurf noch im Rennen sind, beißen Sie sich an Ihrem Skript fest, und polieren Sie es auf Hochglanz. Ein Entwurf durchläuft viele Metamorphosen, doch je intensiver Sie an ihm arbeiten, desto deutlicher trägt das Endprodukt Ihre Handschrift. Wenn Sie in einem Autorenteam arbeiten, gehört es natürlich auch zu Ihren Aufgaben, an den Drehbüchern Ihrer Kollegen zu feilen, sei es auch nur, weil sie gerade mit einer wichtigeren Aufgabe beschäftigt sind. Das Polieren ist einer der letzten Arbeitsschritte, ehe ein Skript in die Produktion geht.

## Wie geht's weiter?

Weiterschreiben heißt die Devise! Sollten Sie ein Probeskript entworfen haben, beginnen Sie gleich mit dem nächsten. Wählen Sie diesmal eine ganz andere Serie, um zu zeigen, dass Sie in verschiedenen Genres zu Hause sind. Wenn Sie Ihr erstes Seriendrehbuch geschrieben haben, können Sie dem Augenblick entgegenfiebern, in dem Sie endlich Ihr Werk auf dem Bildschirm sehen können. Und wenn die Episode gut ankommt, sind Ihnen Folgeaufträge sicher.

Ganz gleich, wie zufrieden Sie mit Ihrem Skript sind, wenn Sie sich verbessern wollen, müssen Sie mehr schreiben. Sollte dies Ihr erstes Episodendrehbuch sein, sind Sie bereits einen großen Schritt vorangekommen. Sie haben viel gelernt. Beim nächsten Mal fällt es Ihnen schon leichter. Erwarten Sie allerdings nicht, dass es Ihnen je wirklich leichtfällt. Schreiben ist und bleibt ein mühevoller Prozess. Doch je besser Sie Ihr Handwerk beherrschen, desto mehr Freude macht es Ihnen.

Sobald Sie einige Arbeitsproben für Ihre Bewerbungsmappe fertiggestellt haben, können Sie die nächste Hürde in Angriff nehmen: der Einstieg in ein Schreibteam.

## Zusammenfassung

Wenn Sie ein Probeskript entwerfen, durchlaufen Sie dieselben Arbeitsschritte wie bei der professionellen Drehbuchentwicklung: Von der Outline über den ersten und den zweiten Entwurf bis hin zum Feinschliff.

Eine Story Outline enthält sämtliche Szenen einer Episode in chronologischer Reihenfolge. Wenn Sie einen Drehbuchauftrag haben, ist dies der erste Arbeitsschritt, der mit einer Bezahlung und einer Namensnennung verknüpft ist. Sie können die A-, B- und C-Storys getrennt entwickeln und dann miteinander verknüpfen, wobei Sie darauf achten sollten, dass die Cliffhanger unmittelbar am Ende des Akts erfolgen.

Alle TV-Skripts werden mit einer professionellen Drehbuchsoftware im gängigen Standardformat erstellt.

Anders als bei der Überarbeitung, müssen beim Umschreiben Gesamtstruktur und Figurengestaltung überdacht und gegebenenfalls neu konzipiert werden.

Beim Feinschliff werden die Dialoge ein letztes Mal ausgefeilt und die Szenen eventuell geringfügig gestrafft.

Lassen Sie Ihr Skript von kritischen Lesern begutachten, und scheuen Sie sich nicht, es immer wieder umzuarbeiten, bevor Sie es einem Produzenten oder einer Agentin als Schreibprobe schicken.

# 5 Beziehungen knüpfen: Die Arbeit im Team

Vor einiger Zeit fragte mich eine Studentin, die kurz vor dem Examen stand, was für mich als Drehbuchautorin die wichtigste Erfahrung gewesen sei. Ihre Frage brachte mich zum Nachdenken. Natürlich hatte ich meinen Schreibstil verbessert, hatte gelernt, was auf dem Bildschirm funktionierte, und kannte mich inzwischen ganz gut im Fernsehgeschäft aus. Aber das meinte sie nicht. Sie wollte für ihre berufliche Zukunft einen Rat haben, wissen, was ich persönlich hätte besser machen können.

Ich ließ im Zeitraffer meine Fehler Revue passieren. Beispielsweise hatte ich einmal eine Festanstellung bei einer Serie abgelehnt, weil ich glaubte, drei vielversprechendere Angebote in der Hinterhand zu haben. Doch meine Rechnung ging nicht auf: Die erste Serie wurde nicht produziert, bei der zweiten beschloss der Produzent, das Drehbuch für die Pilotfolge selbst zu schreiben, und mein dritter potenzieller Auftraggeber entschied sich für einen anderen Drehbuchautor. Dann herrschte sechs Monate lang Funkstille. Zum Glück hatte ich noch meinen Lehrauftrag für Drehbuchschreiben an der University of Southern California. Eine längere Durststrecke ist jedoch bei freien Autoren durchaus keine Seltenheit. Das sollten Sie berücksichtigen, wenn Sie eine Festanstellung ausschlagen, die Ihnen ein regelmäßiges Gehalt garantiert und Sie für eine bestimmte Zeit finanziell absichert. Sie sollten sich auf jeden Fall noch eine andere Erwerbsquelle suchen, sei es als Journalistin oder freie Lektorin oder aber einen Job in einem völlig anderen Bereich. Vielleicht haben Sie ja auch einen Partner, der Ihnen finanziell unter die Arme greifen kann. Aber war das wirklich der wichtigste Ratschlag, den ich einer Berufsanfängerin mit auf den Weg geben konnte?

Dann fielen mir Skripts ein, die besser hätten sein können. Wenn man die eigene Arbeit auf dem Bildschirm sieht, ist man den Schauspielern und Regisseuren oft dankbar, die eine sprachlich weniger gelungene Sequenz lebendig werden lassen. Aber manchmal kann man gar nicht verstehen, wie man einen so hölzernen Dialog schreiben konnte, oder man fragt sich, ob eine bestimmte Szene den Zuschauern genauso langweilig vorkommt wie einem selbst. Warum hatte man die Handlung nicht gestrafft? Bestimmt war das die Schuld des Regisseurs – oder doch nicht? Aber all das sind im Grunde Kleinigkeiten.

Je mehr ich darüber nachdachte, was für eine Karriere als Autorin wirklich entscheidend war, desto klarer wurde mir, dass es darauf hinauslief, die richtigen Leute kennen zu lernen. Wahrscheinlich haben Sie alle schon den Spruch gehört: »Wichtig ist, wen du kennst, nicht, was du weißt« oder anders gesagt: »Ohne Beziehungen geht in dieser Stadt gar nichts.« Solche Binsenweisheiten mögen für manche Agenten, Manager und Produzenten gelten. Aber bei Drehbuchautoren verhält sich die Situation etwas anders.

Vor allem für Autorenteams gilt, dass der kreative Prozess nichts Privates ist, obwohl man natürlich seine persönlichen Fähigkeiten einbringt. Viele Autoren arbeiten gern mit Kollegen zusammen, weil sie dann über sich selbst hinauswachsen. Sie suchen sich Mitstreiter, die ihnen helfen, kreative Risiken einzugehen, und in der Lage sind, gelungene Dialoge, überraschende Wendungen, Humor oder auch eigene Erfahrungen beizusteuern. Letztlich kommt es zwar hauptsächlich auf einen guten Schreibstil und Ausdruck an, aber kein Produzent hat die Zeit, jedes eingereichte Skript durchzulesen. Produzenten engagieren Autoren, die sie kennen.

Das soll nicht heißen, dass Sie ständig mit einflussreichen Leuten ausgehen oder sich bei ihren Familien einschmeicheln sollen. Vielmehr sollten Sie versuchen, sich ein Netzwerk von Menschen, die Sie schätzen, aufzubauen. Ausschlaggebend dafür sind Leistung und Kompetenz sowie regelmäßige Kontaktpflege. Absolventen von

Filmhochschulen organisieren häufig Workshops, die abwechselnd bei den einzelnen Teilnehmern zu Hause stattfinden. Bei diesen Treffen werden die eigenen Texte besprochen, man tauscht sich aus, macht sich gegenseitig Mut und knüpft Beziehungen. Einer meiner Studenten tat sich mit einem Kommilitonen zusammen, der später Agent werden wollte. Nach Beendigung des Studiums bekam dieser einen Job als Junioragent und brachte seinen Partner als seinen ersten Klienten mit. Mit der Zeit waren sie als Team äußerst erfolgreich.

Wenn Sie nicht auf eine Filmhochschule gehen, könnten Sie in Seminaren, Workshops oder Aufbaukursen, die jedermann offen stehen, Kontakte knüpfen. Vielleicht gelingt es Ihnen ja auch, bei einer unbekannten Serie einen ersten Auftrag zu bekommen. Die Leute, die neben Ihnen in den Büros sitzen, werden dort nicht ewig sitzen. Einer wird möglicherweise für eine bessere Serie engagiert, ein anderer steigt zum Produzenten auf, und ein Dritter wird vielleicht gebeten, eine gute Drehbuchautorin zu empfehlen, die zufällig genau Ihre Qualifikationen hat. Treten Sie einer Gewerkschaft bei und werden Sie Mitglied bei einem Berufsverband, etwa der Writers Guild. Auch wenn Sie schüchtern sind oder sich gern einigeln, sollten Sie über Ihren Schatten springen und aktiv werden. Das ist das einzige Versäumnis, das ich wirklich bedaure. Machen Sie also nicht denselben Fehler wie ich, und kommen Sie aus Ihrem Schneckenhaus hervor.

Hätte ich damals nicht die stellvertretende Geschäftsführerin von CBS gekannt, wäre aus dem Drehbuch über ein Thema, das mir sehr am Herzen lag, nichts geworden. Eines Tages besuchte uns die Freundin meiner Tochter und erwähnte beiläufig, dass ihre Mutter Brustkrebs habe. Es schien sie nicht weiter zu berühren. Ich hatte den Eindruck, dass sie die Krankheit ihrer Mutter verdrängte und sich nicht mit der bevorstehenden Operation konfrontieren wollte. Mir fiel ein, dass es zwar zahlreiche Filme über Frauen gab, die an Brustkrebs litten, aber niemand hatte sich bisher mit den Empfindungen der Töchter beschäftigt. Mich interessierte weniger die Krankheit als die Mutter-Tochter-Beziehung und die Auswirkungen, die ein solches Erlebnis auf einen Teenager haben würde. Würde es ihr Selbstbild als Frau beeinflussen? Und was würde passieren, wenn sie ihre Mutter verlor?

Hätte ich ein Exposé entworfen, ein Treatment angefertigt oder sogar ein Drehbuch geschrieben und meinen Agenten gebeten, ein Treffen mit potenziellen Produzenten zu organisieren, dann auf deren Antwort gewartet, anschließend einen Termin mit einem Network vereinbart, der immer wieder verschoben worden wäre, gefolgt von wer weiß wie vielen Präsentationen und anschließender Warterei auf eine Absage, dann wäre mindestens ein halbes Jahr ins Land gegangen.

Stattdessen griff ich zum Telefonhörer und rief meine Kontaktperson bei CBS an. Ich hatte bei CBS an einigen Serien mitgearbeitet und Drehbücher für Fernsehfilme geschrieben. Außerdem hatte ich im Jahr zuvor anlässlich der Verleihung des renommierten Humanitas Prize mit einer stellvertretenden Geschäftsführerin von CBS an einem Tisch gesessen. Dieser Preis wird alljährlich für Film- und Fernsehproduktionen vergeben, die außergewöhnliche menschliche Schicksale behandeln, und ich war mit einem Fernsehfilm in die Endrunde gekommen. Als der Preis an einen Mitkonkurrenten ging, beugte sie sich zu mir herüber und flüsterte mir etwas zu, wie: »Vielleicht beim nächsten Mal« oder »Vielleicht mit einem anderen Projekt«. Ich konnte nicht genau verstehen, was sie sagte, weil es im Applaus unterging.

Aber das genügte, um sie anzurufen, ohne abgewimmelt zu werden. Ich erzählte ihr von meiner Idee, etwas zum Thema Brustkrebs aus Sicht der Tochter zu machen, und sie meinte nur: »Warum nicht. Wer soll's produzieren?« Ich nannte eine Firma, mit der ich früher schon zusammengearbeitet hatte, weil mir ihr respektvoller Umgang mit Drehbüchern gefiel, und ich glaubte, dem Geschmack eines bestimmten Produzenten dort vertrauen zu können. Außerdem wusste ich, dass sie ein fester Kunde von CBS war. Meine Gesprächspartnerin war einverstanden. Ein kurzer Anruf beim Büro des Produzenten, und es konnte losgehen. Ein Jahr später erhielt das Projekt »Zwischen Mutter und Tochter« den Humanitas Prize.

Natürlich geht es mir bei dieser Geschichte nicht um die Preisverleihung. Vielmehr wollte ich Ihnen damit zeigen, dass Beziehungen, die auf gegenseitiger Anerkennung beruhen, eine Menge bewirken können.

Bei anderen Gelegenheiten erhielt ich keinen Job bei einer Serie, weil ich privat zu dem Team keinen Kontakt hatte und mich die Verantwortlichen schlichtweg nicht kannten. Ich kann verstehen, wie frustrierend das Gesagte für Sie als Anfänger klingen muss. Lassen Sie mich in diesem Zusammenhang von einer negativen Erfahrung erzählen:

## Teamarbeit kann die Hölle sein

Jeder, der einmal in einem Autorenteam mitgearbeitet hat, kann ein Lied davon singen, wie schwierig sich die Zusammenarbeit gestalten kann. Schreiben im Team kann in persönliche Grabenkämpfe ausarten. Man hat Freunde oder Feinde oder beides. Vor meinem eigenen Negativerlebnis hatte ich bereits an zahlreichen Serienproduktionen mitgewirkt und auch einige Erfahrung mit Schreibteams gesammelt, wenngleich es sich entweder um Produktionen für kleinere Studios handelte oder die Serien keine lange Laufzeit hatten, weil sie nach kurzer Zeit wieder abgesetzt wurden. Dies war also meine erste Erfahrung als Mitarbeiterin bei einer großen Network-Serie, und ich trat in jedes nur denkbare Fettnäpfchen.

### Ratschlag Nummer 1: Distanzieren Sie sich nicht von Ihren Kollegen

Da die Serie neu war, wurde uns auf dem Studiogelände eine ganze Etage mit leeren Büros zugewiesen. Der Serienchef ging mit dem gesamten Team hinüber und jeder konnte sich ein Büro aussuchen. Ich dachte, es käme vor allem auf die Qualität meines Skripts an, und wählte deshalb ein ruhiges Büro, um ungestört arbeiten zu können. In der Zwischenzeit hatten sich die Gewiefteren unter uns die Räume ausgesucht, die dem Büro des Serienchefs am nächsten lagen. Jedes Mal, wenn er sein Büro verließ, nahm er sie zwangsläufig wahr, und außerdem waren sie jederzeit zur Hand, um schnell etwas umzuschreiben. Sie waren es, auf die er sich letztlich verließ. Sie waren auch die ersten, die von Gerüchten erfuhren: Filmschauspieler, die gerade gefragt und solche, die in Ungnade gefallen waren, neue Vorgaben des Networks, Pannen bei der Produktion oder Schwierigkeiten mit der Story. Entsprechend bearbeiteten sie ihre Entwürfe.

Das oben Gesagte gilt vor allem für Anfänger. Ranghöhere Autoren halten sich nicht ständig im Büro auf, sondern befinden sich oft im Studio oder bei Außenaufnahmen. Und so genannte Creative Consultants oder Fachberater tauchen bei den meisten Serien nur dann auf, wenn Bedarf besteht.

### Ratschlag Nummer 2: Trennen Sie Privates und Berufliches

Jedes Autorenteam gleicht einer Familie. Und wie in einer Familie kann es dort harmonisch oder feindselig zugehen. Ein bestimmtes Maß an Intimität ist unvermeidbar, wenn man die Gefühle und Motive der Figuren analysiert und dabei eigene Erfahrungen einbringt. »Als mich ein Typ mal sitzen ließ, habe ich Folgendes gemacht …« Persönliche Erlebnisse lassen eine Geschichte glaubwürdig erscheinen. Aber Offenheit bedeutet häufig, dass man zu viel von sich preisgibt. Oft ist es eine Gratwanderung zwischen der Diskussion über einen Handlungsabschnitt und dem Eingeständnis in einer Gruppentherapie. Dass die Grenze überschritten wurde, merkt man erst an der unbehaglichen Atmosphäre im Raum, wenn der Chefautor sagt: »Lasst uns weitermachen.« Denken Sie daran: Hier geht es darum, gemeinsam einer Figur eine charakteristische Stimme zu verleihen. Wenn Sie eines Tages selbst eine Serie konzipieren, können Sie persönlichere Erlebnisse mit einfließen lassen. Als Anfänger sind Sie Teil eines Teams.

Nicht nur bei Besprechungen, sondern auch beim Mittagessen oder am Kaffeeautomaten sollten Sie »freundliche Professionalität«

an den Tag legen. Die anderen Autoren könnten sich durchaus als Ihre Konkurrenten erweisen. Ich musste diese bittere Erfahrung machen, als ich einmal meinen »neuen Freund«, den ich hier Mr. Horns nennen werde, in seinem Büro besuchte. Ebenso wie ich gehörte er zu den Neulingen, die versuchten, in der Hierarchie des Schreibteams aufzusteigen. An seiner Schreibtischlampe hing ein Paar rosafarbener Babyschuhe.

Da ich ebenfalls ein kleines Kind hatte, empfand ich ein gewisses Zusammengehörigkeitsgefühl. Etwas bedauernd erzählte er, dass er morgens das Haus verlasse, bevor seine Tochter aufstehe, und abends nach Hause komme, wenn sie bereits im Bett liege, und selbst am Wochenende kaum Zeit mit ihr verbringen könne, da er arbeiten müsse. »Ich sehe sie in sechs Monaten, wenn wir mit der Staffel fertig sind«, klagte er. Ich äußerte mein Mitgefühl und gestand, dass es mir ebenfalls schwerfalle, meine Termine unter einen Hut zu bringen. Er schüttelte den Kopf. Seine Frau war nicht berufstätig, sondern kümmerte sich um den Haushalt. »Du wirst den Job nicht lange machen können«, meinte er gelassen, während man ihm seine Genugtuung förmlich ansah. Mir war klar, dass er »mein Problem« umgehend unserem Chef mitteilen würde.

### Ratschlag Nummer 3: Machen Sie keine anderen Pläne

Dummerweise hatte Mr. Horns nicht ganz Unrecht. Wenn man in einem Autorenteam an einer Serie mitarbeitet, hat man für nichts anderes mehr Zeit oder Energie. Das ist kein Problem, wenn man keine anderen Verpflichtungen hat, aber mit einer Familie wird es schwierig. Einmal arbeitete ich bei einer Produktion mit, bei der sämtliche Mitarbeiter Kinder hatten, aber alles war so gut organisiert, dass wir morgens um zehn kamen und nachmittags um fünf wieder gehen konnten. Die leitende Produzentin hatte für sich sogar ausgehandelt, dass sie an den meisten Tagen von halb neun bis vier arbeiten konnte, so dass sie zu Hause war, wenn ihre Kinder von der Schule kamen. Aber so etwas ist selten.

Es geht hier nicht um die klassische Entscheidung: Familie oder Karriere. Wenn man in einem Schreibteam mitarbeitet, ändert sich zwangsläufig der Tagesablauf. Man hat keine Zeit mehr, sich mit Freundinnen zum Mittagessen zu verabreden. In der Regel verbringt man seine Mittagspause in der Cafeteria des Studios oder am Schreibtisch. Manchmal hat man nur eine Stunde Zeit zwischen der morgendlichen Mitarbeiterbesprechung und der nachmittäglichen Szenenvorführung oder zwischen einem Casting und der Sichtung von Musterkopien oder zwischen einer schnellen Überarbeitung des Skripts und der Strukturierung einer neuen Geschichte für die nächste Episode. Wenn Sie das Studiogelände verlassen, um außerhalb zu Mittag zu essen, kommen Sie zu spät zu Ihrem Nachmittagstermin. Was Ihre anderen Drehbücher, Ihren Roman, ein Rendezvous oder das Campingwochenende in der Wüste betrifft, so muss all das warten, bis die Produktion der Serie abgeschlossen ist.

### Ratschlag Nummer 4: Arbeiten Sie nicht zu Hause

Jeder Mitarbeiter des Teams schreibt eigene Episoden, diskutiert in der Gruppe die Drehbücher seiner Kollegen und überarbeitet ihre Entwürfe. In der Regel können Sie mit zwei Episoden pro Staffel rechnen, aber bei einem kleinen Team oder wenn Ihrem Chef Ihre Arbeit gefällt und Sie Ihre Geschichten gut präsentieren können, sind es auch gelegentlich mehr.

Vielleicht sind Sie daran gewöhnt, morgens um vier aufzustehen und in Pantoffeln zu schreiben oder beim Arbeiten Musik zu hören oder aber hinter verschlossenen Türen stundenlang schweigend vorm Computer zu brüten, dann ins Fitnessstudio zu gehen und danach weiterzuarbeiten. All das können Sie vergessen, wenn Sie Mitglied eines Teams sind. Ich persönlich finde es sehr schwierig, mich in einem Büro zu konzentrieren, das an einen lauten Flur grenzt und wo man jede halbe Stunde wegen der Vorführung einer Szene oder einer Besprechung unterbrochen wird. Es gibt aber auch Drehbuchautoren, die ihre Umgebung ausblenden können und selbst in einem hektischen Büro äußerst produktiv sind. Kopfhörer können sich dabei als nützlich erweisen.

Als ich in diesem fürchterlichen Schreibteam mitarbeitete, wollte ich unbedingt mein Können unter Beweis stellen und für die erste Episode, die mir übertragen worden war, einen ganz tollen Entwurf abliefern. Außerdem wollte ich ihn lange vor dem Abgabetermin fertig haben, mindestens aber innerhalb von zwei Wochen. Also fragte ich Mr. Horns, ob er glaube, dass ich auch zu Hause arbeiten könne. »Natürlich«, antwortete er mit einem breiten Grinsen. »Mach, was du für richtig hältst. Geh nur, wenn du meinst, dann besser schreiben zu können. Und wenn es drei Wochen dauert, macht es auch nichts. Vergeude nicht deine Zeit damit, ins Büro zu kommen.« Ich fragte den Serienchef um Erlaubnis, und er zuckte nur mit den Achseln und meinte: »Klar«, während er in Gedanken mit etwas ganz anderem beschäftigt war.

Also ging ich nach Hause und ließ mich zwei Wochen nicht mehr im Büro blicken. In diesen zwei Wochen wurde in der Episode, die vor meiner kam, eine Figur gestrichen, die ich unbedingt für meine Geschichte brauchte, ein wichtiger Schauplatz wurde vom Network geändert, zwei Schauspieler am Set hatten eine Affäre und ein Praktikant hatte sich mein Büro unter den Nagel gerissen, weil »niemand drin saß«. Als ich meinen vom Kopieren noch warmen Entwurf ablieferte, hatte er überhaupt keinen Bezug mehr zur Serie, und auch ich war nicht mehr auf dem Laufenden.

Lernen Sie aus meiner Erfahrung: Bleiben Sie am Ball. Und das geht nur, wenn Sie sich regelmäßig im Büro aufhalten, auch wenn Sie den ganzen Tag praktisch nichts zu Papier bringen und nachts zu Hause das Versäumte nachholen müssen.

### Ratschlag Nummer 5: Gehen Sie souverän mit Kritik um

Natürlich hängen Sie an Ihrem Skript. Sie sind stolz darauf, wie gut es Ihnen in einer Szene gelungen ist, Spannung aufzubauen und der Handlung auf dem Höhepunkt genau im richtigen Moment eine unerwartete Wendung zu geben. Sie sind stolz auf die indirekte Art, die Leidenschaftlichkeit einer Nebenfigur zu zeigen, auf die nuancierte Charakterisierung einer anderen Figur, auf die geschickt verpackte Vorgeschichte, auf einen Satz, der der Hauptfigur wie auf den Leib geschneidert ist. Als Sie »Abblende« tippen, haben Sie das Gefühl, dass Ihnen das perfekte Drehbuch geglückt ist. Das eigene Manuskript den kritischen Blicken der Kollegen auszusetzen, ist nicht leicht, ganz gleich, wie behutsam diese damit umgehen und wie lange Sie schon im Geschäft sind.

Aber eines Tages ist es soweit. Die Kopien Ihres Drehbuchs wurden an das Team verteilt, und alle treffen sich, um darüber zu diskutieren. Wohl gemerkt: diskutieren, nicht verreißen. Seien Sie nicht überempfindlich. Sie müssen eine kritische Distanz zu Ihrer Arbeit wahren. Überlegen Sie, was gut für die Serie ist, nicht, was Ihrem Ego schmeichelt. Es ist im Grunde egal, wic vicl Sic an Ihrem Manuskript gearbeitet haben oder warum Ihnen eine Rede oder eine Handlung plausibel erschien oder ob Sie eine bestimmte Szene auf keinen Fall aufgeben wollen.

Wenn das Schreibteam oder der Serienchef irgendeine Art von Kritik äußert, sollten Sie sich auf keine Diskussion einlassen. Natürlich können Sie Ihre Absicht darlegen, aber darauf sollten Sie es beruhen lassen. Wenn Sie als Drehbuchautorin gut genug sind, um in einem Team mitzuarbeiten, dann sind Sie auch in der Lage, ein Skript umzuschreiben und ein Ergebnis zu präsentieren, das besser ist als der ursprüngliche Entwurf.

Wenn nicht, findet sich bestimmt jemand, der Ihnen gern die Arbeit abnimmt.

## Ratschlag Nummer 6: Kritisieren Sie nicht das Niveau des Teams

Angeblich bestehen die Schreibteams von Fernsehserien ausschließlich aus Profis, aber das ist ebenso eine Mär wie die Behauptung, Familienmitglieder wären immer vertrauenswürdige Menschen. In der Realität sieht es anders aus. In jedem Team bilden sich bestimmte Verhaltensmuster heraus – nicht anders als in einer Familie. Diese beruhen auf gemeinsamen Interessen, Erlebnissen, Erinnerungen und – im Idealfall – gemeinsamen Zielen. Sicher ist Ihnen schon aufgefallen, dass sich im Laufe der Zeit Hund und Herrchen immer ähnlicher sehen. Jetzt stellen Sie sich einen Raum voller Drehbuchautoren vor, die mit rauchenden Köpfen dasitzen und sich mit geballter Konzentration Geschichten über dieselben Figuren ausdenken. So ein Team wächst zusammen und gleicht sich nicht nur äußerlich.

In der Regel ist der Serienchef für die Arbeitsatmosphäre verantwortlich. So kann der Umgangston salopp oder förmlich sein, intellektuell oder albern, emotional oder sachlich, anzüglich oder korrekt. Manchmal entspricht das Niveau dem der Serie, aber oft auch nicht. In meinem Fall hatte das vorherrschende Klima nichts mit dem Thema der Serie gemein. Es war geprägt von purer Frauenverachtung.

Jede Mitarbeiterbesprechung begann auf dieselbe Weise: Die erste halbe Stunde wurde über Sport, Football, Basketball oder Baseball, geredet, wobei jedes Spiel bis ins Kleinste rekapituliert und die Qualität der einzelnen Spieler durchgehechelt wurde. Ich saß dabei, die einzige Frau in der Runde, völlig fehl am Platz, da ich keine Ahnung von Ballspielen hatte.

Selbst als es endlich ums Schreiben ging, änderte sich nichts an der Stimmung im Raum. Eines Tages, als wir an der Story Outline für eine wichtige Episode arbeiteten, zog sich das gesamte Team, außer mir natürlich, während einer Pause auf die Herrentoilette zurück und erstellte dort innerhalb von 20 Minuten die Story Outline.

Ich zerbrach mir den Kopf darüber, wie ich mich in einem solchen Team einbringen sollte, für das Sportsendungen anzusehen und auf dem Parkplatz Basketball zu spielen, wichtiger zu sein schien als alles, was ich schrieb. Ich wurde immer frustrierter, bis es eines Tages aus mir herausplatzte: »Eure ewige Klüngelei geht mir gehörig auf den Geist!« Mr. Horns konnte seine Freude darüber, dass ich mich selbst ins Abseits manövriert hatte, kaum verbergen.

Offenbar malte er sich bereits aus, wie er in Zukunft meine Episoden schrieb, befördert würde, eine Gehaltserhöhung sowie Namensnennungen einheimste und belobigt würde. Wäre ich erfahrener und selbstbewusster gewesen, hätte ich gar nicht erst versucht, zu ihren Konditionen mitzumachen, sondern gemeinsame Interessen mit zumindest einem von ihnen gesucht, um einen Verbündeten zu haben. Indem ich das Niveau meiner Kollegen kritisierte, entfremdete ich mich immer mehr von ihnen, worunter die gemeinsame Arbeit zunehmend litt.

Denken Sie an die Schule. Stellen Sie sich vor, Sie wären neu in der Klasse. Alle gehören irgendeiner Clique an, nur Sie nicht. Was tun Sie, um dazuzugehören? Wahrscheinlich versuchen Sie, gemeinsame Interessen mit einer Mitschülerin zu finden, und hoffen, dass sich daraus eine Freundschaft entwickelt. Dies ist eine Lektion, die Sie unbedingt beherzigen sollten.

### Ratschlag Nummer 7: Arbeiten Sie nicht bei einer Serie mit, die nicht zu Ihnen passt

Wahrscheinlich hätte ich mich auf den Kopf stellen können und es hätte doch nicht funktioniert, weil meine Kollegen und ich einfach nicht dieselbe Wellenlänge hatten. Auch wenn Sie froh sind, endlich einen Job bekommen zu haben, sollten Sie dort nicht ausharren, bis es zum Eklat kommt. Um in der Branche Fuß zu fassen, brauchen Sie Referenzen und sollten gute Arbeit leisten. Wenn Sie aus Angst vor Nachfragen Ihre Mitarbeit bei einer Serie später aus Ihrem Lebenslauf tilgen, kann Ihnen das mehr schaden, als wenn Sie überhaupt nichts vorweisen können. Bei Ihrer nächsten Bewerbung wird sich der Produzent bestimmt bei Ihrem alten Chef und Ihren früheren Kollegen erkundigen, wie es um Ihre Teamarbeit bestellt war.

Ich blieb die ganze Vertragsdauer über bei dieser Serie, aber im Nachhinein weiß ich, dass es ein Fehler war. Es wäre sinnvoller gewesen, wenn ich mich ganz dem Schreiben und meiner Karriere gewidmet hätte. Ich rate Ihnen nicht, bei der kleinsten Schwierigkeit die Flinte ins Korn zu werfen. Wenn es die Serie wert ist und Sie trotz des schlechten Betriebsklimas etwas zustande bringen, sollten Sie bleiben und versuchen, sich als Drehbuchautorin einen Namen zu machen. Aber wenn Ihre Kreativität darunter leidet, sollten Sie dem Serienchef Ihren Entschluss mitteilen und kündigen. Wenn Sie Glück haben, schreibt er Ihnen noch ein gutes Arbeitszeugnis. Fast jeder TV-Autor hat in seinem Berufsleben zumindest eine schlechte Erfahrung gemacht und die meisten streichen diese aus ihrem Lebenslauf. Auch Sie werden irgendwann in Ihrer beruflichen Laufbahn damit konfrontiert werden, aber ich bin sicher, dass Sie gestärkt daraus hervorgehen.

## Das ideale Team

*Emmy Magazine*, die Publikation der Academy of Television Arts and Sciences, fragte 2004: »Was sind die Voraussetzungen für ein funktionierendes kreatives Team?« J. J. Abrams, Executive Producer von *Alias – Die Agentin*, antwortete:

> Der Schlüssel zum Erfolg sind intelligente Autoren mit Teamgeist, die nicht so schnell aufgeben, wenn ein Problem auftaucht. Es ist wichtig, zunächst die grobe Struktur festzulegen, um dann das Ganze gründlich zu überarbeiten. Dazu braucht man Leute, die Teamgeist und dieselbe Vision haben und sich gegenseitig respektieren. Man sollte dafür sorgen, dass sich die Episoden nicht ständig wiederholen, indem man zum Beispiel überraschende Wendungen einbaut. Aber wie macht man das, ohne dass das Ganze konstruiert wirkt? Bei einer Serie wie *Alias* kann das leicht passieren. Wie schafft man es, dass sie glaubhaft bleibt? Als Zuschauer wäre ich wütend, wenn sich eine Serie, die ich jahrelang verfolgt habe, nicht weiterentwickelte.

Für Abrams ist das Beste an der Arbeit im Team, dass »man mit Leuten, die man bewundert, respektiert und die Ideen beisteuern, die einen begeistern, gemeinsam durch Dick und Dünn geht. Das ist fantastisch. Wenn alles gut läuft, feiert man mit ihnen zusammen, und wenn etwas nicht funktioniert, teilt man ihre Verzweiflung. Aber ob man miteinander feiert oder sich gegenseitig Mut macht, immer tut man es gemeinsam.«

### Aus dem Leben gegriffen

Blicken wir John Wells, dem Produzenten von *Emergency Room*, *The West Wing* und zahlreichen anderen Serien, über die Schulter.

Stellen Sie sich einen langen Konferenztisch aus dunklem Holz vor, der mitten im Zimmer steht. Um ihn herum sind zehn Stühle gruppiert, und zwar für die vier arrivierteren Autoren, die vier Teamautoren, einen festangestellten Rechercheur und Mr. Wells. Im Hintergrund stehen weitere Stühle für die medizinischen Berater des Teams und die Mitarbeiter der Produktion. Sämtliche Stühle sind so aufgestellt, dass man den Monitor sieht, auf dem die Muster gezeigt werden.

An den Wänden hängen große Weißwandtafeln, auf denen die Grundstruktur der zwölf Episoden der aktuellen Staffel schematisch dargestellt sind. Auf einer davon sind unter den Rubriken »Wichtig«, »Ernsthaft«, »Humorvoll« und »Anderes« mit farbigen Markern Ideen für mögliche Szenen aufgelistet.

Das Schreibteam plant die Staffel in der ersten Juniwoche. Innerhalb von sechs Wochen werden sämtliche Episoden der Staffel konzipiert. Zunächst werden Ideen gesammelt und bestimmte Handlungsstränge entwickelt. Das Team legt alle wichtigen Wendepunkte der Geschichten fest, entscheidet, wohin die Aktenden fallen und über wie viele Episoden ein Handlungsbogen reicht.

Anschließend wird einer der Autoren mit der Erstellung des Treatments beauftragt. Wenn er damit fertig ist, macht das Schreibteam Änderungsvorschläge, die er in seinen Text einarbeitet. Darauf folgt eine weitere Drehbuchbesprechung. Anschließend wird der Autor wieder nach Hause geschickt, um das Drehbuch zu schreiben. Wenn es fertig ist, folgt wieder eine Teamsitzung. Daraufhin schreibt er einen zweiten Entwurf. Wird dieser abgesegnet, kann die Episode gefilmt werden. Insgesamt dauert dieser Prozess etwa acht Wochen.

*Written By*, die Zeitschrift der Writers Guild, beschrieb die erste Teamsitzung nach der Fertigstellung des ersten Drehbuchentwurfs einer frühen Staffel von *Emergency Room*: Alle Autoren des Teams kommen aus ihren Büros und steuern, eine Kopie des Skripts in der Hand, auf den Konferenzraum zu. Wells sitzt am Kopfende des Tischs, während sich der Raum füllt. Es wird Kaffee gebracht, aber das Team beginnt sofort mit der Arbeit, geht das Skript Seite für Seite durch.

In dieser Episode leidet ein Jugendlicher an Mukoviszidose und seine Mutter hat Angst, dass ihr Sohn stirbt. Die überraschende Wendung besteht darin, dass der Sohn nicht gerettet werden will, was Dr. Ross in eine unangenehme Lage bringt. Entspricht er dem Wunsch des Sohnes, verletzt er seinen hippokratischen Eid. Rettet er ihn, verliert er möglicherweise das Vertrauen des Jungen, macht aber die Mutter glücklich. Jemand fragt nach der Freundin des Jungen, ein anderer erkundigt sich nach Ross' Entscheidung. Es folgt eine Diskussion über die Frage, ob der Autor Züge von Ross zeigt, die die Zuschauer schon kennen. Während das Team Vorschläge unterbreitet, macht sich der Autor eifrig Notizen.

Ich würde Ihnen jedoch zu einem Aufnahmegerät raten. Im Gegensatz zu einem erfahrenen Drehbuchautor sind Sie als Anfängerin wahrscheinlich nicht schnell genug, um jeden Punkt der Diskussion mitzubekommen, oder unentschlossen, welche der sich widersprechenden Argumente Sie notieren sollten. Möglicherweise könnten Sie auch im Nachhinein Ihre Handschrift nicht mehr entziffern. Und außerdem werden Sie ständig hinterherhinken, wenn Sie den Kopf in Ihren Notizblock stecken. Falls der Serienchef keine Einwände erhebt, sollten Sie die Sitzung auf Band aufnehmen und später in Ruhe das Gesagte einarbeiten. Natürlich können Sie sich direkt in Ihrem Skript Notizen machen, wenn sich Vorschläge auf bestimmte Sätze beziehen.

Bei besagter Besprechung meint Wells, dass die Geschichte so gut wie fertig sei, aber noch ein Spannungsmoment fehle, damit der emotionale Rhythmus stimme. Das löst eine Debatte über eine andere Figur aus, bei der sich eine Depression anbahnt. Dann regt

Wells eine Diskussion über humorvolle Szenen an, die dem Spannungsabbau dienen sollen. Die Besprechung dauert noch weitere vier Stunden, während das Skript Szene für Szene durchgegangen wird.

Diese Art von Besprechung findet jeden Montag, Mittwoch und Freitag statt. Aber missverstehen Sie mich nicht: Beim Schreiben im Team geht es nicht nur um Logistik und gemeinsame Ideenfindung. Ausschlaggebend ist immer der persönliche Schreibstil. Wie Wells gegenüber *Written By* sagte:

> Drehbuchautoren haben eine Verantwortung, und zwar eine ganz spezielle, die sie mit allen Künstlern teilen. Sie müssen versuchen, sich ihre Kreativität zu bewahren und dürfen nicht zulassen, dass sie ihnen in unserer Spaßgesellschaft verloren geht. Sonst schreiben oder reden sie nur noch über Dinge, die sie aus dem Fernsehen oder aus Filmen kennen.
>
> Ich glaube, dass Sie als Autor gegen diese Oberflächlichkeit ankämpfen müssen, denn wenn Sie die Schlacht verlieren, haben Sie ein Problem. Ihre Arbeit leidet, und um wieder schreiben zu können, müssen Sie sich auf Ihre inneren Werte besinnen. Sie sollten aufpassen, dass Ihnen der Erfolg nicht zu Kopf steigt, denn das wird sich fatal auf Ihr künstlerisches Schaffen auswirken. Den Publikumsgeschmack zu treffen, ohne sich selbst dabei aufzugeben, ist ein schwieriger Spagat.
>
> Ich betrachte das Schreiben als Handwerk und als Gabe. An einem Handwerk muss man arbeiten, während man sich eine Gabe bewahren muss. Eine Möglichkeit, sie sich zu bewahren, besteht darin, dafür zu sorgen, dass der eigene Blickwinkel nicht zu eingeschränkt wird, und vor allem, dass Ihre Bezugspunkte nicht zu einseitig sind. Sonst schreiben Sie immer dasselbe, denn Sie haben nichts Neues zu einem bestimmten Thema zu sagen. Dann wird eine Serie uninteressant, und die Zuschauer haben das Gefühl, alles schon einmal gehört zu haben, und sind es leid, Ihnen noch länger zuzuhören. Das zwingt Sie, sich ständig zu bemühen. Damit meine ich nicht, dass Sie sich bemühen sollten, Ihr Erfolgsrezept zu wiederholen, sondern in kreativer Hinsicht das Bemühen um Unbefangenheit und Authentizität.

## Die Team-Hierarchie

John Wells gehört zu einer kleinen Gruppe äußerst erfolgreicher Erfinder von Einstundenserien, zu der auch Dick Wolf mit *Law & Order* zählt sowie David E. Kelly, dessen Produktionen *Die Anwälte*, *Ally McBeal* und *Boston Public* eine Zeitlang parallel ausgestrahlt wurden, und nicht zu vergessen Steven Bochco, dessen Serien, von *Polizeirevier Hill Street* bis *New York Cops*, länger liefen als die jedes anderen Fernsehproduzenten.

Jeder Serienchef hat einmal als Drehbuchautor angefangen, und obwohl man von höhergestellten Autoren sowohl Managementfähigkeiten als auch Schreibqualitäten erwartet, hat im Grunde jeder mit dem Konzipieren von Drehbüchern zu tun. Das unterscheidet sie von der Filmbranche, wo der Regisseur für die Kreativität und der so genannte Produzent für die Finanzierung zuständig ist.

Im Folgenden möchte ich Ihnen einen Überblick über die Hierarchie innerhalb des Schreibteams geben.

### Freiberufliche Drehbuchautoren

Ein Freiberufler ist nur fürs Schreiben des Drehbuchs zuständig und gehört nicht dem Schreibteam an. Als solcher nimmt er oder sie beispielsweise nicht an Manuskriptbesprechungen oder der Begutachtung von Szenen teil und hat auch kein Büro vor Ort. Ein freier Autor trifft vom Team in der Regel nur den ausführenden Produzenten (Executive Producer), der ihn engagiert hat, und den leitenden Produzenten (Supervising Producer), der sein Drehbuch betreut.

Aber als freier Mitarbeiter haben Sie Gelegenheit, Ihr Können und Ihr Talent unter Beweis zu stellen. Ein gelungenes TV-Drehbuch – vor allem, wenn Sie die alleinigen Rechte innehaben – kann eine feste Anstellung bei dieser Serie nach sich ziehen oder Ihnen die Tür zu anderen Serien öffnen. Wenn Ihr Skript ankommt und man auf Sie aufmerksam wird, kann dies den Durchbruch für Ihre Karriere bedeuten (siehe dazu auch Kapitel 6).

Das Mindesthonorar für eine Folge bei einer Network-Serie zur Hauptsendezeit unter dem Writers Guild Basic Agreement beträgt 30000 Dollar für »Idee und Buch«. (Die hier genannten Zahlen sind nur Anhaltswerte, weil die Honorare regelmäßig angepasst werden.) Dieser Betrag entspricht etwa dem Honorar für das Drehbuch für einen zweistündigen Spielfilm, dessen Budget unter 5 Millionen Dollar liegt. Da Networks das zweimalige Senden einer Episode genehmigen und erfolgreiche Serien normalerweise mehrmals gezeigt werden, erhalten Sie nach kurzer Zeit etwa noch einmal denselben Betrag in Form von Tantiemen. Im Fall einer Zweitverwertung, d.h., wenn Ihre Episode auf einem anderen Kanal gezeigt wird bzw. die Rechte an ausländische Sender verkauft wurden, verdienen Sie wieder mit, auch wenn es sich nach einiger Zeit nur noch um Cents handelt. Bei einer Serie, die es bis zur Zweitverwertung schafft, können Sie für eine einzige Stunde, für die Sie als Anfängerin das Skript geschrieben haben, gut und gern 60000 Dollar verdienen.

Aber nicht immer arbeiten Sie für ein Network und nicht alle Verträge sind so lukrativ. Network-Honorare werden von ABC, CBS, NBC und FBC (Fox) gezahlt. HBO und ShowTime zahlen ebenfalls Network-Honorare, ebenso wie größere Kabelsender. Bei kleineren Kabelsendern kann es sein, dass Sie nur 20000 Dollar für »Idee und Buch« bekommen. Außerdem werden bei Kabelsendern die Tantiemen für Wiederholungen anders berechnet.

Es kann auch passieren, dass Sie eine Episode nicht bis zur Endversion bearbeiten. Unerfahrene Autoren werden in der Regel nach einem »Stufenmodell« beschäftigt. Das bedeutet, dass man Ihnen anbietet, die Story Outline zu schreiben, und wenn es Ihnen nicht gelingt oder man den Eindruck hat, dass Sie den Anforderungen nicht gewachsen sind, ist Ihr Vertrag damit beendet. Häufig übernimmt dann ein Mitglied des Teams das Projekt und schreibt das Skript nach Ihrer Outline oder erstellt sogar eine neue.

In einem solchen Fall entscheidet die Writers Guild über Ihre Urheberrechte. Wenn Sie die Story Outline erstellt haben und an der Story nichts Wesentliches geändert wurde, werden Sie als Alleinurheberin genannt; wenn etwas mehr als 50 Prozent der Endfassung von Ihnen stammen, kann es sein, dass Sie im Abspann nur als Miturheberin auftauchen. Wenn der neue Autor mehr als 50 Prozent umschreiben musste, werden Sie vermutlich leer ausgehen. Das trifft auch für den Fall zu, dass ein anderer Autor das Drehbuch schreibt, obwohl die ursprüngliche Geschichte von Ihnen stammt.

Das nächste mögliche Ende Ihrer Beschäftigung kommt nach dem ersten Entwurf. Wenn der Serienchef der Meinung ist, dass Sie die »Stimmen« der Figuren nicht getroffen haben oder die Botschaft der Serie nicht vermitteln konnten oder aber, dass Ihr schriftstellerisches Talent nicht ausreicht, weil die Dialoge zu erklärend, die Szenen unklar oder der Plot nicht spannend genug war, dann wird er das Skript einem Teamautor oder einem anderen freien Autor zur Überarbeitung geben. Auch in diesem Fall entscheidet die Writers Guild, wer als Drehbuchautor im Abspann genannt wird, und je nach Umfang der Änderungen wird der neue Autor als Miturheber oder Urheber genannt.

Bei einem solchen Stufenvertrag werden Sie für jedes Stadium einzeln bezahlt. Geht man von Network-Honoraren aus, so ist eine Story Outline um die 12000 Dollar wert, der erste Entwurf etwa 20000 Dollar, und beim zweiten Entwurf hängt es davon ab, was zuvor ausgehandelt wurde. Dieses Vertragsmodell ist finanziell attraktiver als das der »Idee und Buch«, was durchaus beabsichtigt ist. Denn es soll eine Art Anreiz für den Autor sein, die nächste »Stufe« des Projekts zu erreichen, auch wenn es vertraglich nicht garantiert wird.

Wie auch beim »Idee und Buch«-Modell erhalten Sie bei Wiederholungen der Serie und im Fall einer Zweitverwertung Tantiemen, deren Höhe prozentual Ihrem ursprünglichen Beitrag entspricht.

Früher hatte man aufgrund der guten Auftragslage als freie Autorin mit wenigen lukrativen Aufträgen im Jahr ausgesorgt und konnte sich die übrige Zeit anderen interessanten Genres zuwenden. Man konnte Romane oder auch Drehbücher für Spielfilme schreiben und hatte genug Muße für sein Privatleben. In der heutigen Zeit jedoch werden die meisten TV-Serien von Schreibteams, also festangestellten Mitarbeitern, entwickelt.

Bevor ich näher auf die Hierarchie innerhalb des Teams eingehe, möchte ich Sie noch auf einen Punkt hinweisen: Bei den meisten Aufträgen handelt es sich um Überarbeitungen und nicht um Originaldrehbücher. Beispielsweise ist es nicht unüblich, dass ein Agent Ihr Probeskript einem Produzenten schickt, dem Ihr Stil gefällt und der einen Termin mit Ihnen vereinbart. Bei diesem Treffen präsentieren Sie ihm Ideen für eine Folge, aber der Produzent hat gar nicht die Absicht, etwas zu kaufen. Stattdessen hört er aufmerksam zu, um herauszufinden, wie gut Sie die Serie kennen, und um sich ein Bild von Ihrer Kreativität zu machen. Wenn Sie ihn beeindrucken, gibt er Ihnen vielleicht eine Geschichte, die von Grund auf überarbeitet oder ein TV-Drehbuch, das umgeschrieben werden muss, oder ein Skript, dessen Dialoge lediglich noch etwas gefeilt werden müssen. Sagen Sie zu. Betrachten Sie es als Investition in Ihre berufliche Zukunft.

Als Freiberuflerin ging es mir einmal so bei einer Westernserie namens *Paradise*. Ich hatte keine Ahnung vom amerikanischen Nordwesten um 1900, obwohl ich die Serie gesehen hatte und mir die Figuren gut genug gefielen, um spontan ein paar Ideen zu entwickeln. Da ich einen Agenten hatte und in der Branche nicht ganz unbekannt war, fiel es mir nicht schwer, einen Termin bei einem Produzenten zu bekommen. Aber ich wusste, die Geschichten allein würden nicht reichen; sie mussten auch stichhaltig sein. Also verbrachte ich mehrere Tage damit, mir Kenntnisse über die damalige Zeit anzueignen. Bei meinen Recherchen stieß ich des Öfteren auf ungewöhnliche Personen und Ereignisse, die ich in meine Geschichten einbaute, um sie lebendiger zu gestalten. Ausgerüstet mit mehreren Episodenkonzepten und dem Hintergrundwissen über diese Epoche ging ich zu meinem Präsentationstermin.

Aber ein Konzept nach dem anderen fiel durch, bevor ich noch meine Ausführungen beendet hatte. Die meisten Produktionsfirmen haben kein Interesse an Geschichten, die nur unwesentlich von denen abweichen, die sie bereits in Arbeit haben. Als ich mit meinem Latein am Ende war und meine Notizen einsammeln wollte, griff der Produzent hinter sich und zog ein Skript aus dem Regal. Es handelte sich um den fertigen Entwurf eines erfahrenen Autors, dem es nicht gelungen war, einen Gastauftritt glaubwürdig einzubauen. Da den Verantwortlichen mein Schreibstil gefiel und ich dank meiner Recherche interessantes Material beisteuern konnte, das zur Serie passte, hielt man mich offenbar für geeignet, das Skript umzuschreiben. Für diese Arbeit wurde ich zwar nur als Miturheberin im Abspann genannt, aber beim nächsten Mal, als ich eine Episode entwickelte, klappte es, und mir wurden die alleinigen Urheberrechte zuerkannt.

## Teamautor (Staff Writer)

Teamautoren sind Berufsanfänger, die zum ersten Mal in einem Schreibteam mitarbeiten. Sie können sich die Arbeit im Team als gut bezahltes Praktikum oder als kostenlose Weiterbildung nach dem Studium vorstellen. Ihre Arbeit wird an professionellen Standards gemessen, sie ist der Öffentlichkeit zugänglich, aber Sie müssen sich bewähren, um nach Beendigung der Staffel befördert und nicht entlassen zu werden. Während an führenden Filmhochschulen die Studierenden häufig von erfahrenen Drehbuchautoren unterrichtet werden, ist für alle anderen die Arbeit im Team häufig die erste Gelegenheit, vom Wissen eines Profis zu profitieren.

Versuchen Sie, so viel wie möglich zu lernen, an sich zu arbeiten, Beziehungen zu knüpfen und jeden Auftrag genauso auszuführen, wie es von Ihnen erwartet wird. Wenn Sie eine Szene kürzen sollen, sollten Sie nicht glauben, Punkte dadurch sammeln zu können, dass Sie andere Szenen oder gar das ganze Drehbuch umschreiben. Je nach Größe des Teams wird man Sie in einer Saison vielleicht mit der Bearbeitung einer Episode betrauen, vor allem, wenn ein versierter Autor zur Verfügung steht, der Ihnen dabei helfen kann. Er oder sie wird Ihnen bei jedem neuen Arbeitsschritt Ratschläge geben oder auch notfalls das Skript selbst schreiben, wenn Sie nicht dazu in der Lage sind, die Zeit aber knapp wird. In einem kleinen

Team wird man Ihnen, wenn Sie Ihr Handwerk verstehen, vielleicht zwei Episoden übertragen, für die Sie später im Filmabspann als Autorin genannt werden.

Teamautoren bekommen ein festes Gehalt, das sich an den Tarifen der Writers Guild orientiert. Ein blutiger Anfänger bei einer Network-Serie, die zur Hauptsendezeit läuft, erhält etwa 3000 Dollar die Woche (12000 Dollar im Monat). Vielleicht sieht Ihr Vertrag aber auch nur 20 Stunden (oder weniger) vor, mit der Möglichkeit einer Verlängerung. Bei networkunabhängigen Sendern kann sich ein Anfangsgehalt auch nur auf 750 Dollar die Woche belaufen. Wenn Sie ein Skript schreiben, wird Ihnen das Honorar auf Ihr Gehalt angerechnet. Erst mit der Beförderung zum Story Editor bekommen Sie eine solche Tätigkeit zusätzlich vergütet.

## Story Editor

Sowohl der Aufgabenbereich eines Story Editors als auch der eines Executive Story Editors ist nicht eindeutig definiert. Bei einem erfolgreichen Autor handelt der Agent für jede weitere Staffel einen neuen Titel aus. Ein Story Editor steht über dem Teamautor, aber wie weit, hängt von der Größe des Teams und dem Arbeitsstil des Serienchefs ab. Ein Story Editor kann praktisch ein Anfänger sein oder auch einer von mehreren erfahrenen Drehbuchautoren, die alle diesen Titel tragen. Gelegentlich versteht man unter einem Executive Story Editor auch einen Chefautor (Head Writer).

Keinesfalls ist ein Story Editor jemand, der den ganzen Tag nur Manuskripte redigiert. Wie alle anderen Ränge in der Hierarchie bezeichnet dieser Titel einen Autor, der eine Episode über sämtliche Stadien hinweg begleitet, angefangen bei der Gliederung der Story über die verschiedenen Story Outlines, den ersten Entwurf bis hin zum überarbeiteten Manuskript. Normalerweise wird von einem Story Editor erwartet, dass er zwei Episoden pro Staffel entwickelt und Szenen in anderen Episoden feilt oder Dialoge überarbeitet.

Wenn Sie einen Fuß in die Tür bekommen wollen, sollten Sie darauf achten, dass Sie Ihre Serien- oder Episodenkonzepte nicht einem Story Editor, sondern einem Höhergestellten präsentieren. Ein Story Editor darf normalerweise keine Einstellungen vornehmen und hat oft auch gar kein Interesse daran, dem Serienchef Ihre Konzepte schmackhaft zu machen. Ist der Story Editor jedoch ein Freund von Ihnen und genießt außerdem das Vertrauen des Serienchefs, könnte sich das zu Ihren Gunsten auswirken. Auch hier sehen Sie, wie sehr Beziehungen das Leben erleichtern.

Story Editor sind Angestellte mit einem festen Gehalt und einem Vertrag über eine bestimmte Anzahl von Wochen, ähnlich wie Teamautoren, nur besser bezahlt. Je nach Dauer des Vertrags liegt ihr Gehalt bei etwa 6000 Dollar die Woche. Hinzu kommen noch Vergütungen für so genannte »freie Mitarbeit« wie die Erstellung einer Story Outline oder die Ausarbeitung eines Treatments. Wenn Sie also ein monatliches Festgehalt von etwa 24000 Dollar bekommen und Ihnen gleichzeitig die Outline für eine Episode übertragen wird, verdienen Sie zusätzlich 12000 Dollar, bekommen also insgesamt 36000 Dollar im Monat.

Aber bevor Sie jetzt glauben, Ihren Studienkredit auf einen Schlag zurückzahlen zu können, muss ich Sie leider enttäuschen, denn von diesem Geld sehen Sie nicht einmal die Hälfte. Ihr Agent bekommt 10 Prozent, die verschiedenen Steuern schlagen mit mindestens 40 Prozent zu Buche, Verbandsbeiträge betragen etwa 3 Prozent und nicht zu vergessen die diversen Versicherungen, Sozialabgaben etc. Wenn Sie einen Anwalt haben, so kostet Sie das 5 Prozent, und wenn Sie außerdem noch einen Manager beschäftigen (obwohl Sie am Anfang Ihrer Berufslaufbahn nicht beides brauchen), sind das weitere 15 Prozent. All das geht von Ihrem Bruttoeinkommen ab, bevor Sie nur einen Cent davon sehen. Tatsächlich bekommen Sie nicht einmal den Originalscheck zu Gesicht. Dieser geht direkt an Ihre Agentur, die ihren Anteil abzieht und Ihnen einen neuen Scheck über den geänderten Betrag zuschickt. Und denken Sie daran: Serienproduktionen können gestrichen werden, und Autoren sind oft monatelang arbeitslos. Freuen Sie sich also nicht zu früh.

### Produzent (Producer)

Im Vor- oder Abspann einer Serie werden oft zahlreiche Produzenten oder Co-Produzenten genannt, die jedoch ganz unterschiedliche Aufgaben haben können. Bei einem Spielfilm versteht man unter einem Produzenten den Produktionsleiter, der für die Ausrüstung, Zeitpläne, Budgets und das Filmteam zuständig ist. Im Bereich der TV-Serien handelt es sich um Drehbuchautoren, die zum Produzenten aufgestiegen sind, aber nichts mit der eigentlichen Produktion zu tun haben. Ihr Job besteht darin, das Skript zu schreiben und umzuschreiben, ähnlich wie ein Story Editor. Und wieder andere Produzenten sind zwar vor allem Drehbuchautoren, aber auch an der Produktion als solcher beteiligt, vor allem an der Rollenbesetzung. Sie arbeiten eng mit dem Regisseur und dem Story Editor zusammen und halten sich häufig am Set auf.

Normalerweise gestaltet ein Produzent eine Staffel und ist gemeinsam mit dem Serienchef für die Qualität der einzelnen Folgen verantwortlich. Wenn also eine Episode am nächsten Tag gedreht werden soll und am Skript in letzter Minute noch etwas geändert werden muss, ist es der Produzent, der sich die Nacht um die Ohren schlägt und es überarbeitet, obwohl der ursprüngliche Drehbuchautor als Urheber gilt. Der Verzicht auf die Namensnennung im Abspann ist ein Entgegenkommen ranghöherer Mitarbeiter gegenüber rangniederen und Freiberuflern.

Von einem Produzenten am Set wird auch erwartet, dass er eine Szene, die nicht funktioniert, aus dem Stand heraus umschreibt, oder einen Dialog ändert, wenn Regisseure oder Schauspieler Probleme damit haben. Das bedeutet, dass der Produzent bei Wind und Wetter und zu jeder Tages- und Nachtzeit mit dem Filmteam am Dreh ist. Als Kompensation dafür kann er nicht nur die Serie nachhaltig gestalten, sondern sein Einsatz zahlt sich auch in barer Münze aus.

Produzenten werden in der Regel anders honoriert als Story Editors. Manche sind am Gewinn beteiligt und erhalten einen Anteil der Produktionsgebühren für Episoden, sobald diese gesendet werden. Es kann passieren, dass ein Produzent den ganzen Sommer über keine zusätzliche Vergütung bekommt und im Herbst, wenn die Serie ausgestrahlt wird, jede Woche Summen um die 20000 Dollar kassiert.

Gelegentlich werden Produzenten vom Studio beauftragt, eine neue Serie zu konzipieren, und steigen damit zum leitenden Produzenten auf:

### Leitender Produzent (Supervising Producer)

Der Unterschied zwischen einem Story Editor, einem Producer und einem Supervising Producer besteht vor allem in der größeren Verantwortung des letzteren, da alle nach wie vor Autoren sind. Es gibt leitende Produzenten, die das gesamte Autorenteam unter sich haben oder sogar für die Produktion verantwortlich sind, während andere die ganze Staffel über nichts anderes tun, als Episodenskripts zu schreiben und umzuschreiben – wie alle anderen auch.

Bei Ihrer Bewerbung sollten Sie sich an jemanden mit diesem Titel wenden. Zwar muss der ausführende Produzent Ihre Einstellung absegnen, aber der leitende Produzent hat genügend Mitspracherecht, um Ihnen einen Vertrag anzubieten. Außerdem ist er derjenige, der Ihr Skript betreut.

### Creative Consultant

Auch diese Bezeichnung ist nicht eindeutig definiert. Bei einem Spielfilm über das Schicksal einer Berühmtheit beispielsweise könnte einer der Nachfahren als Creative Consultant fungieren. Auch ein Autor, dessen Text völlig umgeschrieben wurde, kann als Creative Consultant im Abspann auftauchen. Es kann auch ein berühmter Autor, der der Endfassung den letzten Schliff gab, damit gemeint sein, oder irgendein Experte, der Neffe des Geldgebers oder der Yogalehrer des Regisseurs. Bei Fernsehserien wird dieser Titel nicht ganz so willkürlich verwendet. Sein Träger hat einen klar umrissenen Tätigkeitsbereich, aber sein Status ist abhängig von der jeweiligen Situation. Normalerweise versteht man darunter einen angesehenen Autor, der Entwürfe und Skripts kommentiert, aber keine Bürozeiten einhalten muss. Er oder sie schreibt Episoden und nimmt an Besprechungen teil oder auch nicht.

Bei einer Serie, an der ich einmal mitwirkte, waren im Nachbarbungalow vier ausführende Produzenten untergebracht, die an einer Actionserie arbeiteten. Alle vier waren erfolgreiche Autoren Mitte 30, die zuvor als Produzenten bei anderen Serien gearbeitet hatten und jetzt zu Executive Producers aufgestiegen waren. Sie hatten kein Problem damit, das Drehbuch für diese Serie zu schreiben, aber mit der Umsetzung taten sie sich schwer. Dafür war eine graue Eminenz zuständig, die den ominösen Titel eines Creative Consultant innehatte. Aufgrund seines guten Namens wäre es ihm unangenehm gewesen, wenn sein Beitrag bei dieser kleinen Actionserie bekannt geworden wäre. Ich bin sicher, dass er die vier so schnell wie möglich instruierte und sich dann wieder zurückzog. Als ich später das Schreibteam kennen lernte, entpuppte sich der Creative Consultant als Serienchef.

### Ausführender Produzent (Executive Producer) / Serienchef (Show Runner)

Der Aufgabenbereich eines ausführenden Produzenten variiert je nach Serie. Bei Serien-Dauerbrennern gibt es aufgrund von Beförderungen oft ein Überangebot an ausführenden Produzenten. Die meisten von ihnen sind reine Drehbuchautoren. Aber es gibt zwei weitere Positionen mit diesem Titel, die Sie vor der ersten Kontaktaufnahme kennen sollten.

Bei manchen Serien stehen zwei gleichberechtigte ausführende Produzenten an der Spitze, die aber unterschiedliche Aufgabenbereiche haben. Einem von ihnen untersteht die Produktion als solche, also die Technik, das Filmteam, Terminpläne, die Auswahl der Drehorte, Kulissen, Ausrüstung usw., während der andere, der so genannte Chefautor, für den Inhalt bzw. die künstlerischen Aspekte zuständig ist, wie die Konzeption eines Drehbuchs, Regie,

Schnitt und Rollenbesetzung. Die beiden arbeiten im Team, was bei manchen Serien durchaus eine sinnvolle Arbeitsteilung darstellt. Gelegentlich wird der Name eines Stars als Executive Producer im Abspann genannt, aber glauben Sie nicht, dass dieser je im Schreibteam mitgearbeitet hat.

Unter all diesen ausführenden Produzenten gibt es nur einen Serienchef. Meistens ist es derjenige, der die Serie konzipiert und auch die Pilotfolge geschrieben hat. Beispielsweise stammt der Pilotfilm für *Emergency Room* von Michael Crichton, der auch weiterhin im Abspann als Executive Producer auftaucht, obwohl er nicht mehr an der Serie beteiligt ist. Bei dieser Serie gibt es noch andere ausführende Produzenten, aber nur einer, John Wells, trifft Entscheidungen und ist letztlich für die Serie verantwortlich.

Steven Bochco und David Milch beispielsweise sind Erfinder von Serien und gleichzeitig Serienchefs, definieren ihre Rolle aber unterschiedlich. Mr. Bochco, erfolgreicher Drehbuchautor und Filmproduzent, u. a. von *New York Cops* und anderen Fernsehproduktionen, entwickelt selbst keine Episoden mehr. Mr. Milch dagegen betrachtet sich vor allem als Autor und schreibt oder überarbeitet viele Folgen seiner Serie, darunter auch das Pilotskript für *Deadwood*.

Ideal wäre die Mitarbeit in einem Team, dessen Serienchef ein profilierter Autor ist und der Ihnen wertvolle Tipps mit auf den Weg geben könnte.

## Zusammenfassung

Die einzelnen Episoden einer Fernsehserie werden von Schreib- bzw. Autorenteams entwickelt, die einem Serienchef unterstellt sind. Ein Team ist hierarchisch strukturiert und kann aus wenigen Autoren, die sich zugleich Produzenten nennen, bestehen oder auch aus vielen Autoren, die verschiedene Titel tragen.

Als Mitglied eines Teams entwickeln Sie eigene Episoden, die Sie gliedern und überarbeiten, und arbeiten außerdem an den Texten der anderen Autoren mit.

Hat man als Freiberufler eine Auftragsarbeit zur allgemeinen Zufriedenheit erledigt, ist dies oft die Eintrittskarte für die Mitarbeit im Team.

Ein Teamautor (Staff Writer) befindet sich auf der untersten Stufe der Karriereleiter. Die Arbeit im Team bietet Anfängern aber die Chance, vom Wissen erfahrener Kollegen zu profitieren.

Versteht ein Teamautor sein Metier, wird er zum Story Editor befördert und erklimmt damit die nächste Sprosse der Karriereleiter. Ein Story Editor überarbeitet Drehbücher und schreibt eigene Episoden.

Unter Produzenten (Producer) und leitenden Produzenten (Supervising Producer) versteht man Drehbuchautoren, die gelegentlich auch das Schreibteam unter sich haben.

Der Titel eines ausführenden Produzenten (Executive Producer) bezieht sich entweder auf den Erfinder der Serie oder den Serienchef (Show Runner) oder aber auf einen der zahlreichen etablierteren Autoren des Schreibteams. Ein ausführender Produzent kann auch für die Produktion als solche zuständig sein. Der Serienchef ist ein Autor, der auf der obersten Stufe der Karriereleiter angelangt ist und die Verantwortung für sämtliche Aspekte der Serie trägt.

Inzwischen wird diese klassische Hierarchie in manchen Bereichen flexibler gehandhabt, wenn es darum geht, junge Talente zu entdecken oder neue Wege zu beschreiten.

# 6 Wie man einen Fuß in die Tür bekommt

Ich möchte Ihnen gern eine Geschichte erzählen, wie es sie nur im Märchen gibt. Aber auch Märchen werden manchmal wahr.

Es war einmal – um genau zu sein in den 1980er Jahren – eine junge Frau, die sich verliebte, und zwar in eine Fernsehserie, deren Protagonistin ihr sehr ähnlich war. Jede Woche saß sie an dem Tag, an dem die Sendung gezeigt wurde, um neun Uhr abends auf der Couch und starrte gebannt auf den Bildschirm. Sie ging weder ans Telefon, noch schaltete sie von einem Programm ins andere. Auch in ihrem Alltag ließen sie die Motive und Probleme der Figuren nicht mehr los, und sie erzählte ihren Freundinnen von den Geschichten, die sie sich ausgedacht hatte. Ihr fiel auf, dass jede Figur ihre eigene Sprache hatte, dass Konflikte angelegt und gelöst wurden und die einzelnen Handlungsstränge miteinander verknüpft waren. Und dann gestand sie sich ein: So etwas kann ich auch schreiben.

Entschlossen setzte sie sich an ihre elektrische Schreibmaschine und tippte 60 Seiten, die sie an die Fernsehgesellschaft schickte. Für ein unverlangt eingesandtes Manuskript würde sie zwar kein Honorar erhalten, aber vielleicht bekam sie damit einen Fuß in die Tür. Leider wurde das Drehbuch ungelesen, zusammen mit einem Formbrief, zurückgeschickt, mit der Begründung, dass man keine unverlangt eingeschickten Texte annehme. Aber sie ließ sich davon nicht entmutigen.

Das zweite Probeskript, das besser war als das erste, weil sie inzwischen mehr Übung hatte, kam ebenfalls zurück. Sie konnte weder einen Abschluss von einer renommierten Filmhochschule noch eine Namensnennung als Drehbuchautorin vorweisen; sie hatte keine Verwandten in dieser Branche und keinen Agenten. Und in ihrem Heimatort hatte niemand nur die leiseste Ahnung davon, wie man es anstellte, ins Fernsehgeschäft einzusteigen. Aber sie gab nicht auf.

Sie verfasste ein drittes Drehbuch. Inzwischen hatte sie verschiedene Bücher über die Kunst des Drehbuchschreibens gelesen und ihre Lieblingsserie analysiert, um zu sehen, in welche Richtung sich die Geschichten entwickelten. In diesem dritten Drehbuch wollte sie ein Thema aufgreifen, das in ihren Augen bisher zu kurz gekommen war. In einem Brief erklärte sie ihre Absicht. Bestimmt denken Sie jetzt, dass es dieses Mal klappte. Leider nicht. Aber zumindest lag ihrem abgelehnten Skript ein Schreiben bei, in dem man ihr mitteilte, dass sie, falls sie zufällig einmal nach Los Angeles kommen sollte, im Büro des Senders vorbeischauen könne. Sie besorgte sich umgehend ein Flugticket.

War es Glück, Schicksal oder die Neugier der Verantwortlichen? Sie bekam einen Termin. Und den wusste sie zu nutzen. Statt eines vierten Drehbuchs präsentierte sie Episodenkonzepte, kurze Zusammenfassungen von zehn Geschichten, die in ihren Augen perfekt zur Serie passten, doppelt so viele, wie üblich waren. Diese Konzepte trug sie mit Witz und Sachverstand vor, je fünf Minuten pro Story. Und was war das Ergebnis?

Sie verkaufte kein einziges! Stattdessen gab man ihr einen Stapel Musterdrehbücher, eine Übersicht über die Folgen, die der Sender gerade in Arbeit hatte, und Themenvorschläge für neue Episoden. Der Produzent versprach, sich auch ihre nächste Präsentation anzuhören.

Und dann war es endlich soweit: Man bat sie, ihren Agenten vorbeizuschicken. Hieß das nun, dass sie ein Drehbuch verkauft hatte oder im Autorenteam mitarbeiten durfte? Weder noch. Aber es war ihr gelungen, den Auftrag für eine Story Outline zu bekommen, was, wie Sie aus dem vorherigen Kapitel wissen, der erste bezahlte Schritt einer Karriere als Drehbuchautorin ist. Die Assistentin des Produzenten zeigte ihr die Vorlage für eine Outline, und es gelang ihr, eine Geschichte zu schreiben, die zum ersten Entwurf taugte. Die Überarbeitung übernahm ein anderer Autor, da sie selbst zu wenig Erfahrung im Schreiben hatte. Aber ihr wurden die Urheberrechte für die Idee der Episode zuerkannt. Dann zog sie nach Los Angeles, um die einzelnen Produktionsstadien »ihrer« Episode mitzuverfolgen.

Dort präsentierte sie das Konzept für eine weitere Episode, das so gut war, dass sie den ersten Entwurf schreiben durfte, der allerdings noch zu wünschen übrig ließ. Aber sie verfolgte aufmerksam den Prozess, den die Folge durchlief, von der Überarbeitung über die Produktion zur Nachproduktion. Sie stellte ein weiteres Episodenkonzept vor, erstellte eine Story Outline und schrieb noch eine Episode, die schon besser war. Sie fand Unterstützung innerhalb des Schreibteams. Und schließlich, bei der Planung der nächsten Staffel, wurde sie ins Schreibteam aufgenommen.

Sie wurde befördert, von der Teamautorin zum Story Editor, dann zur Produzentin und zur leitenden Produzentin. Drei Jahre später, während der letzten Staffel der Serie, konnte sie als ausführende Produzentin endlich ihre Lieblingsserie produzieren.

Auf die Tipps, die dieses Märchen für Sie bereithält, werde ich später noch eingehen. Aber im Grunde können Sie vom beruflichen Werdegang eines jeden Drehbuchautors, der den Durchbruch geschafft hat, etwas lernen. Hier ist meiner:

Es war mir nie in den Sinn gekommen, Drehbuchautorin zu werden, was vielleicht daran lag, dass ich in New York aufwuchs. Aber ich hatte schon mein Leben lang geschrieben: Gedichte, Geschichten, Theaterstücke, Artikel. Und als ich mit 20 vom College abging, hatte ich bereits einige Preise bekommen und meine Texte in weniger bekannten Zeitschriften veröffentlicht. Meine idealistischen journalistischen Ergüsse drehten sich vor allem um das nicht ausgeschöpfte Potenzial des Mediums Fernsehen und die Forderung nach mehr Themenvielfalt, wie beispielsweise die Darstellung der Probleme von Minderheiten, der wahren Lebensumstände von Frauen oder der Realitäten des Lebens in einer Großstadt. (Das war, bevor HBO und andere Kabelsender, nicht zu vergessen Networks, die niveauvollere Serien produzierten, die Fernsehlandschaft revolutionierten und dafür prämiert wurden.) Aufgrund meiner Artikel wurde ich von einer alternativen öffentlichen Fernsehstation in Los Angeles als Programmchefin angeheuert. Mit einem Koffer und einem überflüssigen Wintermantel flog ich ins 3000 Meilen entfernte Kalifornien, wo ich keine Menschenseele kannte. Wenige Monate später war die Fernsehstation bankrott.

Aber zu diesem Zeitpunkt kannte ich bereits diverse Leute und bekam den Tipp, mich bei MCA-Universal zu bewerben, die eine Mitarbeiterin für ihre Projektabteilung suchten. Während meiner drei Jahre bei MCA fiel mir auf, dass die Drehbücher für Kinofilme von immer denselben bekannten Namen stammten, wohingegen die Manuskripte weniger bekannter Autoren offenbar überhaupt keine Chance hatten. Selbst wenn ein Film grünes Licht bekommen hatte, gingen zwischen fertigem Skript und Umsetzung oft Jahre ins Land. Während dieser Zeit wurde der ursprüngliche Autor meist durch einen zweiten ersetzt und der wiederum durch einen dritten. Aber ein paar Stockwerke tiefer, in der Abteilung für Fernsehproduktionen, in der auch Serien hergestellt wurden, wurden die einzelnen Folgen innerhalb weniger Monate abgedreht und gesendet und die Urheberrechte dem Autor zuerkannt.

Also entschied ich mich für eine Laufbahn beim Fernsehen. Inzwischen hatte ich von den Profis gelernt und drei Probeskripts für Spielfilme geschrieben. Meine erste Aufgabe war ein typischer Anfängerjob und bestand darin, den Dialogen in einem Fernsehfilm den letzten Schliff zu geben, ohne dass ich dafür im Filmabspann genannt wurde. Für den Feinschliff, für den ich zwei Wochen brauchte, bekam ich ein Pauschalhonorar.

Dieser Job verhalf mir zu meinem ersten Agenten, weil der Produzent darauf bestand, mit einem Profi zu verhandeln. Er machte mir ein paar Vorschläge und ich wählte einen Berufsanfänger wie mich. Von dieser Geschäftsbeziehung profitierten wir im Laufe der Jahre beide. Zweifellos ist dies der einfachste Weg, einen Agenten zu finden.

Jetzt konnte ich mich endlich an Episoden versuchen. Aber wie sollte ich das anstellen? Ich beschloss, Folgen von *Trapper John, M. D.* unter die Lupe zu nehmen. Dabei fiel mir auf, dass die weibliche Hauptfigur zu sehr im Hintergrund stand. Ich hielt Madge Sinclair, die ich schon auf der Bühne gesehen hatte, für eine talentierte Schauspielerin und fand, dass die Verantwortlichen nach all den Jahren, die die Serie bereits lief, ihr etwas schuldeten. Also bat ich meinen Agenten, einen Präsentationstermin zu vereinbaren. Ich hatte keine Ahnung von ABC-Storys oder der Vieraktstruktur. Aber die Episode wurde akzeptiert. Madge ließ meine Zeilen lebendig werden und bekam noch im selben Jahr einen Emmy für ihre schauspielerische Leistung in der ersten Episode, die ich je geschrieben hatte.

Ich blieb nicht lange bei dieser Serie, arbeitete dann als freie Autorin bei verschiedenen anderen Produktionen mit, und es dauerte eine Weile, bis ich wieder einem festen Team angehörte, aber diese erste Chance gab mir enorm viel Selbstvertrauen.

## Tipps

### Schreiben Sie über etwas, das Sie interessiert

Hier geht es nicht darum, es sich leicht zu machen, sondern seine Stärken hervorzuheben. Schließlich stellt sich doch die Frage: Was unterscheidet Sie von all den anderen, die versuchen, als Drehbuchautoren den Einstieg zu schaffen? Die Heldin unseres Märchens beispielsweise identifizierte sich leidenschaftlich mit der Hauptfigur der Serie, hatte Verständnis für ihre Probleme und konnte ihre Gefühle nachempfinden, was ihrem Skript Glaubwürdigkeit verlieh und den nötigen Realitätsbezug gab. Überlegen Sie, was Sie interessiert. Vielleicht ein Genre wie Science Fiction oder aber Ihr eigener Familienhintergrund. Oder nutzen Sie Ihre Erfahrung, die Sie vielleicht in Bereichen wie Medizin, Jura oder Polizeiarbeit gesammelt haben. Leidenschaft und Interesse sind die wichtigsten Voraussetzungen für eine authentische Geschichte.

## Wählen Sie für Ihr Probeskript eine andere Serie als für Ihr Episodenskript

Zugegeben, dieser Rat widerspricht der Botschaft unseres Märchens. Es gibt auch Sender, die Probeskripts für ihre eigenen Produktionen akzeptieren, aber das sollte nicht in Ihrem Interesse sein. Der Produzent kennt die Serie wie seine eigene Westentasche. Dann kommen Sie und präsentieren ihm die x-te Episodenstory über einen entlaufenen Hund oder eine Leiche im Swimmingpool oder aber eine Affäre zwischen zwei Schauspielern, die sich, was Sie nicht wissen können, am Vortag zerstritten haben. Das nervt ihn nur. Aber der Produzent einer anderen Serie wird Ihr schriftstellerisches Potenzial erkennen, ohne sich vom Inhalt ablenken zu lassen. Sie sollten also für eine Serie, die Ihnen vertraut ist, ein Probeskript schreiben und dann Episodenkonzepte für eine andere Serie desselben Genres und von gleich hohem Niveau präsentieren. Beispielsweise könnte der Produzent von *Emergency Room* ein Drehbuch für *New York Cops* lesen, um das sprachliche Können des Autors zu beurteilen.

Und dieses Können – Talent plus handwerkliche Fähigkeiten – wollen Sie unter Beweis stellen. Deshalb sollten Sie sich für eine qualitativ hochwertige Serie, die einen gewissen Bekanntheitsgrad und idealerweise den einen oder anderen Preis bekommen hat, entscheiden. Davon werden nicht nur Ihr Stil und Ihr Ausdruck profitieren, sondern dank der vielschichtigen Figuren können Sie Ihre Dialoge origineller gestalten.

Qualität ist beim Schreiben das A und O. Und damit wären wir wieder bei unserem Märchen und dem nächsten Ratschlag:

## Stellen Sie die richtigen Fragen zur Serie

Erinnern Sie sich noch, wie unsere Heldin bei der Analyse ihrer Lieblingsserie vorging? Zunächst beschäftigte sie sich mit den Motiven und Problemen der Figuren, dachte sich dann Geschichten aus, die zu ihnen passen könnten, identifizierte die Ausdrucksweise der einzelnen Figuren, erkannte, wie Konflikte angelegt und gelöst wurden und wie die Handlungsstränge miteinander verknüpft waren. All das lässt sich an einzelnen Episoden studieren. Sobald Sie sich mit den Motiven der Figuren für bestimmte Handlungsweisen beschäftigen, erkennen Sie das Muster, das den Folgen zu Grunde liegt, sowie den Subtext, der Ihnen bei der Charakterisierung der Figuren helfen wird. Produzenten legen bei einer Textprobe vor allem Wert auf eine nuancierte Charakterisierung der Figuren, da sie daran Ihr schriftstellerisches Potenzial erkennen können. Flache Figuren oder Stereotypen, die nur dem Handlungsverlauf dienen, fordern Sie nicht und sagen deshalb auch nichts über Ihre Fähigkeiten aus.

Überlegen Sie, in welche Situationen die Figuren geraten könnten. Benutzen Sie keine Handlungsstränge, die in der Serie bereits angelegt sind, denn die Handlungsbögen werden beendet sein, bevor Ihr Drehbuch fertig ist. Im Übrigen entscheidet der ausführende Produzent über größere Änderungen im Handlungsverlauf und nicht ein freier Mitarbeiter. Überlegen Sie sich, welche Themen zu den einzelnen Figuren passen könnten, statt darüber zu spekulieren, wie sich die Handlung im Verlauf des Jahres entwickeln könnte. Oder denken Sie sich einen neuen Aspekt zu einem der Protagonisten aus. Wenn Sie sich beispielsweise *Six Feet Under* (eine HBO-Serie, die in einem Beerdigungsinstitut spielt) für ein Probeskript ausgesucht und Sie zufällig Schreinerin gelernt haben, könnten Sie als Thema für eine der Hauptfiguren Probleme beim Sargbau vorschlagen.

Im Idealfall ist die Sprache jeder Figur genau auf sie zugeschnitten und spiegelt ihren sozialen Hintergrund, ihre Schulbildung, Geisteshaltung, Intelligenz und Persönlichkeit wider. Hören Sie aufmerksam zu und überlegen Sie, wie sich Tony Sopranos Wortwahl und Ausdrucksweise in *Die Sopranos* von seiner Therapeutin Dr. Melfis unterscheiden oder was den Unterschied zwischen Präsident Bartlets Sprache und der der Pressesprecherin C. J. Cregg in *The West Wing* ausmacht. Eine besondere Herausforderung für einen externen Drehbuchautor ist die spezifische »Stimme« einer

Figur. Sie könnten die Schauspieler studieren, aber lassen Sie sich nicht täuschen: Die Unterschiede sind im Drehbuch angelegt.

Spannungsbögen und Episodenstruktur werden in der Regel durch den zeitlichen Rahmen und beim Network-Fernsehen durch Werbeblöcke vorgegeben, wie wir in Kapitel 3 gesehen haben. Aber das sollte Sie nicht entmutigen. Es kommt vor allem darauf an, dass Ihr Skript spannend ist. Produzenten und Agenten werden nur wenige Seiten lesen, und wenn Sie es nicht schaffen, sie zu fesseln, hat Ihr Drehbuch keine Chance. Man erwartet von Ihnen einen interessanten Plot und überraschende Wendungen im Handlungsverlauf, die glaubhaft, aber nicht vorhersehbar sind. In einer Geschichte über Brustkrebs beispielsweise könnte der Betroffene ein Mann sein, da diese Krankheit schließlich nicht nur Frauen trifft. Ihr Drehbuch sollte sich durch Frische, Kreativität und Originalität auszeichnen.

Nicht nur bei Spiel- und Fernsehfilmen, sondern auch bei TV-Serien geht es demnach primär um die Kunst des Schreibens. Vorher sollten Sie sich jedoch gründlich über die Serie informieren, für die Sie ein Probeskript anfertigen oder ein Episodenkonzept präsentieren wollen. Im Gegensatz zu unserer Heldin steht Ihnen heute das Internet zur Verfügung. Die meisten Serien haben eigene Websites und viele zudem noch Fanseiten. Die offizielle Seite informiert Sie über Grundsätzliches wie die richtige Schreibweise des Namens der einzelnen Figuren und die Geschichte der Serie. Bei manchen finden sich auch Aussagen des Produzenten über seine Vorlieben und Quellen der Inspiration. Bei den Fanseiten ist Vorsicht geboten, da sie in der Regel subjektiv sind, aber sie verfügen oft über Zusammenfassungen der einzelnen Folgen und geben einen Überblick über sämtliche Episoden, die je gesendet wurden. Dadurch vermeiden Sie, etwas zu schreiben oder zu präsentieren, das längst thematisiert wurde.

Die richtigen Fragen drehen sich immer um die Storys und die Figuren, nicht um Spezialeffekte, Kostüme, Budget, Rollenbesetzung, Gerüchte oder Werbegags.

## Benutzen Sie das passende Handwerkszeug

In den 1980er Jahren quälte sich unsere Heldin noch mit einer elektrischen Schreibmaschine herum. Das ist inzwischen passé. Für Ihren Computer brauchen Sie die richtige Software zur Drehbuchformatierung. Eine weit verbreitete kommerzielle Drehbuchsoftware ist beispielsweise »Final Draft«. Jede Serie benutzt ihre eigene Software, die man als Autorin übernehmen muss, aber für ein Probeskript reicht ein Standard-Drehbuchprogramm aus. Wie Sie an dem Beispiel in Kapitel 3 gesehen haben, hat ein Serienskript dasselbe Format wie das Drehbuch für einen Spielfilm (nur Sitcoms werden anders formatiert). Um überhaupt berücksichtigt zu werden, muss Ihr Drehbuch einen professionellen Eindruck machen.

## Lassen Sie sich repräsentieren

Das ist leichter gesagt als getan. Unsere Heldin war in dieser Hinsicht völlig unbedarft und verschickte ein Skript nach dem anderen, die alle abgelehnt wurden, bis sie dank ihrer Hartnäckigkeit die Aufmerksamkeit eines Produzenten erregte. Selbst für die damalige Zeit, als es noch leichter war, ins Filmgeschäft einzusteigen, hatte sie enormes Glück und brauchte trotzdem Jahre, um ans Ziel zu gelangen. Lassen Sie uns also über Agenten sprechen: warum Sie sie brauchen, wie Sie an den richtigen geraten, und was Sie tun können, wenn es Ihnen nicht gelingt.

Sendeanstalten vermitteln oft den Eindruck, zugänglich, ja sogar entgegenkommend zu sein, so dass Fans gelegentlich meinen, ihr Manuskript würde mit Handkuss genommen. Von außen betrachtet hat es den Anschein, dass Drehbuchschreiben, zumal fürs Fernsehen, ein Kinderspiel ist. TV-Sender würden von Amateurskripts überschwemmt werden, wenn man nicht einige Hürden überwinden müsste. Produktionsfirmen wollen außerdem nicht riskieren, von einem Unbekannten verklagt zu werden, weil sie ihm angeblich die Idee gestohlen haben. Deshalb nehmen sie in der Regel keine unverlangt eingereichten Drehbücher an.

Es ist sinnvoll, sich von einem Agenten vertreten zu lassen, denn er kennt die Branche und hilft Ihnen dabei, einen Fuß in die Tür zu bekommen. Die Agentur übernimmt auch die Vertragsverhandlungen, arbeitet Ihren Vertrag aus und kümmert sich um die Zahlung Ihres Honorars, abzüglich einer zehnprozentigen Provision.

Während Filmstudios Originaldrehbücher kaufen, vergeben Fernsehgesellschaften in der Regel Auftragsarbeiten. Ihr Agent weiß vielleicht von einer offenen Stelle bei einem Autorenteam oder welche Produktionsfirma einen Autor mit einem speziellen Hintergrund, Standpunkt oder Stil für eine bestimmte Episode sucht. Er schickt Arbeitsproben derjenigen Klienten, die die Kriterien erfüllen, an den jeweiligen Produzenten, der Sie, falls die Wahl auf Sie trifft, zu einem Gespräch einlädt. Oder wenn Sie eine Idee für eine Episode haben, kann Ihr Agent Ihre Textproben dem Produzenten zukommen lassen, der Sie eventuell bittet, ein Episodenkonzept vorzustellen.

Ohne Agent nützen Ihnen diese Informationen natürlich nicht viel. Aber bevor Sie sich auf die Suche nach einem Agenten machen, sollten Sie eine Bewerbungsmappe zusammenstellen, die Folgendes enthält:

- Mindestens ein sorgfältig ausgearbeitetes Filmdrehbuch, das Ihren Schreibstil zeigt.
- Mindestens ein Drehbuch für eine Einstundenserie in einem Genre, das Sie gern bearbeiten würden.
- Mindestens ein Skript für eine weitere TV-Episode in einem anderen Genre, um Ihre Vielseitigkeit zu demonstrieren.
- Originelle Episodenkonzepte für verschiedene Serien.

Jetzt sind Sie startbereit. Über das Hollywood Directory und die Writers Guild sind Listen mit Agenten erhältlich. Doch wie finden Sie unter all den Namen denjenigen, der für Sie zuständig ist? Manche Agenturen sind auf Hollywood-Produktionen spezialisiert, andere auf Independentfilme und wieder andere auf Sitcoms. Überprüfen Sie die Liste ihrer Klienten nach Autoren, die im Zusammenhang mit Fernsehfilmen genannt werden. Sie müssen auch zwischen so genannten Packaging- und Boutique-Agenturen unterscheiden.

Große Packaging-Agenturen bieten ihren Service als Paket an, das Schauspieler, Regisseure, Produzenten und Autoren umfasst. Es kann von Vorteil sein, einem solchen Team anzugehören, das in der Regel von einem erfahrenen Serienchef geleitet wird. Andererseits wird bei einer Boutique-Agentur mehr Wert auf persönliche Betreuung gelegt.

Jetzt ist es Zeit für den Griff zum Telefonhörer. Wenn Sie keine Empfehlungsschreiben haben, wählen Sie auf gut Glück eine Agentur nach der anderen, die für Sie zuständig sein könnte. Fragen Sie nicht nach dem Agenten, sondern konzentrieren Sie sich auf die Person, die Ihren Anruf entgegennimmt. Erklären Sie, dass Sie Seriendrehbücher schreiben wollen und eine Agentur suchen, die Sie vertritt. Vielleicht wird man Ihnen den Namen des Agenten nennen, der sich auf TV-Serien spezialisiert hat, oder den eines neuen Mitarbeiters, der sich gerade einen Kundenstamm aufbaut. Lassen Sie sich deren Namen buchstabieren. Von hundert Anrufen werden vielleicht zehn erfolgreich sein. Aber schließlich brauchen Sie ja nur einen Agenten.

Als nächstes sollten Sie einen einseitigen Brief an diese zehn Agenturen verfassen, in dem Sie Ihre Stärken hervorheben: preisgekrönte Drehbücher, das Zeugnis der Filmhochschule, Theaterstücke, die gute Kritiken erhielten, Veröffentlichungen im Bereich Belletristik oder Journalismus. Wenn Sie nichts davon vorweisen können, versuchen Sie den Adressaten mit etwas Ungewöhnlichem zu ködern. Wenn Sie beispielsweise früher bei der Polizei gearbeitet haben, könnten Sie über Kriminalfälle berichten, mit denen Sie zu tun hatten. Gehen Sie dann zu Ihrer Bewerbungsmappe über, die vielleicht Probeskripts für *Dr. House* und *Friday Night Lights – Touchdown am Freitag* enthält, sowie das Pilotskript für einen Fernsehfilm und das Drehbuch für einen Spielfilm. Wenn man Sie auffordert, eins Ihrer Skripts einzureichen, haben Sie Ihr Ziel erreicht.

Aber erst einmal beginnt das Warten. Üben Sie sich in Geduld und rufen Sie nicht öfter als alle zwei Wochen bei den betreffenden Agenturen an. Nach Eingang Ihres Briefes kann es sechs bis acht

Wochen dauern, bis sich eine Agentur meldet und Sie um eine Textprobe bittet.

Auch wenn Sie eigentlich Drehbücher für TV-Serien schreiben wollen, bittet der Agent Sie zunächst vielleicht um das Skript für einen Fernsehfilm, um sich ein Bild von Ihrem Schreibstil zu machen. Später haben Sie sicher noch Gelegenheit, Ihre Probeskripts vorzustellen.

Nehmen wir einmal an, Sie haben all diese Hürden genommen und treffen sich jetzt mit verschiedenen Agenten. Gute Agenten sind an Klienten interessiert, die Talent besitzen und die nötige Ausdauer mitbringen, um sich weiterzuentwickeln. Sie fragen sich, wo Sie in fünf Jahren sein werden oder ob Sie genügend Potenzial haben, um Sie bereits in der laufenden Staffel unterzubringen. Agenten, die nur aufs schnelle Geld aus sind, werden Sie wieder fallen lassen, wenn Sie in den ersten Monaten nichts verdienen. Dafür sollten Sie sich zu schade sein.

Ihnen ist an einer guten Beziehung zu Ihrem Agenten gelegen. Er oder sie soll Sie bei Ihrer Suche unterstützen und über genug Einfluss verfügen, um Sie bei einer Produktion unterzubringen. Die Wahl eines Agenten ist Geschmacksache: Manche ziehen den jungen ehrgeizigen Agenten vor, andere den einfühlsamen, und wieder andere fühlen sich bei einem alten Hasen mit einer langen Klientenliste am besten aufgehoben. Die Qual der Wahl stellt sich jedoch nicht für jeden.

Was machen Sie, wenn es Ihnen nicht gelingt, einen Agenten zu finden? Die zweite Möglichkeit wäre ein Manager. Im Unterschied zu einem Agenten sind die Bezüge eines Managers nicht festgelegt. Während Agenturen einer staatlichen Kontrolle unterliegen und Vereinbarungen mit den Autorenverbänden haben, die die Höhe ihres Honorars festlegen und ihre Pflichten regeln, sollten Sie bei Managern auf der Hut sein. Professionelle Managementfirmen funktionieren ähnlich wie Agenturen, verlangen aber mindestens 15 Prozent von Ihren Einnahmen, im Gegensatz zu den 10 Prozent eines Agenten. Um diese Differenz zu rechtfertigen, übernehmen sie häufig zusätzliche Aufgaben.

Manager können Ihnen ebenso wie Agenten den Weg ebnen. Sie sind zwar nicht bei den Berufsverbänden gelistet, aber Sie finden sie in einschlägigen Branchenverzeichnissen. Ihre Vorgehensweise ist die gleiche: Rufen Sie an, schreiben Sie einen Brief, schicken Sie ein Skript und bitten Sie um einen Termin.

Falls auch aus der Managersuche nichts wird, wären Medienanwälte eine Option. Auch sie verfügen über gute Beziehungen zu Produzenten und könnten als Vermittler auftreten. Die übliche Vergütung beträgt statt eines Stundensatzes 5 Prozent Ihres Honorars.

Wenn auch dieser Versuch zum Scheitern verurteilt ist, könnten Sie Folgendes probieren:

- Suchen Sie sich irgendeinen Job bei einer Serienproduktion. Das kann eine Beschäftigung als Produktionsassistentin oder Sekretärin sein. Es geht nicht um eine Karriere als Fotokopiererin, sondern darum, Beziehungen zu Autoren zu knüpfen. Wenn diese Sie erst einmal kennen, können sie nicht umhin, Ihre Textproben zu lesen. Und vor Ort lernen Sie am ehesten, wie das TV-Geschäft funktioniert.
- Besuchen Sie eine Filmhochschule und machen Sie einen Abschluss als Drehbuchautorin. Renommierte Hochschulen haben in der Regel gute Verbindungen zur Industrie und setzen sich für ihre Examenskandidaten ein. Außerdem unterstützen sich die Studierenden gegenseitig.
- Schreiben Sie für einen Schauspieler. Viele Schauspieler besitzen kleine Produktionsfirmen, die sie u. a. mit potenziellen Drehbüchern versorgen. Vielleicht bekommen Sie einen Fuß in die Tür, indem Sie für einen weniger bekannten Darsteller eine interessante Rolle schreiben und dieser sich dann für Sie einsetzt. Sie müssen lediglich einen Weg finden, wie Sie ihm oder ihr das Skript zukommen lassen.
- Beginnen Sie Ihre Suche bei neuen und alternativen Sendern. Von den großen Fernsehgesellschaften und überregionalen Kabelsendern abgesehen, findet sich vielleicht bei kleinen networkunabhängigen bzw. Nischen-Sendern ein Job für Sie. Auch öffent-

liche Fernsehanstalten oder das Internet wären einen Versuch wert. Gerade als Anfänger sollten Sie sich nicht auf die Hauptsendezeit konzentrieren, sondern auch Serien, die im Nachmittagsprogramm oder am frühen Abend laufen, in Erwägung ziehen. Da man in diesen Bereichen aus finanziellen Gründen selten mit Agenten zusammenarbeitet, können Sie sich direkt an den zuständigen Produzenten wenden und ihn mit Ihrer Begeisterung anstecken.

## Ziehen Sie nach Los Angeles

Sobald ein Produzent zu einem Gespräch bereit war, flog unsere Heldin nach Los Angeles und quartierte sich dort in einem Motel ein. Sie hatte Glück, dass er sie nicht versetzte. Denn ein Serienchef ist ein vielbeschäftigter Mensch, der Abgabetermine einhalten, in letzter Minute Skripts umschreiben und sich um Notfälle am Set kümmern muss, so dass es häufig zu Terminverschiebungen kommt. Wie lange hält man es in einem Motel aus?

Es gibt Leute, die nach Los Angeles ziehen und sich mit irgendeinem Job über Wasser halten, während sie sich mit dem Filmgeschäft vertraut machen. Wie Sie sicher wissen, ist Hollywood ein Tummelplatz für Möchtegernautoren, ambitionierte Schauspieler und arbeitslose Regisseure, die alle in die Stadt kamen, um sich ihren Traum zu erfüllen, und auch nach Jahren noch in Aushilfsjobs ausharren, während sie auf den Durchbruch warten. Da für Sie als Autorin der Ort, an dem Sie schreiben, keine Rolle spielt, sollten Sie einen Umzug erst in Erwägung ziehen, wenn Ihre Bewerbungsmappe vollständig ist, Sie eine Anstellung in Aussicht haben oder von der dortigen Filmhochschule akzeptiert wurden. Die Heldin unseres Märchens zog um, nachdem sie ihren ersten Auftrag bekommen hatte. Sie ließ nicht locker und schaffte so den Einstieg.

Ob früher oder später, um einen Umzug nach Los Angeles kommen Sie nicht herum, wenn Sie für TV-Serien schreiben wollen. Es gibt zwar inzwischen eine Handvoll erfolgreicher Serien, die in Städten wie New York, Miami, Vancouver und Toronto gedreht werden. Aber als Drehbuchautorin befindet sich Ihr Arbeitsplatz auf dem Studiogelände. Wie wir in Kapitel 3 erfahren haben, arbeiten die meisten Fernsehautoren im Team; also führt kein Weg an den Palmen vorbei.

## Der Weg zum Erfolg

Meine Studierenden an der USC fragen mich manchmal, wie groß ihre Chancen sind, es in der TV-Branche zu etwas zu bringen. Die ersten ein, zwei Jahre nach dem Studium sind in der Regel hart, aber nach meiner Beobachtung haben einige nach fünf Jahren den Einstieg geschafft. Es sind nicht unbedingt die Talentiertesten, die Hellsten oder die mit den besten Beziehungen, wenngleich Talent, Köpfchen und Kontakte durchaus nützlich sind. Aber am wichtigsten ist Durchhaltevermögen.

Die Erfahrungen meiner derzeitigen Studenten machen deutlich, was sich im 21. Jahrhundert gegenüber früheren Jahren verändert hat. Vor allem für freie Autoren ist der Konkurrenzkampf härter geworden. Mittlerweile arbeiten die meisten Produktionsfirmen mit Teamautoren, so dass die Auftragsvergabe an einen freiberuflichen Autor meist einem Test für eine Festanstellung gleichkommt.

Aber es gibt auch positive Entwicklungen. Zwar werden pro Serie weniger Episoden an freie Autoren vergeben, aber dafür hat sich in einer Welt mit 400 Sendern (Kabelkanäle eingeschlossen), die eigene Serien produzieren, die Anzahl der produzierten Serien vervielfacht. Als ich anfing, hatte ich nur mit Männern zu tun. Meine Ideen präsentierte ich einer alten Network-Garde, die, um kein Risiko einzugehen, an tradierten Serienkonzepten festhielt. Die Serien unterschieden sich kaum voneinander und langweilten einen kreativen Menschen zu Tode. Es gibt sie zum Teil auch heute noch, aber in einer Zeit, in der eine TV-Produktion mit den neuen Medien um die Gunst der Zuschauer buhlen muss, gehören diese Serienchefs zum alten Eisen.

Hier einige der neuen Trends:

- Um neue Talente zu entdecken, akzeptieren Produktionsfirmen neben TV-Probeskripts inzwischen auch Drehbücher für Spielfilme oder Theaterstücke als Arbeitsprobe.
- Drehbuchautoren haben jetzt die Möglichkeit, ein Pilotdrehbuch als Arbeitsprobe einzureichen, um ein neues Serienkonzept vorzustellen oder ihre Schreibqualitäten zu demonstrieren (vgl. Kapitel 2).
- Mischformen wie Dramedy, Realityshow/Fernsehserie und Musikfilm/TV-Serie.
- Keine Vieraktstruktur mehr bei Kabelsendern.
- Verknüpfung verschiedener Filmtechniken, beispielsweise animierte Filmsequenzen, gepaart mit realen.
- Neue Inhalte wie ungewöhnliche Lebensformen, topaktuelle Themen, unkonventionelle Beziehungen, derbe Sprache und Fantasy.
- Computeranimationen, mittels derer man Schauplätze kreieren und Effekte erzielen kann, die früher undenkbar waren.

Brian und Kelly, zwei meiner Studenten, deren Werdegang ich verfolgte, hatten beide während des Studiums Drehbücher für Spielfilme geschrieben und Episoden für *Emergency Room*, *New York Cops* und *Akte X* entwickelt, aber kein Agent wollte sie unter Vertrag nehmen, so dass sie gezwungen waren, sich einen Job zu suchen, um sich ihren Lebensunterhalt zu verdienen. Brian tat sich außerdem mit einer jungen unabhängigen Regisseurin zusammen und arbeitete ohne Bezahlung ein Jahr lang an dem Drehbuch für den Spielfilm *Weil ich ein Mädchen bin*, eine Satire über einen Teenager, der zur sexuellen Umerziehung in ein Camp geschickt wird und sich dort prompt in eine andere junge Frau verliebt. Dieser mit einem geringen Budget produzierte Independentfilm wurde zwar kein Kassenschlager, aber immerhin wurde *Variety* dadurch auf den vielversprechenden jungen Autor aufmerksam. Inzwischen bekam Kelly den Auftrag, für eine französische Schauspielerin ein Drehbuch zu schreiben.

Ein Jahr später hielten sich die beiden immer noch mit Gelegenheitsjobs über Wasser, da ihnen die Arbeit mit unabhängigen Regisseuren zu wenig einbrachte. Frustriert fassten sie den Entschluss, als Team ins Fernsehgeschäft einzusteigen. Dank Brians Mitarbeit bei *Weil ich ein Mädchen bin* bekamen sie bei The WB, einer Fernsehanstalt, die auch jungen, relativ unbekannten Autoren ein Chance gibt, einen Fuß in die Tür. Hier präsentierten sie das Konzept für eine ganze Serie, nicht nur für eine Episode, und bekamen tatsächlich den Auftrag, die Pilotfolge zu schreiben, etwas, was in der Vergangenheit undenkbar gewesen wäre. Sie wurde zwar nicht umgesetzt, aber die Verantwortlichen kannten das Team jetzt und empfahlen es dem Serienchef von *Smallville*, einer anderen Produktion des Networks. Ab diesem Moment nahm ihre Karriere den üblichen Verlauf: Sie schrieben eine Episode, wurden ins Schreibteam aufgenommen und sind inzwischen innerhalb der Teamhierarchie aufgestiegen.

Im Grunde schließt sich nun der Kreis, der mit unserem Märchen begann: Es ist alles möglich. Und auch Sie können es schaffen.

## Zusammenfassung

Um im TV-Geschäft einen Fuß in die Tür zu bekommen, sollten Sie sich mit der Produktion von Fernsehserien auskennen und vor allem wissen, was ein gutes TV-Skript ausmacht.

Als Studienobjekt eignet sich am besten eine anspruchsvolle Serie. Achten Sie genau auf die »Stimmen« der einzelnen Figuren. Sehen Sie sich mehrere Episoden an und analysieren Sie deren Struktur.

Wenn Sie eine passende Serie gefunden haben, sollten Sie ein Probeskript schreiben, aber nicht über dieselbe Episode, die Sie später präsentieren wollen. Wahrscheinlich müssen Sie mehrere Probeskripts für unterschiedliche Serien und in verschiedenen Genres einreichen.

Nachdem Sie Ihr Probeskript sorgfältig überarbeitet haben, sollten Sie versuchen, einen Agenten oder einen Manager zu finden, der Ihre Arbeit einem Produzenten anbietet. Wenn alles gut läuft, lädt dieser Sie zu einem Gespräch ein.

Jeder Job in einer Produktionsfirma, sei es als Assistentin eines Autors, als Rechercheur oder als Sekretärin, hilft Ihnen, Kontakte zu knüpfen, um Ihr Skript bei Gelegenheit an den Mann oder die Frau zu bringen.

Oft dauert es Jahre, bis Sie den Einstieg geschafft haben. Geben Sie nicht auf, sondern schreiben Sie so viele Drehbücher wie möglich, denn Übung macht bekanntlich den Meister.

## Was die Zukunft bringt: Mobisoden, Webisoden, ETV, ITV – und kein Ende in Sicht

Erinnern Sie sich noch an das erste Kapitel, in dem die Rede war von Millionen blau schimmernder Fernseher in aller Welt? Von Menschen, die Abend für Abend in ihrem Wohnzimmer sitzen und Anteil nehmen am Schicksal von Meredith und Starbuck, Jack und Bill, ihren lieb gewonnenen Bekannten, die allwöchentlich bei ihnen zu Gast sind. Nun, das blaue Licht flimmert noch immer, aber inzwischen sind zu den Fernsehapparaten noch DVD-Player, Handys und Computer hinzugekommen.

Der Medientheoretiker Marshall McLuhan entwarf 1967 in seinem Buch *Das Medium ist die Botschaft* das Bild einer Welt, in der sich Menschen um den Fernseher versammeln – ähnlich wie früher um den heimischen Herd –, und sich dabei einander weniger durch die Sendung, als durch das gemeinsame Fernseherlebnis verbunden fühlen. Seine Vorstellung vom Fernsehen als Herzstück des »globalen Dorfs« ist uns noch heute geläufig.

Demgegenüber ist der Verkauf von digitalen Videorekordern in den letzten Jahren rapide gestiegen, und zwar von 3,5 Millionen im Jahr 2003 auf 6,5 Millionen 2004, und 2009 werden aller Voraussicht nach 49 Prozent der amerikanischen Haushalte selbst wählen können, was sie wann sehen wollen. McLuhans Ideen von einem gemeinschaftlichen Erlebnis wurden abgelöst von einer individuellen Erfahrung, wie sie beispielsweise das zeitversetzte Fernsehen bietet. Todd Leavitt, Präsident der Academy of Television Arts and Sciences erklärte gegenüber der *L.A. Times*, dass »digitale Videorekorder unsere Fernsehgewohnheiten revolutioniert haben. Es gibt kein Muss mehr für Sendungen, die man früher auf keinen Fall versäumen durfte, oder für Kultserien, über die man sich am nächsten Tag mit Kollegen austauschte. Heute kann sich jeder sein individuelles Programm zusammenstellen.«

Aber man kann nicht nur den Zeitpunkt selbst bestimmen, an dem man sich eine Sendung ansehen will, sondern auch entscheiden, in welcher Form man es tut. Ron Moore, Executive Producer von *Battlestar Galactica*, sagte:

> Schon bald wird man nicht mehr unterscheiden zwischen einzelnen Geräten zur Wiedergabe von digitalen Inhalten, sondern nur noch von Medien sprechen. Es wird keinen Unterschied mehr zwischen Fernsehern und Computern geben, da diese zu so genannten Set-Top-Boxen verschmelzen, die man vielfältig nutzen kann, u.a. um Blogs zu bearbeiten, aber auch um Fernsehserien und Spielfilme aufzunehmen.
>
> Allein die größere Wahlfreiheit und die vielseitigen Möglichkeiten sind meiner Meinung nach ein Riesenfortschritt. Ich finde es spannend, dass man zwischen so vielen Themen und Programmen wählen kann. Man ist nicht mehr durch den zeitlichen Rahmen einer Einstundenserie eingeschränkt, braucht also nicht eine ganze Woche zu warten, nur um wieder ganze 41 Minuten und 32 Sekunden eine Serie verfolgen zu können, was verrückt ist. Es wäre doch schön, wenn man davon nicht mehr abhängig wäre.
>
> Ich finde es auch eine gute Idee, den Zuschauern individuelle Programme anzubieten. Damals, als die drei großen Networks NBC, CBS und ABC das gesamte Fernsehprogramm bestritten, mussten sie den Geschmack eines breiten Publikums treffen. Um hohe Einschaltquoten zu gewährleisten, war es nötig, bei der Produktion von Serien Kompromisse einzugehen. Heutzutage kann man sich mit Serien wie *Galactica* und *The Shield – Gesetz der Gewalt* an eine bestimmte Zielgruppe wenden. Kritiker behaupten, dass es die Qualität der Serien war, die uns das goldene Zeitalter des Fernsehens bescherte, aber ich bin sicher, dass zu Zeiten der drei großen Networks keine dieser Serien überlebt hätte. Heute können sich diese qualitativ hochwertigen Serien aufgrund ihrer zahlreichen Fans selbst tragen.

Aber sogar eine Networkserie wie ABCs *Lost*, die sich an ein breites Publikum wendet, bedient ihre Internetklientel. Wie Serienchef Damon Lindelof erklärte:

> Wir müssen immer unser Hauptprodukt im Auge behalten, und die besten Ideen werden auf jeden Fall in die Serie einfließen. Aber wir haben uns aufwändige Hintergrundgeschichten ausgedacht, um bestimmte Ereignisse zu erklären, die jedoch nicht in der Serie selbst auftauchen, weil sie mit den Figuren nichts zu tun haben.
>
> Wenn sich Jack und Kate auf die Suche nach dem Ursprung der Zahlen machen würden, fänden das die meisten Zuschauer langweilig. Also haben wir uns entschlossen, den Fans, die das Thema wirklich interessiert, eine Antwort zu liefern. Es geht um Science-Fiction und Technik, was man übers Internet wunderbar rüberbringen kann. Wir haben also dieses ARG »The Lost Experience« konzipiert, in dem eine junge Frau der Dharma-Initiative auf den Grund geht, und haben dann in einem weiteren Dharma-Film die Lösung bekannt gegeben. Aber so etwas hätten wir nie in der Serie zeigen können, denn sonst hätte unseren Zuschauern der Kopf geraucht.
>
> Es handelt sich dabei um keine völlig abgekoppelten Geschichten. Man könnte es eher mit einem Begleittext vergleichen, der einem ein tieferes Verständnis vermittelt. Wir haben diese Storys als Erweiterung der Serie entwickelt, die jedoch nicht vom *Lost*-Kanon abweichen.

Bei der Showtime-Serie *Wenn Frauen Frauen lieben* ging man noch einen Schritt weiter. Brenna Hajek, die für die Einbeziehung der Zuschauer zuständig ist, sagte im Mai 2005 gegenüber *Written By*:

> Interaktion und ein erweitertes Angebot als zusätzlicher Anreiz dienen dazu, das Fernsehpublikum stärker an die Serie zu binden. Das kann man auf verschiedene Weise erreichen, angefangen bei kleinen Extras wie zusätzlichen Informationen bis hin zu alternativen Handlungsverläufen und neuen, originellen Figuren.
>
> Die Episode selbst bleibt davon unberührt, da wir den Wunsch der Zuschauer nach einer linearen Erzählung respektieren. Zuschauer, die sich eingehender mit der Serie befassen möchten, werden mit zusätzlichen Informationen versorgt, ohne dass sich

> die Story ändert. An bestimmten Punkten, wenn eine Figur vor der Entscheidung steht, wie sie sich als Reaktion auf eine Szene verhalten soll, wird die Folge unterbrochen und die Zuschauer werden in die Entscheidungsfindung einbezogen. Sie sehen dann einen 90 Sekunden langen Videoclip über die betreffende Figur, in der diese in einer Art modernem Monolog ihre Handlungsweise erklärt.
>
> Nun sind die Zuschauer an der Reihe. Mit Hilfe ihrer Fernbedienung können sie zwischen verschiedenen Verhaltensweisen wählen und uns auf diese Art mitteilen, wie sie sich in dieser Situation verhalten hätten. Anhand ihrer Antworten können wir in etwa den Persönlichkeitstyp der betreffenden Personen bestimmen und sie einer der Figuren der Serie zuordnen. Am Ende der Episode zeigen wir den Zuschauern einen weiteren Videoclip, in dem die Figur, deren Typ ihnen entspricht, sie direkt anspricht und ihnen ein kurzes Persönlichkeitsprofil erstellt.

Aber trotz der Beiträge der Zuschauer kommt dem Autor bzw. seinem Drehbuch nach wie vor eine Schlüsselfunktion zu. Wie Hajek meinte: »Autoren sind Geschichtenerzähler. Interaktion sollte lediglich als weiteres erzählerisches Mittel im Repertoire eines Autors verstanden werden.«

Terry Borst, der die monatliche Kolumne »Alt.screen« für *Written By* schreibt, sieht eTV (enhanced TV, ein Beispiel für ITV) und ITV (interactive TV bzw. interaktives Fernsehen) als vielversprechende Einstiegsmöglichkeit für Autoren und Erfolgsrezept für bereits laufende Serien.

> Das wiedererwachende Interesse an anspruchsvollen Sendungen liegt nicht nur an guten Drehbuchvorlagen, sondern auch an der Leichtigkeit, mit der die Zuschauer im Internet miteinander kommunizieren, Loyalität einer Serie gegenüber zeigen und sich mit anderen über deren Qualität austauschen können. Aufgrund dieser Art der Interaktion erhöht sich der Bekanntheitsgrad einer Serie ungemein.

Aber ob die Zuschauer (oder Drehbuchautoren) an diesen erweiterten Möglichkeiten und der Interaktion Gefallen finden oder nicht, ist im Grunde belanglos, denn die Werbeträger haben ihnen diese

Entscheidung längst abgenommen. Allison Dollar, Gründer und CEO der Interactive Television Alliance (ITA), jenes Wirtschaftsverbands, der es sich zur Aufgabe gemacht hat, die Verbreitung des interaktiven Fernsehens zu fördern, denkt, dass das Fernsehen, wie wir es heute kennen, schon bald der Vergangenheit angehören wird.

> Der Begriff »Massenmarkt« beschreibt das alte Verhältnis zwischen Werbung und Programmgestaltung. Durch ITV ändert sich der Rhythmus einer Story bzw. die zeitliche Abfolge der Werbeblöcke, was vor allem bei Serien der Fall ist, weil man als Werbeträger nicht mehr gute bzw. schlechte Sendeplätze berücksichtigen muss. Einige äußerst erfolgreiche Drehbuchautoren sind sich dessen bewusst und arbeiten von Anfang an mit Werbeträgern zusammen. Bei Reality-Shows wie *American Idol* und *Project Runway* sind bereits Werbeträger involviert, aber auch bei niveauvolleren Sendungen wird Werbung einen größeren Raum einnehmen, weil dieses Geschäftsmodell angesichts der Tatsache, dass keine Werbezeiten mehr gekauft und verkauft werden, erfolgversprechend ist. Das Geld kommt entweder vom Konsumenten oder vom Werbeträger. Wahrscheinlich wird es in Zukunft wieder mehr Produktplatzierung geben, aber auch traditionelles Sponsoring, d.h. Werbeträger werden Serien finanziell unterstützen.
>
> Die einfachste Art ist Advertainment, bei der das Produkt wie bei BMW-Werbefilmen im Vordergrund steht. Ich denke, wir werden in Zukunft mehr kombinierte Geschäftsmodelle haben, bei denen die Werbung nicht als Werbeblock die Handlung unterbricht, sondern in die Geschichte integriert ist. Werbeträger könnten in eine Serie investieren, bei der ein bestimmter Autotyp eine Figur charakterisiert, wie beispielsweise bei *Batman*- und *James Bond*-Filmen.

Bis jetzt haben wir nur über die erweiterten Möglichkeiten bei traditionellen Serien und Fernsehfilmen gesprochen. Wie sieht es in anderen, zukunftsorientierten Bereichen aus? Welche Chance haben Drehbuchautoren, dort einen Fuß in die Tür zu bekommen? Ich sprach darüber mit Frank Chindamo, dem Chef und Gründer von Fun Little Movies, die auf Kanal 19, zwischen CNN und MTV, ausgestrahlt werden, allerdings brauchen Sie zum Empfang einen PC sowie Smartvideo zum Runterladen oder ein multimediafähiges

Handy. Ich fragte ihn, ob er Mobisoden (Kofferwort aus Mobile bzw. Handy und Episode) und Webisoden (Web bzw. Internet plus Episode) als Möglichkeit für angehende Drehbuchautoren sieht, ins Drehbuchgeschäft einzusteigen.

**FC:** »Das ist auf jeden Fall der einfachste Weg für einen Anfänger, den Einstieg zu schaffen, weil man in diesem Bereich sein eigenes Produkt lancieren kann. Wenn man als Autor Beziehungen zum Showbusiness hat, und sei es nur, dass man einen Freund hat, der Kameramann ist, kann man seine eigenen Ideen umsetzen.«

**PD:** »Als Autorin würde mich interessieren, inwiefern sich die dramatischen Elemente ändern, wenn die Story nur ein paar Minuten lang ist.«

**FC:** »In dieser Hinsicht sehe ich keinen großen Unterschied zwischen einem kleinen Bildschirm und einem großen. Die Konzentrationsfähigkeit der Benutzer bzw. Zuschauer ist in jedem Fall begrenzt. Deshalb sind eine gute Story und interessante Figuren das A und O. Je besser die Story und je interessanter die Figuren, desto größer sind die Chancen für einen Einstieg.

Wir orientieren uns an Soap Operas. Die Anreißer erfolgen alle ein bis drei Minuten. Wir versuchen, den Zuschauer so zu fesseln, dass er sich auch die nächsten drei Minuten ansieht, und dann die folgenden drei usw. Man kann eine fortlaufende Geschichte konzipieren oder in sich abgeschlossene Episoden. Entscheidend ist, dass man es schafft, den Zuschauer zu fesseln.

Beim Fernsehen widmen die Menschen einer Sendung 30 oder 60 Minuten ihrer Zeit. Aber die Benutzer von Handys oder Computern mit ihren kleineren Bildschirmen müssen uns nur drei bis fünf Minuten lang ihre Aufmerksamkeit schenken.

Ein Autor sollte auf jeden Fall Folgendes beachten: Je größer der Bildschirm, desto subtiler kann das Drehbuch sein; je kleiner der Bildschirm, desto direkter, spannender und schräger sollte das Skript sein. Storys, die als Fernsehserie nicht die geringste Chance gehabt hätten, weil sie viel zu verrückt waren, erwiesen sich auf dem kleinen Bildschirm als äußerst erfolgreich.

Andererseits startete Fox eine Multimillionen-Dollar-Kampagne für seine Serie *24*, die man über Mobiltelefone empfangen kann und die sich als totaler Flop erwies und die gesamte Mobisoden-Industrie um sechs Monate bis zu einem Jahr zurückwarf. Der Medienrummel stand in keinem Verhältnis zur Qualität des Produkts, denn die Story war total langweilig.

Mobisoden sind einerseits für Unternehmen wie Fox und Sony interessant, die Videos herstellen, deren Produktion Millionen kostet. Sie produzieren Mobisoden oder Webisoden in der Absicht, Interesse für eine bestimmte Fernsehserie oder einen Film zu wecken. Andererseits versprechen sich auch unabhängige Firmen etwas davon, weil sie hoffen, mit einer Originalstory als Mobisode oder Webisode Erfolg zu haben, die dann mit etwas Glück von einem Fernseh- oder Filmstudio übernommen wird.«

**PD:** »Wie schätzen Sie in Zukunft die Möglichkeiten für Absolventen von Filmhochschulen mit einem Abschluss in Drehbuchschreiben ein, ins Filmgeschäft einzusteigen?«

**FC:** »Drehbücher fürs Fernsehen zu schreiben, ist extrem schwierig, weil letztlich jemand Millionen von Dollar investieren muss, damit aus einem Drehbuch eine Fernsehserie wird. Im Mobisoden-Bereich ist es einfacher. Im Grunde liegt es nur an einem selbst, an dem eigenen Talent und einem unabhängigen Netzwerk aus anderen Autoren, Filmemachern usw., ob man Erfolg hat. Wenn es einem gelingt, sich so etwas aufzubauen, hat man hier recht gute Chancen, einen Fuß in die Tür zu bekommen. Aber damit irgendjemand einschätzen kann, ob man als Autor Potenzial hat, muss man zunächst etwas zu Papier bringen. Bei Mobisoden hat man sein Schicksal selbst in der Hand.«

Was heißt das also für Sie als angehende Drehbuchautorin? Falls Sie dieses Buch gelesen haben, um herauszufinden, wie man eine Serie konzipiert, könnten Sie auf den eng begrenzten neuen Märkten Ihr Glück versuchen. Prinzipiell gibt es für talentierte Autoren eine Menge Möglichkeiten. Ein intelligentes, mitreißendes Probeskript und die Fähigkeit, es an den Mann bzw. die Frau zu bringen, sind auf jeden Fall hilfreich. Und Geschichtenerzähler werden auch in Zukunft so geschätzt sein wie in den Jahrhunderten zuvor. Vielleicht sogar noch mehr, da uns zunehmend die Aufgabe zufällt, den Dialog zwischen versprengten Kulturen zu fördern.

Unabhängig von der Art der Übermittlung Ihrer Arbeit – ob über Networks, Kabelsender, in Form von Zweitverwertung, über Mobiltelefone oder das Internet –, der kreative Prozess beginnt bei Ihnen selbst. Barbara Hall, die Erfinderin von *Die himmlische Joan*, sagte gegenüber *Variety*: »Was die Natur des Menschen angeht, so beschönigen wir nichts. Momentan entspricht Zynismus dem Zeitgeist. Aber ich bin nicht zynisch, höchstens skeptisch. Im Grunde kommt es auf die Intention an. Das ist der Anfang, aus dem sich alles andere entwickelt. Meines Erachtens sollte man Menschlichkeit und Integrität stärker betonen.«

Paul Wolff, Supervising Producer von *Alles okay, Corky*, einem ABC-Drama um eine Familie, deren Sohn am Down-Syndrom leidet, sagte:

> Es ist mir gelungen, etwas umzusetzen, was mir wichtig war. Fernsehen hat etwas sehr Unmittelbares, und man bekommt auch sofort eine Rückmeldung. Millionen von Menschen sehen eine Sendung, und wenn sie ankommt, dann erfährt man es sofort, und man freut sich, dass es einem gelungen ist. Bei *Alles okay, Corky* hatten wir ein Stammpublikum, das direkt von dieser Krankheit betroffen war und die Sendung jede Woche verfolgte. Die Resonanz war enorm. Wir erhielten unzählige Telefonanrufe und vor allem die der Eltern haben mich sehr gerührt.
>
> So etwas ist sehr selten. Das Fernsehen ist ein Geschäft wie jedes andere und in der Regel muss man den Erwartungen des Networks entsprechen. Man kann nicht einfach sagen, dass einem etwas am Herzen liegt, das man unbedingt machen will. Das funktioniert nicht. Man sollte zunächst sein Handwerk von der Pike auf lernen, so dass man, wenn die Zeit reif ist, ein Drehbuch mit einer Botschaft schreiben kann, das zugleich unterhaltsam ist.

Aber *Alles okay, Corky* wurde von Cap Cities zu einer Zeit produziert, als Besitzer von Networks noch an tradierten Werten festhielten. Wolff meinte dazu: »Tom Murphy, der Chef von Cap Cities, war noch vom alten Schlag. Der Pilotfilm von *Alles okay, Corky* war nicht gerade jedermanns Geschmack. Aber Murphy hatte noch die altmodische Einstellung, dass eine Fernsehanstalt eine gewisse Verantwortung gegenüber der Gesellschaft hat. Der Erfolg der Serie gab ihm Recht.«

Ich fragte ihn, welchen Rat er einem Anfänger geben würde, der ins TV-Geschäft einsteigen wollte. »Ich würde jedem Autor dasselbe raten, nämlich das Träumen aufzugeben und sich den Gedanken an das große Geld aus dem Kopf zu schlagen. Man muss mit dem Herzen dabeisein und über etwas schreiben, was einem wichtig ist. Ein richtiger Autor schreibt nicht um der Berühmtheit oder des Erfolges willen. Er ist zuallererst Autor.«

Jeder Drehbuchautor wird Ihnen dasselbe sagen: Sie müssen bei sich selbst anfangen. Sie haben nun gelernt, was eine Einstundenserie ausmacht, wie eine Fernsehserie konzipiert und umgesetzt wird, was wichtig ist, um in einem Team erfolgreich mitzuarbeiten, wie ein Drehbuch entsteht, wie man es anstellt, seine eigene Episode zu schreiben, wie man den Einstieg ins Fernsehgeschäft schafft und was die Zukunft bringt. Jetzt ist es an Ihnen, sich hinzusetzen und mit dem Schreiben zu beginnen. Der Zeitpunkt ist gekommen. Jetzt sind Sie an der Reihe.

# Nachweise

## Drehbuchskripts

Auszüge aus *New York Cops* mit freundlicher Genehmigung von Steven Bochco: Erster Akt von »Brieftauben-Bobby« und erster Akt von »Das letzte Signal«.
Auszug aus einem Szenenplan für die Episode »Love's Labor Lost« aus *Emergency Room* von Lance Gentile © 1995 Warner Bros. Entertainment. Autorisierter Abdruck. Alle Rechte vorbehalten.

## Zitate

Kapitel 1

Dick Wolf über seine Serie *Law & Order, in: Entertainment Weekly*, 11. Juni 2004.
Kommentar über TV-Serien, in: »Don't Touch That Dial«, Artikel von Bill Carter, *The New York Times*, 29. Oktober 2006.
Kommentar von Shonda Rhimes, in: »Grey's Anatomy«, Artikel *Los Angeles Magazine*, September 2005.
Kommentar über die Serie *Sleeper Cell* in einer Fernsehkritik von Lynn Smith, in: *Los Angeles Times*, 9. Dezember 2006.

Kapitel 2

Josh Schwartz über *The O.C.* in: *The New York Times*, 22. März 04.
Ron Cowan und Daniel Lipman über *Queer as Folk*, in: *Written By*, Mai 2004.

Kapitel 4

Pamela Douglas, »Hearing Voices«, in: *The Journal*, Writers Guild, November 1995.

Aaron Sorkins Kommentare stammen von einer Veranstaltung der Writers Guild Foundation am 27. Mai 2004.

Kapitel 5

J. J. Abrams über *Alias*, in: *Emmy*, Heft Nr. 2, 2004.
Der Bericht über das Schreibteam von *Emergency Room* und John Wells Kommentare, in: »A Week in the Life of a Showrunner«, Artikel von Lisa Chambers, *Written By*, Februar 1997.

Was die Zukunft bringt

Todd Leavit über TiVo, *Los Angeles Times, Sunday Calendar*, 5. September 2004.
Interview mit Ron Moore, 19. Dezember 2006.
Interview mit Damon Lindeloff, 11. Januar 2007.
Brenna Hajek über *Wenn Frauen Frauen lieben* und Terry Borst über eTV in seiner Kolumne »Alt.screen« in *Written By* im Mai 2005.
Interview mit Allison Dollar, 9. Juli 2004.
Interview mit Frank Chindamo über Mobisoden, 7. Januar 2007.
Barbara Hall, Erfinderin von *Die himmlische Joan* gegenüber *Variety*, 17. Juni 2004.
Interview mit Paul Wolff, 1. September 2004.

## Fotos

Fotos mit freundlicher Genehmigung von HBO.

# Glossar

**ABC-Storys.** Parallelhandlungen innerhalb einer Episode. Die unterschiedlichen Storys werden mit den Buchstaben A, B, C usw. bezeichnet. Im Zentrum jeder Geschichte steht meist eine Hauptfigur der Serie.

**Akt.** Aus mehreren Szenen bestehende dramaturgische Einheit. Bei Network-Produktionen hat eine Episode gewöhnlich vier, manchmal auch fünf oder sechs Akte, die jeweils mit einem **Cliffhanger** unmittelbar vor einem Werbeblock abschließen. Beim Kabelfernsehen haben Serienepisoden in der Regel keine Werbepausen, können aus dramaturgischen Gründen jedoch trotzdem in drei oder vier Akte unterteilt sein.

**Anreißer.** Handlung oder Ereignis zu Beginn einer Episode, das die Neugier der Zuschauer weckt.

**Ausführender Produzent (Executive Producer).** Ranghöchster Autor und Produzent einer TV-Serie, der meist den kreativen und den geschäftlichen Part einer Produktion managt. Er ist für die Darsteller, die Filmcrew und das Autorenteam verantwortlich. Siehe auch **Serienchef**.

**Cliffhanger.** Spannender Moment am Ende eines Akts. Meist eine Gefahrensituation oder ein dramatischer Höhepunkt direkt vor einem Werbeblock oder am Schluss einer Staffel.

**Cold Opening.** Siehe **Prolog**.

**Comic Relief.** Humoristische Auflockerung ernsthafter Szenen durch witzige Charaktere, Dialoge oder Ereignisse. Dieses Stilmittel wird oft benutzt, um Spannung abzubauen.

**Creative Consultant.** Ein erfahrener Drehbuchautor und Produzent, der Episodenskripts betreut, überarbeitet oder schreibt, aber kein festes Mitglied des Schreibteams sein muss.

**Dramedy.** Mischform aus »Drama« und »Comedy«.

**Episode.** Beim Serienfernsehen die einstündige Folge einer Staffel, die in der Regel einmal pro Woche gesendet wird; auch der Abschnitt einer fortlaufenden Handlung.

**Establishing Shot (Einstiegseinstellung).** Einstellung zu Beginn einer Sequenz, die einen allgemeinen Überblick über Lokalität, Personal und Situation gibt.

**Executive Producer.** Siehe **Ausführender Produzent.**

**Federal Communications Commission (FCC).** 1934 gegründete unabhängige Behörde, die durch den Kongress geschaffen wurde und die die Kommunikationswege von Radio, Fernsehen, Satellit und Kabel regelt.

**Gastrolle.** Darsteller, die nicht zur festen Besetzung der Serie gehören und nur in einer begrenzten Anzahl von Episoden auftreten.

**Kabelsender.** Pay-TV-Networks über Kabel, zum Beispiel HBO (gegründet 1975) und Showtime.

**Leitender Produzent (Supervising Producer).** Hochrangiger Autor und Produzent, der ein Schreibteam leitet.

**Logline.** Zusammenfassung einer Story in einem Satz, gelegentlich auch in zwei oder drei Sätzen. Sie skizziert den Handlungsbogen einer Geschichte.

**Muster (Dailies).** Erste Abzüge vom Bild- und Tonmaterial, mit denen das Drehergebnis besichtigt und eine erste grobe Auswahl getroffen werden kann.

**Network.** Das System miteinander verbundener amerikanischer

Rundfunkstationen (Radio und TV), zum Beispiel ABC, CBS, FOX, NBC.

**Paket.** Beinhaltet die Verpflichtung von Schauspielern oder Regisseuren, an einem Serienprojekt mitzuarbeiten, ehe es einem Network oder Kabelsender angeboten wird. Manche »Packaging-Agenturen« versuchen, Produzenten, Regisseure, Autoren, Schauspieler und sogar Filmkomponisten in einem Projekt zusammenzuführen.

**Pilotfolge.** Der Prototyp einer Serie; meist die erste Episode.

**Pitch.** Die mündliche Präsentation eines Serienkonzepts oder einer Filmidee.

**Plot.** Dramaturgische Struktur einer Story. Verlauf einer Handlung von der Ausgangssituation bis zur Auflösung.

**Postproduktion.** Zur Postproduktion gehören alle nach dem Dreh anfallenden Arbeiten wie Schnitt, Spezialeffekte, Musik und Vertonung.

**Procedurals.** Serien, in denen kriminalistische oder medizinische Fälle mithilfe spezieller Untersuchungsmethoden gelöst werden und deren Storys am Ende einer Episode abschließen. Dazu gehören beispielsweise *CSI* und *Dr. House*.

**Produzent (Producer).** Die meisten TV-Produzenten sind erfahrene Drehbuchautoren, die sich in der Branche einen Namen gemacht haben. Produzenten prüfen und bearbeiten die Skripts anderer Autoren. Ein Line Producer dagegen ist ausschließlich für die praktische Abwicklung der Produktion zuständig.

**Prolog.** Auch **Teaser** oder **Cold Opening.** Spannender Einstieg in eine Episode, bevor die Titelsequenz einsetzt. Meist ein **Anreißer** oder ein dramatisches Ereignis, das sich nicht unbedingt auf die weitere Handlung beziehen muss.

**Saison.** Der Zeitraum, in dem eine TV-Serie ausgestrahlt wird. Eine klassische Network-Saison dauert von September bis Mai. Andere Programmanbieter, wie das Kabelfernsehen, weichen von diesem Jahresschema ab.

**Serienchef (Show Runner).** Ranghöchster **Executive Producer**, der für die gesamte Serie zuständig ist. Er entscheidet über die inhaltliche Konzeption der Serie und überwacht alle Aspekte der Produktion.

**Sitcom (SITuation COMedy).** Ein Programmtyp (zunächst im Radio, dann im Fernsehen), bei dem mit einer begrenzten Anzahl Personen eine spezielle Situation (meist innerhalb einer Familie) geschildert wird.

**Soap Opera.** Genre zunächst im Radio, später im Fernsehen, das in täglichen oder wöchentlichen Sendungen alltägliche Probleme einer festen Personengruppe behandelt. In den USA wurden Seifenopern zunächst meist im Nachmittagsprogramm ausgestrahlt und bedienten die Zielgruppe der Hausfrauen. Gesponsert wurden diese Serien von Seifenkonzernen – daher der Name.

**Staff Writer.** Niedrigster Rang in der Hierarchie eines Autorenteams, meist ein Berufsanfänger.

**Staffel.** Zusammenhängender Block von Episoden, die am Stück gedreht werden und an deren Ende es eine Drehpause gibt. Eine Fernsehstaffel besteht in der Regel aus 22 Episoden und wird nach ihrer Fertigstellung hintereinanderweg ausgestrahlt.

**Story Editor.** Mitglied eines Schreibteams, das über dem **Staff Writer** und unter dem **Produzenten** angesiedelt ist. Schreibt und überarbeitet Drehbücher.

**Story Outline.** Auch **Outline.** Chronologische Auflistung sämtlicher Szenen eines Drehbuchs, die Akt für Akt durchnummeriert werden. Der Inhalt jeder Szene wird in einer Art Logline zusammengefasst. Manche Serienproduktionen arbeiten auch mit weniger detaillierten Outlines. Eine Outline ist der erste bezahlte Arbeitsschritt der Drehbuchentwicklung.

**Szene.** Kleinste dramaturgische Einheit einer Filmstory; gewöhnlich ein Handlungsabschnitt mit einem vollständigen dramaturgischen Bogen. Bei der Produktion wird darunter manchmal auch eine Handlung verstanden, die zu einem bestimmten Zeitpunkt an einem bestimmten Ort spielt.

**Szenenbeschreibung.** Steht im Drehbuch unter dem **Szenentitel** und skizziert, was auf der Leinwand geschieht. Kann Handlungen, Einstellungen und Geräusche enthalten, aber keinen Dialog.

**Szenentitel.** Die Zeile im Drehbuch, in der neben »INNEN« oder »AUSSEN« Schauplatz und Zeitpunkt einer Szene angegeben wird.

**Supervising Producer.** Siehe **Leitender Produzent.**

**Treatment.** Eine in Prosaform gehaltene Darstellung einer Filmstory; praktisch das gesamte Skript abzüglich der Dialoge. Kann aber auch nur eine Kurzzusammenfassung sein.

**Writers Guild of America.** Berufsverband der amerikanischen Drehbuchautoren. Er gliedert sich in eine Sektion West und eine Sektion Ost mit Sitz in Los Angeles bzw. New York und arbeitet mit Schwestergewerkschaften in anderen Ländern zusammen.

## Über die Autorin

Pamela Douglas ist eine preisgekrönte Drehbuchautorin, die sich mit zahlreichen Fernsehproduktionen einen Namen gemacht hat. Für das TV-Skript *Between Mother and Daughter* (CBS) wurde ihr der renommierte Humanitas Prize verliehen. Darüber hinaus wurde das Drehbuch 1996 für den Writers Guild Award nominiert.

Ihr Drehbuch für *Different Worlds* (CBS) wurde für einen Emmy nominiert und mit dem NAACP Image Award ausgezeichnet. Für *Sexual Consideration* (CBS) und für ihr Episodenskript für *A Year in the Life* (NBC) wurde sie von American Women in Radio and Television mit einem Preis geehrt.

Sie hat unter anderem an den Serien *Raumschiff Enterprise: Das nächste Jahrhundert, Frank's Place, Paradise, Trapper John, M. D.* und *Ghostwriter* mitgearbeitet.

Die Autorin gehört dem Vorstand der Writers Guild of America an. Sie hat einen Lehrauftrag für Drehbuchschreiben an der University of Southern California.